KB059579

크로스 컬처

크로스 컬처

초판 1쇄 발행 _ 2010년 8월 4일
개정판 1쇄 발행 _ 2017년 10월 10일

지은이 _ 박준형

펴낸곳 _ 바이북스
펴낸이 _ 윤옥초

책임편집 _ 함윤선
편집팀 _ 김태윤
책임디자인 _ 방유선
디자인팀 _ 이정은, 이민영

ISBN _ 979-11-5877-033-4 03300

등록 _ 2005. 7. 12 | 제 313-2005-000148호

서울시 영등포구 선유로49길 23 아이에스비즈타워2차 1005호
편집 02)333-0812 | **마케팅** 02)333-9918 | **팩스** 02)333-9960
이메일 postmaster@bybooks.co.kr
홈페이지 www.bybooks.co.kr

CROSS

異 문화 전문가 **박준형**의 세상 문화 읽기

크로스 컬처

문화 간 차이와 다양성이 존중되는 21세기를 위한 문화 오리엔테이션

CULTURE

바이북스
ByBooks

"차이의 존중은 종교적 이념 이상이다"

– 조너선 색스(유대교 철학자이자 신학자)

목차

문화 들어가기Into Culture

문화 소통하기Cross Culture

문화 뛰어넘기 Beyond Culture

문화 세우기 Such a Culture

문화 시민이 되기 위한 전제

17세기 피렌체의 천문학자 갈릴레오 갈릴레이Galileo Galilei가 목숨까지 걸고 주장했던 "지구는 둥글다"라는 말이 21세기에는 옛말이 됐다. 《렉서스와 올리브 나무》로 유명한 세계화 전도사 토머스 프리드먼Thomas Friedman이 국경이 없어진 21세기의 비즈니스 환경에 대해 "세상은 평평해졌다"라고 떠들어도 아무도 이의를 제기하지 않는다. 둥근 지구가 하루아침에 납작해질 리 없으나 그만큼 세상이 좁아졌다는 의미다. 미국의 어느 시골 개인 병원의 안내 전화를 인도에서 받고, 앙골라로 파견 나간 남편이 한국의 아내와 인터넷으로 무료 화상 통화를 하고, 중국의 인권 유린 현장이 한 시간도 안 되어 유튜브youtube.com에 업로드가 되고 온 세상 사람들이 공유한다. 뉴욕에서 기침을 하면 중국에서 감기 걸리는 세상이다.

이 세상 동서남북 어디를 가나 쉽게 눈에 띄는 한국 기업들의 간판과 기업 활동 역시 이제는 낯설지 않다. 불과 한 세대 전만 하더라도 외국 여행을 하는 한국인들의 눈시울을 적셨던 한국 기업들의 로고들이 이제는 여행 사진의 배경으로도 삼지 않을 만큼 평범하고 일상적이 됐다.

사실, 프랑크푸르트 암 마인Am Main 공항에 즐비한 카트들의 손잡이 로고에서부터 미국인들이 열광하는 미식축구 슈퍼볼의 광고 그리고 800미터에 달하는 세계에서 가장 높은 두바이의 부르즈 칼리파 빌딩과 나의 제2의 고향인 캐나다 밴쿠버의 아름다운 현수교 건축에 이르기까지 한국 기업들의 해외 진출은 예상외로 광활하다. 현지에서도 가장 좋은 위치에 그들의 제품이 진열되고 있고, 해외 법인이 자리 잡고 있다.

하지만 한국 기업들의 현지 적응은 결코 녹록하지 않다. 말과 문화가 다른 현지인들의 채용과 유지 및 해고 과정에 쏟아붓는 돈은 가히 천문학적이다. 지금 이 시간에도, 특히 소송의 나라 미국의 많은 한국 기업들은 지긋지긋한 법정 투쟁으로 골머리를 앓고 있다. 내가 현지 교육 중에 만난 흑인 인사 담당자에게 "그건That case 어떻게 됐냐"고 물어봤더니 너무 많아 기억을 못 한다고 했다. 이미 미국에서는 상식이 된 '인종 문제', '성희롱', '균등 고용EEO, Equal Employment Opportunity'과 같은 단어들이 한국을 대표하는 초일류 기업들의 현장에서는 여전히 심각한 부담으로 다가온다.

해외 업무를 관할하는 정부 부서나 외국에 주재원을 파견하는 일류 기업이라면 이제 세계화에서 '문화가 중요하다 Culture matters'는 단편적인 사실쯤은 알고 있다. 하지만 실질적이고도 구체적인 '문화 간 경영 Intercultural Management'에는 미숙하거나 일천하다. 이들은 문화적인 이해와 문화 간 커뮤니케이션이 비즈니스의 성사에 얼마나 실질적인 도움을 주는지 확신하지 못한 채, 늘 해왔던 투박하고 일방적이고 획일적인 방법으로 외국인과의 협상 자리에 나선다. 심지어 비즈니스에서 힘의 논리인 '갑'의 위치에 자위하며 현지인들을 관리하는 주재원이나 감독자로 파견된다. 이들에게 문화는, 멕시코의 술 '테킬라' 속에 든 벌레를 볼 때처럼, 그저 이국적 호기심을 자극하는 상식 정도로 치부되거나 해외 주재나 해외 사업을 시작하기 전 손에 쥐어주는 '해야 할 것과 하지 말아야 할 것 do's & don'ts'을 적은 단편적인 행동 처방전 정도가 된다.

훌륭한 기업 문화 속에서 잘 정제된 초일류 비즈니스맨의 세계가 만약 이렇다면 '글로벌 에티켓'이 무엇이고, '문화적 상대성'이 무엇이고, 세상에 얼마나 많은 언어·종교·종족이 있는지 모르는 일반인들의 해외 격량은 또 어떨까?

케냐로 파견된 선교사가 현지의 마사이족 선교 전략의 일환으로 아이들부터 목욕을 시키기 시작해서 위생에 대한 인식을 높인 한편 현지에 교회를 짓는 등의 활발한 선교 활동을 했다. 하지만 어느 날 목욕을 마친 마사이족 성인이 사자에 물려 죽는 바람에 선교는 위기를 맞았다(마사이족은 전통적으로 몸에 다른 야생 동물이 달려들지 못하도록 갖가지 칠을 한다). 베트남에 공장을 차린 중소기업 사장이, 현지인이 "어이!(여보세요의 뜻)"라고 부르는 것을 한국식 '어이'로 착각해 혼을 내주었다가 외국인 1호로 베트남 감옥에 갇혔다. 파리 시내의 한 유명 호텔이 한국인 단체 관광객은 사절한다는 공고를 냈다. 호텔 안에서 라면을 끓여 먹고 찌꺼기를 변기에 버려 변기를 막히게 하고, 비치되어 있던 비누·샴푸·구둣솔은 물론 재떨이까지 몽땅 들고 가는 등 규정에 어긋나는 행동을 자주 하기 때문이라고 한다. 한 한국인 골프 선수가 필리핀 골프장에서 현지 캐디를 골프채로 때려 입건되기도 했고, 한 남자는 남태평양의 작은 섬나라에서 성매매를 하다가 현지 경찰에 적발되기도 했다. 한국의 세계화 여정은 이렇게 파란만장하다.

88서울올림픽 이후 한국인들의 경제적 수준이 한 단계, 아니 몇 단계 업그레이드됐다는 것에 이의를 제기할 사람은 없다. IMD국제경영개발원나 WEF세계경제포럼가 발표하는 세계 120여 개국의 국가 경쟁력 순위에서 한국이 10위권에 포함됐다는 신문 기사를 접하고 놀라는 한국 국민들이 없을 정도다. 하지만 이런 엄청난 경제 발전의 속도만큼이나 한국 국민들의 문화적인 수준은 그에 버금가지 못했다. 국가 경쟁력 평가의 면면을 훑어보면, 한국의 '문화적 폐쇄성'은 여전히 후진국 수준에 머물러 있다. 프랑스의 문화 비평가 기 소르망Guy Sorman이 "한국에는 문화재는 있으나 문화적 이미지는 없다"라고 혹평한 것에 대해 '아니다'라고 반박할 만큼 우리들의 문화적 수준은 성숙하지 못하다.

문화는, 자유의 여신상을 없애고 만리장성을 통과하는 데이비드 코퍼필드David Copperfield의 마술처럼, 단박에 '짠' 하고 생기거나 바뀌는 것이 아니다. 오래전부터 백의민족과 조용한 아침의 나라로 알려진 한국인들이, 마치 설악산 단풍 구경 가듯이 쉽게 지구 저편 남아프리카공화국으로 날아가, 얼마 전까지만 해도 '공공의 적'으로 간주되어온 '붉은' 색상의 옷을 온몸에 두르고(그래, 한국은 이제 더 이상 백의민족이 아니라 치자), 한국의 월드컵 축구 경기 내내 쉬지 않고 '대~한민국'을 외친다고(그래, 한국은 더 이상 조용한 아침의 나라가 아니라 치자) 한국의 문화적 이미지가 쉬이 바뀌는 것은 아니다. 월드컵에서 보여준 한국 국민들의 뜨거운 응원 열기가 아무리 전 국민적인 공감대를 돌출해내는 데 성공했다 하더라도, 이를 한국의 문화와 문화적 이미지로 연결하는 데는 무리다. 문화는 유행이 아니다. 문화는 아주 천천히 바뀐다. 우리들이 알아차리지 못할 정도로…….

많은 한국 사람들의 눈에 '문화'는 여전히 영화나 연극 혹은 문화재 등의 가시적인 상징물로만 여겨질 뿐, 국경을 넘고 세상과 더불어 하나가 되는 데 필수 불가결한 정신적 관문이라고 생각하지는 않는다. 문화는 눈에 보이는 것 이상이다.

이들은 "로마에 가면 로마법대로 따르라"는 외국 속담과는 무관하게 신토불이 한국식 오기와 투지만 가지면 세상 어디를 가든 문제없이 적응하고 승리할 것으로 자부한다. 문화는 교만하지 않다.

문화는 우리가 피상적으로 아는 것보다 훨씬 더 심오하고 광범위하다. 문화는 인간의 삶 모든 곳에 영향을 미친다. 아이가 태어날 때 산파에 의해 전달되는 출산 방법부터 죽을 때 장의사에 의해 땅에 묻히는 장례 방식까지 모든 과정이 문화의 영향권에 속한다. 어린아이가 태어나서 '옹알이'를 하는 것부터 죽을 때 '유언'을 하는 방식까지 모두 사회 문화적 영향을 받는다. 미국 사람은 쌍꺼풀이 지고 눈이 푹 들어갔고 코가 크고, 한국 사람은 눈이 가느다랗고 광대뼈가 튀어나오고 치아가 튼튼한 것까지 모두 환경 문화적 영향이다. 하다못해 개가 짖고 고양이가 우는 소리에까지 문화가 영향을 미친다. 인간 본연의 본성을 제외하고 문화의 영향을 받지 않는 것은 없다. 내가 이 글을 쓰고 있는 이 순간에도 문화가 영향을 미친다. 글의 형식도 문화의 영향을 받기 때문이다.

이런 문화에 대해 포괄적인 안목을 갖게 되면, 자기중심적이고 특수적인 태도가 상대적이고 보편적으로 발전하게 된다. 표면적으로 드러나는 외양과 말투 및 행동 양식만으로 상대방을 판단하지 않고, 겉으로 쉽게 드러나지 않는 상대방의 사고 체계와 가치관 및 종교관의 영향까지 염두에 두고 상호 간의 관계 형성에 주력하게 된다. 상대방에게 자신들의 방식을 일방적으로 강요하지 않고, 우선 존경과 공감과 감사의 표시를 하게 된다. 태어나서 한 번도 만나보지 못한 지구 저편의 사람들에게까지 관심의 폭이 확대된다. 드디어 세계가 하나가 된다.

이쯤 되면, 신토불이 한국 사람들 입에서, 쥐 고기를 먹는 중국 사람을 징그럽다 하고, 프랑스 연인들이 길거리에서 사랑을 진하게 속삭이는 모습에 손가락질하고, 독일 사람들의 원칙적인 모습이 답답하다고 투덜거리고, 브라질 사람들은 시간관념이 없고 게으르다고 무시하고, 손으로 음식을 집어 먹는 인도 사람들이 불결하다는 말이 ─ 휴우! ─ 우리들의 입언저리에서 사라지게 될 것이다.

기업의 해외 비즈니스 담당자, 정부의 국제 협력 담당관, 대학의 국제경영학도, 일반 배낭 여행객 모두가 이 세상의 구성원으로, 문화를 배우는 것은 (그리고 문화적인 안목을 갖추는 것은), 이제 더 이상 '선택 사항'이 될 수 없다. 국경 없는 글로벌 시대에, 서울에서 태어나 미국에서 공부하고 아시아에서 일하다가 유럽에서 노년을 보낼 시대가 얼마 남지 않았음을 예측할 줄 아는 글로벌 리더라면, 세상이 하나라는 것을 인식하는 코즈모폴리턴Cosmopolitan이라면, 문화는 세상의 누구와도 공존공영하기 위해 알아야 할 '필수 역량'이 된다.

이 책은 세상의 볼거리를 소개하는 여행용 안내 책자가 아니다. 한 나라의 문화에 대해 구석구석을 파헤치는 지역 연구서도 아니다. 다양하고 다각적인 문화적 차원과 안목들을 제시하여 문화적 성숙을 지향하는 데 그 목적이 있다. 하나의 고정된 렌즈를 가지고 문화를 비교하는 것은 우리의 안목을 제한하거나 축소할 수 있는 위험이 있다. 누구나 자신의 관점에서 비교하기 때문이다. 하지만 비교 없이 발전 역시 없다는 점도 알아야 한다. 비교 없이는 자신의 문화 자체에 대한 이해도 어렵다. 독자 여러분은 내가 제공하는 문화적인 안목으로 인해 구속되지 않기를 바란다. 문화는 비교나 묘사된 것보다 훨씬 더 크고 깊다. 도리어 그 안목의 테두리를 뛰어넘어 자유로워지고, 나아가 자신만의 문화적 안목으로 거듭날 수 있는 지혜를 구하기 바란다. 문화 자체가 고유한 것처럼 문화적으로 성숙한 개인의 문화관 역시 존중되어야 한다.

자, 마음의 문을 열고 세상의 문화 속으로 들어오라!

2010년 7월

박준형

INTO

문화 들어가기

문화는 결코 단순하지 않다. 단지 눈에 보이는 것만으로는 판단할 수 없다.

문화를 제대로 인식하려면 다양한 문화적인 안목들이 필요하다.

다차원적으로 문화를 볼 때 문화적인 인간이 된다.

인간이 개와 다른 것은 '문화적'이라는 것이다.

여기서는 문화를 보는 안목들을 소개한다.

문화에 대한 안목은 자신의 문화 수준을 점검하는 것에서부터 시작한다.

'너 자신을 아는가?'

CULTURE

1 │ 화덕용 개 vs 소파용 개
자문화 의식

한국과 중국의 일부 사람들은 개를 화덕에 넣고 미국 사람들은 그것들을 소
파나 침대에 놓는다.

-래리 사모바, 리처드 포터의 《문화 간 커뮤니케이션》 제4판 중에서

베이징의 영국 대사관저에서 리셉션이 열렸다. 중국 외무부 장관이 영국
대사의 코커스패니얼 애완견을 보고 감탄을 했다. 대사는 그 개가 곧 새끼
를 낳을 예정인데 만약 장관이 그중 한두 마리를 선물로 받아주면 영광이
겠노라고 말했다. 4개월 뒤 두 마리의 강아지를 담은 바구니가 장관의 집
으로 배달됐다. 몇 주가 지나 두 사람이 공무로 서로 만나게 됐다. 영국 대
사가 물었다.

"그 강아지들 어떻습니까?"

"맛있었습니다"라고 중국 장관이 말했다.

중국의 개고기만큼 프랑스인들은 푸아그라에 열광한다. '기름진 간'이
라는 뜻의 불어인 푸아그라는 혀에서 녹아내릴 만큼 부드러우면서도 고소

한 거위나 오리의 간을 말한다. 그들은 '가바주Gavage'라는 인공 사육 과정을 통해 이들 간의 크기를 열 배가량 늘린다. 크기가 커야 돈이 되기 때문이다. 가바주란 거위를 틀에 넣고 움직이지 못하게 한 다음, 손으로 거위의 목을 잡고 부리에 깔때기를 박아 그 속에 옥수수를 넣는 것이다. 프랑스 국립농학연구소INRA는 동물 학대의 세계적인 여론에 직면해 거위나 오리가 가바주에서 받는 스트레스가 사람 손에 붙들리는 것보다 훨씬 적다는 연구 발표까지 내놓았다. 그리고 가바주 전까지는 자유롭게 방목된다는 부연 설명까지 했다. 아시아의 개고기 문화에는 쌍심지를 켜는 프랑스 사람들이지만 돈 되는 푸아그라를 만들기 위한 자신들의 잔인한 사육 방식에 대해서는 아주 관대하다.

88서울올림픽과 2002한일월드컵 등 한국이 세계적인 스포트라이트를 받을 때마다 세기의 명배우였던 프랑스의 브리지트 바르도Brigitte Bardot를 비롯한 동물 권리 옹호자들은 한국의 야만스러운(?) 개고기 음식 문화에 대해 세계의 언론을 통해 고발함과 동시에 식용 개 사육에 대한 법적인 제재를 주장했다. 미국의 유명한 토크 쇼 진행자인 제이 레노Jay Leno 역시 이에 편승하여 한국의 개고기 문화가 한국에서 얼마나 대중적인지를 시사적으로 풍자하기까지 했다. 이러한 외부의 직간접적인 간섭과 훼방에 흔들린 한국 정부는 88서울올림픽 때 사대문 안 보신탕집의 영업을 금했고, 보신탕 안에 인체에 해로운 균들이 있다는 황당한 조사 보고를 유포하는 등 국민적인 보신탕 정서를 자제하도록 각종 매체를 통해 홍보했다. 2002년 월드컵 기간에도 같은 현상이 반복될 뻔했으나 88서울올림픽 때와는 달리 성숙된 국민 정서와 국민적인 결속의 힘으로 외부의 간섭에서 자유로울 수 있었다. 과거 제사 음식으로까지 쓰였던 개고기 한번 마음 편히 먹기 힘든 민족이 한국인들이다.

문화의 특징 중에 빼놓을 수 없는 것이, 인간의 가장 보편적인 성향 가운데 하나인 '자문화 중심주의Ethnocentrism'이다. 자문화 중심주의는 자신의 문화가 실존하는 모든 것들의 중심이라고 생각하는 세계관으로 타 문화를 일방적인 편견으로 경멸하거나 무시하는 시각이다. 한마디로 자기 위주로 생각하는 성향이다. 386세대의 대표적인 소설가 공지영은 어린 시절의 추억을 아름답게 그려낸 소설《봉순이 언니》에서 인간의 자문화 중심 성향을 자신만의 독특한 관찰력으로 달리 엮어냈다.

아마도 그때 알아야 했으리라. 그때나 지금이나, 그리고 아마도 앞으로도 아주 오래도록, 사람들은 누구나 진실을 알고 싶어 하지 않는다는 것을, 막다른 골목에 몰릴 지경만 아니라면, 어쩌면 있는 그대로의 사실조차 원하지 않는다는 것을. 사람들은 누구나 자신이 그렇다고 이미 생각해온 것, 혹은 이랬으면 하는 것만을 원한다는 것을. 제가 그린 지도를 가지고 길을 떠났을 때, 길이 이미 다른 방향으로 나 있다면, 아마 길을 제 지도에 그려진 대로 바꾸고 싶어 하면 했지, 실제로 난 길을 따라 바꾸는 사람은 참으로 귀하다는 것을.

자기 자신에게만 무게중심을 두는 자문화 중심주의는 '우월감'의 형태로 드러난다. 미국 닉슨 정부의 특별 보좌관이자 전 선교사이기도 한 데이비드 후페스David Hoopes는 이렇게 말했다.

우리는 태어나면서 우리를 지탱해주는 것, 즉 우리의 부모, 가족, 우리 문화 집단들과 자신을 동일시하며 긍정하기 시작한다. 자기 집단이 옳고, 따라서 지켜야 한다는 생각은 자연과 다른 집단으로부터의 침략에 대항하는 가장 효과적인 방어 기제가 되어왔다. 그러나 문명이 발전하고 복잡해지면서, 인구가 늘어나고 문화 집단 간의 왕래가 증가하면서, 자문화 우월주의는 이제 위험한 것이 됐다.

한국 사람들이 러시아 사람들을 '로스케', 한국에 온 흑인들은 '깜둥이', 백인들을 '흰둥이'라 부르는 것, 미국이나 캐나다 사람들이 동양이나 중남미 등에서 이민 온 소수 민족들을 눈에 띄는 유색 인종이라며 '비주얼 마이너리티 Visual minority'라고 폄하해서 부르는 것, 지금은 공식적으로 없어진 오스트레일리아의 백호주의 그리고 독일인들의 신나치주의 Neo-Nazi 등은 모두 문화적 우월감이 인종차별이라는 그릇된 방법으로 표출되고 있는 것이다. 이 세상에 자신의 문화를 중심으로 생각하지 않는 사람과 민족은 없다. 아무리 학식과 외국 경험이 풍부해도, 아무리 개방적이고 유연해도 사람들은 어느 정도 자문화 중심적인 사고와 행동을 표출한다. 하지만 상대방이 인내할 수 있는 수준을 넘으면 그것은 자연스러운 수준을 넘어 도리어 관계를 파괴한다.

몇 세기 전 어느 영국 대사가 페르시아의 수도 테헤란에 공무를 가지고 도착했다. 유럽 아니 세계의 중심인 영국 측 대표에 대한 페르시아 측의 영접은 눈에 띌 만큼 극진했다. 페르시아의 왕자를 비롯한 귀족들은 왕의 명령에 따라 선물을 보냈다. 또한 그들이 체류하는 동안 최고의 대접을 베풀어야 하며, 조금이라도 언짢게 하는 언행을 해서는 안 된다는 왕의 특별 명령이 하달됐다. 이 정도면 양국 간에 문제의 소지가 전혀 없을 것 같지만, 실제로는 의전에 대해 끝없는 실랑이가 이어졌다. 영국 대사는 상대국의 절차에 따르지 않고 자국의 입장만 주장하는 지구상에서 가장 상대하기 어려운 사람으로 인식됐다. 우선 접견 시 바닥에 앉는 문제에 대해 그 대사는 반대 의사를 표명했다. 대신 의자가 있어야만 앉겠다는 주장을 하면서 의자가 왕좌에서 너무 멀어도 가까워도 안 된다고 못 박았다. 이어 신발도 골칫거리였다. 그는 왕 앞에서 굳이 신발을 벗을 수 없다고 했으며, 페르시아의 전통인 빨간 양말을 신을 수도 없다고 했다. 또 페르시아에서는 두건을 벗는 것은 대단한 실례인데 그는 모자를 벗어 공경의 표시를 하겠다고 부득부득 우겼다. 영국에서 모자를 벗는 것은 '나는 당신의 하인입니다'라는 의미를 담고 있다. 옷에 대해서는 말다툼이 극에 달했다. 그는 자신이 현재 입고 온 노출이 심한 그 복장으로 왕을 알현하겠다고 했다. 페르시아 측에서는 준비해 온 옷이 없다면 별도로 페르시아 귀족 옷을 주문해 보내겠다고 했으나 그는 콧방귀도 안 뀌었다. 그는 자신의 왕 앞에서 입었던 그 복장 그대로 페르시아의 왕 앞에 서겠다고 선언했다.

―제임스 모리어의 《이스파한에서 온 하지 바바의 모험》 중에서

결과는 어떻게 됐을까?

자문화 중심주의는 언어에서부터 의식주에 이르기까지 문화의 여러 단면을 통해 드러난다. 먼저 언어부터 살펴보자. 북극에 사는 원주민들을 통

칭하는 에스키모Eskimo, 날생선을 먹는 족속이란 뜻인 인근 이누이트Innuit, 진짜 사람들의 자문화 중심적인 관찰을 통해 기원해 지어진 이름이며, 오늘날 야만인의 통칭이 된 바바리안Barbarian의 이름은 고대 그리스 사람들이 변방에 살던 사람들의 말을 이해하지 못해 마치 그들의 말이 개가 짖는 것Bar-bar, 영어의 bow-wow 같다고 하여 붙여진 것이다. 고대 중국인들이 자신들은 '중화中華'라 하고, 한국 사람들을 '동이東夷, 동쪽 오랑캐', 또 다른 이족들에게 '남만南蠻', '북적北狄', '서융西戎' 등으로 호칭한 것 역시 문화적 비하다. 자기 나라 이외의 다른 나라와 민족들을 미개한 야만인으로 여겨 사이팔만四夷八蠻이라고까지 통칭할 정도다. 언어에 대한 중국인들의 자문화 중심주의(자신들의 말로는 주체 사상)는 세계 제일이다. 중국에는 외국어가 없는 것을 보더라도 그렇다. 모든 외국어는 의역되어 중국어화된다. 코카콜라를 크어코우크어러可口可樂, 맥도날드를 마이당라오麥當勞, KFC를 컨더지肯德基라고 그럴듯하게 발음한다. 외국인들이 마시는 맥주에 대해서 비주卑酒라고 붙인 것도 그렇다. 여기서 '비卑'라는 것은 일부러 만든 신조어이며 발음으로는 비어beer의 '비'에 해당된다. '입에 천하다'는 뜻으로 서양의 미개화인들이 (중화 문화의 틀 밖에 있는 사람들) 마시는 술이라는 폄하의 의지다.

각 나라의 신화나 민속 또한 자문화 중심주의에 근거해 만들어진다. 일본의 경우 특히 이와 같은 경향이 심하다. 하다못해 이방의 예수조차도 자신들의 조상인 것처럼 신화화한다. 아오모리 현 주민들은 예수 그리스도의 무덤이 자신들의 동네에 있다고 믿는다. 예수 그리스도는 일본을 두 번이나 방문했고, 처음 방문했을 때 나이는 21세로, 일본에 복음을 전하기 위한 목적으로 방문했다고 한다. 예수는 10년 이상 일본에 머물면서 '마요코'라는 아름다운 일본 여성과 결혼했으며 슬하에 세 명의 딸을 두었다고, 후손이 실제 그곳에 있다고 한다. "일본 혼에 서양의 기술을 합치자"라는 화혼양재和魂洋才의 정신이 비정상적으로 확대, 적용되면서 자문화 중심적으로 고착되는 현상이다. 미국 원주민인 체로키Cherokee족의 창조 신화에서도 이와 같은 경향이 두드러진다. 옛날 창조주가 진흙을 빚어 세 가지 형상의 사람을 만들었다. 그 진흙으로 빚은 형상들을 완전하게 하기 위해 화덕에 넣었다. 서둘러 먼저 꺼낸 형상은 덜 구워져 나와 백인이 됐고, 가장 적절하게 구워진 것이 자기네 체로키족이고, 시간에 못 맞춰 맨 나중 끄집어낸 것이 흑인이 됐다는 것이다. 중국인들이 '기자 조선'의 신화를 주장하며, 한국인의 조상이 결국 중국인, 그것도 은나라 서자 출신이라고 조롱하는 것도 같은 맥락이다.

또한 누구나 쉽게 접할 수 있는 음식 문화는 자문화 중심주의나 우월주의의 본산이다. 한국 사람들은 일본 사람들이 국그릇을 들고 먹는다고 상놈이라 말하고, 인도 사람들이 손으로 뒤처리를 한다며 불결하다고 말한다. 유럽 사람들은 미국 사람들이 빵을 칼로 갈라 먹는다며 촌놈이라 말하고, 일본 사람들이 코냑을 얼음에 섞어 먹는다며 촌놈이라 말한다. 손으로 음식을 집어 먹는 민족은 기물을 사용하는 민족을 비인간적이라 말하고, 기물을 사용하는 민족은 그러지 않는 민족을 비위생적이라 말한다. 젓가락을 사용하는 민족은 포크와 나이프를 사용하는 민족보다 머리가 좋다고 말하고, 기물을 사용하는 민족은 그러지 않는 민족보다 우수한 문화를 가졌다고 착각한다.

주거 환경에서도 많은 문화적 차이를 발견할 수 있다. 미국 사람들은 한국 사람들이 공적인 장소에서 신발을 벗는 것에 대해 불결하게 생각한다. 한국 사람들은 미국 사람들이 집 안까지 신발을 신고 돌아다니는 것을 불결하다고 말한다. 공중목욕탕이 없는 서구나 미주 사람들은 한국과 일본의 공중목욕탕 문화를 불결하다고 말한다. 하지만 그들은 집 안의 욕조에 비누 거품을 풀어 몸을 담근 후 물로 헹구지도 않고, 타올로 대충 닦고 나온다. 누가 더 불결한 건가?

1990년대 말 베이징에서 한 사건이 발생했다. 어느 일본인 사업가가 친구들과 함께 평소 다니던 중국 음식점에 갔다. 그날은 유독 종업원들의 서비스나 음식이 형편없었다. 이에 분개한 일본인은 중국인 여주인을 불러 항의를 했고, 잘못에 대해 무릎을 꿇고 사과하라고 요구했다. 여주인이 무릎을 꿇는 것을 거부하자 일본인은 여주인의 어깨를 눌러 억지로 무릎을 꿇게 하려 했고, 이 과정에서 몸싸움이 있었다. 다음 날 일본인은 폭행 혐의로 체포됐다. 이 사건의 핵심은 '무릎 꿇는 것을 강요했다'는 것이다. 그것을 강요한 일본인의 입장에서 보자면, 일본의 가옥 구조나 의복의 형태에 따라 무릎을 꿇는 것이 부끄럽지 않은 행위이고 더구나 사과하는 입장에서는 그렇게 하는 것이 당연한 것이었다. 그러나 중국인의 입장에서 보자면 무릎을 꿇는 것은 완전히 항복할 때나 하는 치욕적인 행위다. 즉, 일본인에게는 '상식적인 행위'가 중국인에게는 도저히 동의할 수 없는 '극히 비상식적인 행위'인 것이다.

위의 사례 외에도 자문화 중심주의의 예는 입에 담을 수 없을 만큼 많다. 왜 많을까? 자문화 중심적인 경향은 인간의 보편적인 성향이기 때문이다. 아무리 외국 경험이 많아도, 아무리 지식이 많아도 자문화 중심적인 경향에서 자유로울 수는 없다. 정도의 차이만 있을 뿐이다. 누구나 가지고 있는 어쩌면 자연스러울 수도 있는 이런 자문화 중심적인 태도가 도를 넘으면 일방적인 판단과 편견을 낳고 나아가 타 문화 자체를 부정하고 왜곡할 수 있다는 자각이 필요하다. 이런 점에서 문화를 객관적으로 보는 인식, 즉 자문화는 인정하되 상대적인 시각을 적절히 견지하는 자문화 상대주의 Ethnorelativism에 대해 알 필요가 있다. '그건 말도 안 돼!', '어떻게 저럴 수가?', '희한한 일도 다 있네?', '정말 끔찍해!'와 같은 타인과 타 문화에 대한 부정적인 반응들이 '지금 우리가 뭘 하고 있는 거지?', '나로 하여금 이처럼 강한 반감을 가지게 만든 근본적인 차이는 무엇일까?', '내가 저들의 입장이라면 나는 사물을 어떤 식으로 보게 될까?', '저 방식대로 했을 때 흥미 있고 가치 있는 것은 도대체 무엇일까?'라는 등의 긍정적인 자기반성과 자아성찰의 기회로 반전돼야 한다.

사물을 객관적으로 보고, 자신의 판단을 최대한 유보하는 태도는 문화를 보는 상대적인 시각에서 나온다. 한국의 개고기가 고려 시대 제사 음식으로까지 사용됐고, 제사 음식으로서 개고기를 나누어 먹었던 역사적인 사실을 근거로 한국의 개고기 음식 문화가 시작됐다는 것은 무시한 채 단편적인 판단으로 상대방의 문화를 도마에 올려놓고 난도질하는 것이 얼마나 문화적으로 유치하고 천박한 수준인가. 반대로 멕시코에서는 이구아나를 바비큐로 요리해 먹고, 일본의 가고시마에서는 말고기를 훈제로 먹고, 중국에서는 쥐를 말려서 먹고, 프랑스에서는 스트레스로 부은 거위 간을 삶아 먹고, 아프리카 케냐의 마사이족이 양의 피를 마시는 것에 대해 한국 국민 역시 너그러운 마음으로 받아들일 때 역지사지의 보편적 가치가 이 세상에 꽃피게 된다. 옛날 장자 말씀에, 한곳에 모여 사는 우물 안의 개구리에게 바다를 이야기할 수 없고, 한 철에 매여 사는 메뚜기에게 얼음을 이야기할 수 없다고 했다. 21세기의 장자는 자기와 자기 문화만 아는 사람에게 세상을 이야기할 수가 없다고 일갈한다.

자민족 우월주의에서 벗어나기 위한 방법 몇 가지를 소개한다.

1 자신과 상대방에 대해 현실적인 기대를 한다.
2 호기심을 가진다. 새로운 문화에 대해 가능한 한 많은 것을 배우려 애쓴다.
3 문제와 체험을 상대방의 관점에서 바라본다.
4 유머 감각을 가진다.
5 자신과 타인을 관대하게 대한다.
6 나와 남, 모두 실수할 수 있다는 것을 인정한다.
7 인내하고 자제한다.

금기 사항
1 상대의 문화와 자신의 문화를 계속 비교한다.
2 남과의 차이에 대해 이상하다는 말을 사용한다(단지 다를 뿐이다).
3 우리 자신이 자민족 우월주의적일 수 있다는 것을 부인한다(그 점을 양보해야만 보다 깊은 이해로 발전할 수 있다).

2 | 집단주의 의식
나냐, 우리냐?

  미국 사람들은 편지 봉투에 주소를 쓸 때 자기 이름을 먼저 쓰고 국명을 가장 나중에 쓴다. 한국 사람들은 국명부터 적고 자기 이름을 맨 마지막에 놓는다. 서양인은 배나 도로의 이름에 개인 이름을 많이 붙이지만 개인의 실적이나 공적에 무게를 두지 않는 한국이나 일본에서는 개인 이름을 붙이는 경우가 드물다. 일본 사람들은 다른 사람들에게 방해가 되지 않기 위해 귀에 이어폰을 꽂고 워크맨을 듣는다. 서양 사람들은 반대로 자신이 방해받지 않기 위해서 이어폰을 꽂는다. 제2차 세계 대전 당시 일본의 가미가제와 아랍의 자살 폭탄은 집단과 생사를 같이하려는 멸사봉공의 발로이다. 미국과 같이 개인주의가 성행하는 나라에서는 슈퍼맨식 영웅주의를 낳아 '적들은 다 죽고 자기만 사는' 저격범 문화가 등장한다.

  나라나 민족을 정치 이념적으로 분류할 때 공산주의인지 자본주의인지, 혹은 민주주의인지 사회주의인지가 먼저 등장하듯이 문화적으로는 상위의 분류 기준이 '집단주의'냐 혹은 '개인주의'냐이다. 집단주의와 개인주의적인 성향의 정도에 따라 사회 전반적으로 큰 차이가 발생한다. 아이가 맨 처음 말을 트면서 '우리 엄마'라고 할 수도 있고, '내 엄마'라고 할 수도 있다. 식사 주문 시 한 가지로 통일을 할 수도 있고, 각자 알아서 시킬 수도 있다. 건배를 할 때 술잔을 다 비울 수도 있고, 첨잔을 할 수도 있다. 짐을 쌀 때 한 번에 같이 쌀 수도 있고(보자기 문화), 사이즈가 각각 다른 상자에 차곡차곡 채워 넣을 수도 있다(상자 문화). 목욕탕에서 등을 밀 때 자신의 수건으로 옆 사람의 등을 밀어줄 수도 있고, 나무로 된 긴 브러시를 이용해 스스로 닦을 수도 있다. 아파트와 같은 집단 주거 형태를 선호할 수도 있고, 집과 집의 거리가 먼 개인 주택을 선호할 수도 있다. 자기소개를 할 때 '어느 조직에 속해 있느냐'가 우선시될 수도 있고 '자기가 무엇을 하느냐'가 우선시될 수도 있다. 조직 내에서의 상벌을 집단으로 할 수도 있고, 개인별로 할 수도 있다. 사회 전반적으로 유행에 민감할 수도 있고 아예 둔감할 수도 있다.

개인주의는 우리보다는 '나'에서 시작한다. 개인의 프라이버시가 중요하고, 개인의 독립성과 자율성 그리고 개성을 높이 평가한다. 협력보다는 경쟁이 독려되고 개인의 이익이 집단의 목표에 우선한다. 한 사람을 위해 모두가 존재한다all for one. 세계를 보는 중심에 자기가 있다. 반면 집단주의는 철저히 '우리' 중심적이다. 집단을 통해, 집단과의 관계를 통해 세계를 본다. 개인보다는 집단의 이익을 우선시한다. 개인의 자유보다 집단의 조화가 관건이다. 집단의 화합이나 조합을 위해 아랫사람은 눈치를 보고 윗사람은 체면을 따지며 서열이나 체계나 명분을 통해 집단 내의 질서를 확립한다. 전체를 위해 개인이 존재한다one for all.

특히 한국 사람들의 집단주의를 상징하는 '우리주의weness'는 단순한 언어 표현의 영역을 넘어 사회 문화적 현상으로 봐야 한다. 한국의 어느 작가가 어린 시절 가족 모임에서 "즐거운 곳에서 날 오라 하여도 내 쉴 곳은 작은 집 내 집뿐이오"라는 가사의 외국 곡을 부르다가 "예끼, 내 집이 어디 있어? 건방진 놈" 하고 할아버지한테 혼이 난 추억이 있다고 한다. 한국에서의 집은 내 집이 아닌 우리 집뿐이다. 미국에서는 무조건 '나'가 우선하지만 한국에서는 '우리'가 우선이다. 영어의 구어에서는 '나와 내 부인me and my wife'으로 시작하지 '나의 부인과 나my wife and I'라고 상대방 중심으로 말하지 않는다(물론 문법적으로는 이래야 한다). 한국의 구어에서는 심지어 자기 부인조차 우리 부인이라고 말한다. 이외에도 우리 학교, 우리 교회, 우리 동문 등 어디서건 '우리'를 빼면 시체다. 내가 어릴 때는 '우리'를 남발하다 어른들의 꾸중을 들어 때로 '저희'를 사용했지만 문제의 본질은 같다. 저희든 우리든 둘 다 '집단 중심'이라는 것이다.

핵가족에서 출발한 근대의 개인주의는 철저히 자기중심적이기 때문에 남의 체면에 아랑곳하지 않는다. 남이 뭐라 하든 자신이 좋으면 한다. 겨울에 반바지를 입든 여름에 겨울 코트를 입든 뭐라 하는 사람은 없다. 개인의 자유를 최대한 보장받기 위해 법적인 제도에 신경을 쓴다. 밤 10시에 옆집에서 피아노를 치면 바로 고발할 수 있게 되어 있다. 앞집에서 빨래를 밖에 걸어 말리면 미관상의 문제로 역시 고발할 수 있다. 뒷집에서 부부가 싸워도 역시 고발 대상이고, 집 앞의 잔디를 깎지 않거나 물을 너무 많이 주어도 역시 고발 대상이다. 오스트레일리아는 물이 귀해 잔디에 물을 주는 시간도 정해놓고 있다. 잔디에 물을 너무 많이 준다고 이웃과 싸워 살인으로 비화된 경우도 있다. 학교에서 남에게 방해가 되는 행동을 반복하면 바로 정학을 시키고 정신과 의사에게 보내버린다. 조금이라도 자신이 부당한 대우나 처우를 받았다면 인정에 호소하는 게 아니라 사법권을 동원해 해결한다. 이런 과정을 통해 이들은 단지 개인의 자유를 존중하는 차원을 초월해 자신들이 만든 법과 제도의 굴레 속에 스스로를 속박하면서 한편으로 자유를 맛본다. 이걸 '구속적 자유'라고 해야 할지……. 개인주의 나라에서는 집단의 기본 단위인 가족 간의 연대조차 철저히 무너져 부모 자식 간이나 형제간 혹은 부부간에서조차 돈주머니를 따로 차게 되는 삭막한 가정 문화가 양산된다. 오래간만에 양로원을 방문한, 그러고는 언제 다시 올지 기약 없는 자식과 손주를 기차역에서 배웅하며 슬퍼하는 어느 서양 할아버지의 외로운 모습은 개인주의의 슬픈 단면이다.

반면 대가족에서 출발한 집단주의는 철저히 집단 중심적이기 때문에 개인의 창의와 자율 및 개성이 뒤로 밀리고 조직은 남되 개인은 없는 전체주의의 온상이 된다. 기업에서는 폐쇄적인 분위기 탓으로 집단 사고가 횡횡한다. 소신파보다는 예스맨들이 득세하게 된다. 가정적으로는 가족의 생존을 위해 능력 있는 한 사람이 다른 식구들을 먹여 살려야 한다. 언니의 결혼을 위해 동생이 결혼을 미뤄야 하고, 노모를 위해서는 해외 이주의 기회까지 포기해야 하는 개인적 희생이 뒤따른다. 철저히 집단의 조화나 질서를 우선시하기 때문에 개인의 권익은 '이기'라는 이름으로 폐기되거나 '희생'이라는 빌미로 전환된다. 오직 조직이나 집단만이 가치의 기준이다. 긍정적인 표현인 개인의 '프라이버시'가 아시아권에서는 '공公'에 반하는 '사私'나 '사심私心'으로 치부돼 부정적인 이미지로 인식된다. 대신 개인은 죽고 공이 사는 멸사봉공의 집단정신이 강조된다. 오래전 일본의 한 종합 상사 임원이 록히드Lockheed 의혹에 연루되어 회사 빌딩 창문에서 떨어져 자살을 했고, "개인은 죽더라도 회사는 영원합니다"라는 유언을 남겼다.

나의 경험이다. 1980년대 말 한국을 대표하는 기업에 입사 후 신입 사원 교육을 받을 때의 일이다. 참가자 전원은 매번 경쟁하도록 정교히 세팅이 되어 있었고, 다들 지지 않겠다는 일념으로 가득 찼었다. 신입 사원 교육의 하이라이트인 관계사 제품 많이 팔기 게임에서였다. 내가 속한 팀은 이전 게임에서도 줄곧 2등만 해 어떻게 해서든 이번만은 1등을 해야겠다는 의지가 남달랐다. 지방에 내려가서 실시하게 될 그 게임은 지인이나 연고지와는 관계없이 일반인에게 많이 팔고 많이 남기는 팀이 승자가 되는 것이었다. 의지가 투철한 한 동기가 제안을 했다.

"야! 무슨 일이 있어도 이번만은 꼭 이겨야 돼! 방법은 딱 한 가지 있어! 우리 돈으로 사는 거야! 아무도 모르게 하고!"

"그렇지! 그러면 따놓은 당상이지!"

"친척들한테 팔면 더 좋겠지?"

나의 윤리는 이런 대화를 용납할 수 없었다.

"야! 아무리 1등도 좋지만 기본적으로 지켜야 할 것은 있는 거야! 최선은 다하되 자기 돈까지 들이는 것은 있을 수 없어!"

이후 사태는 악화됐다. 28명 정도가 같은 팀이었는데 아무도 나에게 동조하는 세력은 없었다. 단 한 명이 있었는데 심적으로는 동조하되 발언은 아꼈다(그도 결국은 반대쪽에 합류했다). 화장실에서 마주치는 동기들의 눈빛은 사뭇 살벌하기까지 했다.

"나쁜 놈! 저만 아는 놈! 배반자!"

그럴수록 나는 더욱 완고해졌다. 원칙을 어겨서는 안 될 것 같아 절대로 양보 못 하겠다는 태도를 더욱 확고히 한 것이다. 결국 상대 집단의 제의로 적절한 타협이 이루어졌다. '자기 돈은 쓰지 않되 그 도시 주변에 사는 친척 집에 가서 파는 것은 허용하기로!' 내가 속한 팀이 결국 1등을 했다. 이런 깐깐한 태도를 줄곧 견지하면서 연수에 참가했었다. 행운이 따랐던 중간시험에서는 태어나서 처음으로 298명의 동기 중 1등을 했다. 이 회사는 성적을 공개했다. 마지막 시험도 잘 보지 않을 수가 없었다. 마지막 날 전체 시상이 있었는데 1등에서 3등까지만 발표했다. 그런데 내 이름이 누락된 것이다. 이전에 싸웠던 그 동기는 상을 탔다. 팀 지도 선배에게 따져 물었다.

"저는 몇 등을 했나요?"

"박준형 씨는 4등입니다."

"어떤 기준으로 상을 타는 거지요?"

"……?"

그날 깨달은 교훈은, '세상은 개인의 정의보다는 집단의 화합을 더 중요하게 생각한다'이다. 그로부터 20년이 훌쩍 지난 지금 그 회사의 집단주의적 판단 기준이 바뀌었을까?

개인주의와 집단주의의 국가적인 분류에는 문화 훈련의 세계적인 권위자인 헤이르트 호프스테더 Geert Hofstede의 연구를 빼놓을 수 없다. 그는 세계 50개국 이상의 기업들을 대상으로 10년 이상에 걸쳐 다양한 문화의 차원과 차이를 분석했다. 둘의 결과는 다소 차이가 있으나 어림잡아, 세계적으로는 인도네시아를 비롯한 아시아권과 아랍권, 과테말라를 위시한 중남미권과 나이지리아를 비롯한 아프리카권의 나라들이 한·중·일의 경우처럼 집단주의적인 성향이 짙은 나라로 분류된다. 반면 서구 유럽과 북미의 나라들은 개인주의적 성향이 상대적으로 강하다. 그중에서도 미국은 개인주의의 전형이다. 그 나라의 국시 또한 개인의 존중으로부터 시작한다.

그의 연구에 의하면, 아시아의 한·중·일 3개국 중에서는 일본이 가장 개인주의적인 나라로 분류된다. 일본은 조사 대상국 53개 나라 중 개인주의 성향이 22번째로 아르헨티나와 같은 수준으로 평가됐다. 한국은 43번째이고 타이완은 44번째에 속한다(이 조사에 중국은 제외되어 있다). 사회주의의 중국, 유교의 한국과는 달리 일본이 유달리 개인주의적인 성향이 강한 나라로 분류된 것은 메이지유신의 탈아입구脫亞立歐 정책과 태평양전쟁에서의 패배로 인한 미국식 개인주의의 수입에서 그 원인을 찾을 수 있다. 일본인들의 고유한 정신과 전통은 서구의 개인주의와 맞물려 나름대로 독특한 일본식 개인주의를 잉태했다. 각자의 식사가 개별 쟁반에 한 사람 몫一人前, 이치닌마에으로 서비스되고, 남에게 폐를 끼치지 않기 위해 노력하고迷惑, 메이와쿠, 부모라도 자식에게 함부로 말하지 않고, 네 것 내 것을 분명히 따지며 모든 사람의 몫이 분명히 정해진 영역 안에서 생활하게 된 것이다.

하지만 일본 도쿄대학의 통상경제학의 권위자였던 하야시 슈지林周二의 주장은 조금 다르다. 일본이 가장 집단주의적이라는 것이다. 그는 한국·일본·대만 3개국을 중심으로 '팀워크보다 혼자서 일할 때 즐거움'을 비교 조사 했는데, 일본은 36.3퍼센트, 한국은 51.1퍼센트, 대만은 51.5퍼센트가 혼자 일하기를 좋아했다는 것이다. 그러면서 한국인들이 농담이라도 "단독이라면 반드시 이기지만 세 사람만 모이면 일본인들에게 진다"고 말한다는 것이다. 그는 유교에 뿌리를 둔 한국인들이 서구의 기독교를 단기간에 받아들인 데는 이들의 단독성이나 자주성이 작용했다는 의견을 내놓았다. 나는 이 의견에 동의한다. 왜 한국인들은 어디를 가나 화합하지 못하고 반목하는가?

호프스테더가 가족 구조—핵가족인지 대가족인지—에서 개인주의와 집단주의의 차이를 찾은 데 반해 폰스 트롬페나르스Fons Trompenaars라는 세계적인 문화 전문가는 국가 문화에 대한 종교와 정치의 영향을 강조했다. 중남미나 지중해권의 가톨릭 나라들이 서구의 개신교가 지배적인 나라들에 비해 집단주의적인 성향이 강하다는 것이다. 당연한 말이다. 로마 교황을 위시로 한 가톨릭의 일관된 명령 체계에 비해 개신교는 각 교회 중심이기 때문에 훨씬 더 개인주의적인 성향이 농후하다고 볼 수 있다. 한국의 개인주의화와 한국의 각개 교회 중심주의를 떼어놓을 수 없는 것처럼 귀신을 막기 위해 어깨를 맞대고 집단으로 예배하는 이슬람 국가가 긴 의자에 앉아 자유롭게 예배하는 기독교 국가에 비해 집단주의가 강한 것도 같은 이유다. 또한 공산권의 와해로 민주화를 되찾은 러시아, 체코, 폴란드와 같은 동구권 나라에서는 정치적인 변화로 인해 사회주의에 근간을 둔 집단주의가 무너지고, 자본주의적 개인주의가 등장했다.

세계적으로 개인이 집단 환경 속에서 모습을 드러내게 된 르네상스, 탐험의 시대, 프랑스의 계몽 운동, 영국과 미국의 산업혁명 등과 같은 변혁의 시기를 빼놓을 수 없다. 문명화와 현대화의 산물로 급부상한 개인주의는 대부분 미국, 오스트레일리아, 영국, 프랑스 등 몇몇 강국들의 침략 정책과 자본주의의 합작으로 위세를 떨쳐왔다. 20세기 말 냉전의 시대가 집단주의 소련의 패배로 막을 내리자 슈퍼 파워로 급부상한 미국의 개인주의가 아무런 구속과 제약 없이 전 세계에 급속도로 확산되고 있다. 미국적 개인주의 문화의 산물인 코카콜라나 맥도날드 그리고 스타벅스나 던킨도너츠와 같은 요식 사업 그리고 할리우드 블록버스터 영화와 브로드웨이 뮤지컬 등과 같은 문화 사업의 국경 없는 침투는 단순한 문화 교류의 차원을 넘어 정신문화의 전이를 요구한다.

국가 간의 문화적 성향을 조사한 IBM의 자료에 의하면, 1968년부터 지금까지 대부분의 집단주의 체제하에 있던 개발도상국들이 세계화의 명목으로 경제에 눈을 뜨면서 더 개인주의적 성향으로 변해왔다고 한다. 물론 세계화와 거꾸로 가고 있는, 미국과 친하지 않아 더욱 가난해지고 있는 아시아의 몇몇 종교적 근본주의 국가들과 라틴아메리카의 사회주의 국가들은 더욱 집단주의 성향을 강화해오기도 했다. 이란, 파키스탄, 그리고 쿠바가 그 대표적인 예다. 이와 같이 세계화와 맞물린 개인주의의 확산으로 인해 한때 지구의 70퍼센트를 점유하고 있던 집단주의 국가들이 점차 자신들의 문화적 정체성을 잃어가고 있다. 중국은 또 어떤가? 공산주의의 중국은 이제 사유재산을 인정하는 어정쩡한 자본주의 문턱에 걸려 있다. 체제 안에서의 개혁 개방은 이미 물 건너갔고, 그나마 구공산당의 체제로 버티고 있기는 하지만 나의 눈에 비친 중국은 이미 개인주의적인 나라 그 이상 그 이하도 아니다.

한국 역시 IMF와 OECD라는 세계화의 파도에 동승하면서 강대국의 직접적인 견제를 받을 만큼 두드러진 경제 성장을 이뤘다. 반면 한국의 집단주의적 가치들은 많이 퇴색했다. 외적 성장과 정신적 가치는 동반 성장할 수 없다. 세계적으로 한국은 여전히 집단주의의 전형으로 분류되고 있으나 그건 겉만 알고 속은 모르는 말이 아닐까? 문화적인 귀가 얇은 한국은 근대화를 거치면서 급속도로 개인주의로 선회해왔다. 계나 두레 그리고 향약 등 한국 고유의 공동체적 제도들은 역사의 뒤안길로 사라져가고 있다. 나의 유년 시절, 족히 20~30분을 걸어 총각 담임 선생님에게 어머니가 만들어주신 육개장을 호호 불며 나른 뒤로 나눔의 가치들은 실종됐다. 집단주의적 양보와 화해는 개인주의적 선점과 쟁취로 대체됐다. 집단주의적 충성과 의리는 개인주의적 계약과 계산으로 대체됐다. 집단의 조화와 인간적인 유대 그리고 체면 의식은 이제 더 이상 한국의 집단주의 문화를 상징하는 아이콘들이 아니다.

몇 년 전 한국을 대표하는 기업의 총수가 한국을 중국과 일본의 사이에 낀 '샌드위치'로 비유하면서 한국 경제의 미래를 걱정했다. 그는 앞으로 20년이 문제라고, 한국 기업의 미래를 걱정하지만 문화를 가르치는 나는 앞으로 20년간 한국의 문화가 더 걱정된다. 기업이 살림이라면 문화는 정신이기 때문이다. 한국은 극단적인 미국식 개인주의와 일본식 상업주의 그리고 중국식 중화주의에 3중으로 샌드위치 되어 있다. 여전히 경제 성장만큼의 문화적 이미지가 없기로 정평이 난 한국이, 매출액만큼의 기업의 사회적 이미지가 없기로 소문난 한국의 기업들이 20년 후 2030년이 되면 이런 문화적 샌드위치에서 일탈해 21세기식 한국만의 독특한 집단주의 문화를 재창조해낼 수 있을지 걱정이 앞선다.

얼마 전 이명박 대통령이 세계 55개국 중 33위를 차지하고 있는 한국의 국가 이미지를 2012년까지 세계 15위로 올려놓겠다고 공언한 것은, 그래서 없던 국가브랜드위원회까지 신설한 것은 '문제를 인식했다'는 점에서는 환영할 만한 일이나 '문화는 단기 건설 프로젝트가 아니다'라는 것을 알고 이런 발표를 했는지는 의심스럽다. 경제개발5개년계획으로 없던 길을 내고, 초가지붕을 슬레이트 지붕으로 바꾼 것과 한국이 어디 있는지도 모르는 벽안碧眼의 서양 사람들에게 5천 년 역사를 지닌 대한민국의 문화와 그 역량을 알리는 것은 전혀 다른 차원의 일이다. 국가 이미지라는 것은 수년에 걸쳐 변할 수 있는 단기 업적이 아니라 수대에 걸쳐 인식하고 노력해야만 바뀔까 말까 한 역사적인 과업이다. 인천국제공항에 '다이내믹 코리아' 현수막을 여기저기 붙여놓는다고 국가 이미지가 단박에 바뀌지 않는 것과 같은 이치이다.

3 | 명분이냐, 실리냐?

체면 의식

1990년대 초 독일 뮌헨으로 이사를 와 혼자서 짐들을 차에서 옮기고 있었다. 땀을 흘려가며 짐을 하나둘씩 나르는데 집주인이 얼굴을 내밀며 도움이 필요하면 도와주겠노라고 제안을 했다. 안면도 없는 주인에게 선뜻 도와달라고 하기가 쑥스러워 "글쎄요, 괜찮은데요"라고 더듬거리며 사양했다. 그날 나는 근육통이 도질 정도로 혼자서 짐을 다 날랐다. 뒤도 안 돌아보고 들어가는 주인의 뒷모습을 보면서 독일인에 대한 첫인상을 고정시켜버렸다. '독일 놈은 인정이 없다.'

그로부터 약 10년 후 미국 버몬트 주에서 공부할 때의 일이다. 같은 전공의 미국인 학생들과 점심시간을 즈음해 모임을 가졌다. 하나둘씩 지정된 테이블로 모여드는데 각자 점심을 식당에서 가져오고 있었다. 내 딴에는 회의를 마친 후 식사를 같이 할 줄로만 알았다. 어리둥절해하는데 한 여학생이 호의를 베푼다. "Joon! May I get you something to eat?(준형! 뭣 좀 먹을 것 가져다줄까?)" 나는 이러한 미국 학교의 문화를 몰랐다는 당혹감에 머뭇머뭇하면서, 그래도 체면은 살려야 했기에, "No thank you(됐네)"라고 당당하게 대답했다. 미국에 온 지 3개월 된 바로 그날 처음으로 점심을 굶었다. 한국인의 체면 의식을 조금도 이해하지 못해 재차 권하지도 않는 미국 놈들은 야속했다.

중국으로 파견된 한 한국 기자가 현지 중국인의 추천으로 사무직 여직원을 고용했다. 그녀의 옷차림새나 머리 모양 등 행색이 너무도 청결하지 못해 처음에는 여유가 없어 옷을 못 사 입는 것 같아 돈을 주기도 했다. 그렇지만 날이 갈수록 정도가 더 심해져갔다. 옆에 가면 냄새가 나는 것은 물론 손톱 사이에 때가 새카맣게 끼어 있었다. 23세 된 처녀였는데 도대체 씻는 것은 고사하고 외모에 전혀 신경을 안 쓰는 것이었다. 그는 참다 못해 그 여직원을 불러 세워 한마디 했다. "회사를 대표하는 직원이니 깨끗하게 하고 다니면 본인도 좋고 남이 보기도 좋지 않겠느냐?" 그러나 그 여직원은 그의 말을 조용히 듣고 난 뒤 그에게 오히려 충고를 했다. "여자를 꽃으로 생각하는 낡아빠진 생각은 버려야 하며, 나는 지금까지 그 누구로부터도 외모가 더럽다는 식의 비난을 받아본 적이 없다." 자신은 컴퓨터 업무 등 사무를 도와주는 일을 하러 왔지, 외모에 대해 잔소리를 들으러 온 것이 아니라는 것이었다. 그리고 그에게 마지막으로 한마디를 던졌다. "내가 지저분해서 그렇게 못 참겠다면 당장 그만두겠다." 그는 그의 귀를 의심했다. 그녀의 월급은 같은 나이 또래의 다른 여자보다 최소한 다섯 배가 많았다. 그녀는 상사의 상식적인 조언에 미엔쯔(체면)를 다쳤다며 좋은 일자리를 박차고 나왔다.

당위와 명분을 강조하는 유교의 윤리관에서 시작된 한국의 '체면'과 중국의 '미엔쯔面子' 그리고 일본의 '혼네本音, 본심'와 '다테마에建前, 남에게 듣기 좋은 말을 하는 것 는 이들 나라의 정신문화를 이해하는 데 빠질 수 없는 가치들이다. '무시당했다'를 가장 큰 모욕으로 간주하는 이들 나라 사람들은 다른 사람들 앞에서 모욕을 당하거나, 조금만 자존심을 상하는 일이 있어도 참지 못한다. 참지 못한다는 것은 결코 화를 내거나 언성을 높인다는 것만을 뜻하지는 않는다. 물론 쉽게 감정을 표출하며 싸움으로까지 번지고 죽음으로까지 비화되는 경우도 있으나 대부분은 자신이 생각하는 나름대로의 논리를 통해 확실하게 의사를 전달한다. 단 전달 과정에서의 투박함은 나라마다 차이가 있다.

체면을 따지는 한·중·일 세 나라 외에 동남아시아와 중동 국가들 그리고 스페인과 이탈리아를 비롯한 지중해 연안의 국가들과 아프리카 및 중남미의 국가들은 도리어 체면에 목숨을 거는 수준이다. 이들 나라에서 남의 체면을 묵살하면 살인이나 폭력까지 이어지는 경우가 허다하다. 여기서 '한 성질' 하는 한국인들은 잠잠해야 한다.

중동의 이집트 역시 체면에 목숨을 거는 나라다. 1967년 이스라엘과 전쟁을 할 때 이스라엘 공군에 의해 아랍 측의 전투기가 거의 전멸되다시피 해도 그들은 자신들의 피해를 알리지 않고, 오히려 이스라엘의 전투기가 대부분 파괴됐다는 거짓 정보를 흘렸다. 이스라엘의 추가 공습으로 더 이상 사실을 숨길 수 없는 상황에 이르자, 미국과 영국의 전투기가 이스라엘과 공모해서 이집트를 공격하고 있는 것으로 (거짓) 발표를 하자고 같은 연합군인 요르단과 시리아에 제안을 하기도 했다. 영미의 공모에 대한 일말의 증거도 없는 상태에서, 또 확인할 수 없는 상황에서 이 같은 거짓 제안을 해온 배경에는 아랍인들의 남다른 체면 의식이 깔려 있다.

이슬람 사회의 '명예살인honor killing'도 그들의 극단적인 체면 의식과 유리시킬 수 없다. 명예살인이란 남편이나 가족들이 자신들의 명예를 실추시킨 여성을 살해하는 행위를 말한다. 여성의 부정행위, 불임이나 가출 그리고 이혼 등이 명예살인의 주요 원인이고 대부분 살인자들은 신고되지 않는다. 그러나 적지 않은 이슬람 국가에서 이를 범죄로 규정하고 있음에도 불구하고 명예살인은 끊임이 없다. 또 영국, 프랑스 등의 유럽과 북미에 거주하는 이슬람 신자들도 형사 처벌을 감수하면서까지 명예살인을 행하는 경우가 많다. 최근 이슬람권에서는 명예살인을 행할 때 받을 수 있는 형사 처벌을 피하면서도 명예살인의 효과를 발휘할 수 있는 묘수 아닌 묘수로 '명예자살'이라는 개념이 등장하고 있다. 터키의 경우 명예살인에 대해 가해자를 종신형에 처하도록 규정하고 있다. 따라서 여성들에게 명예살인 대신 명예자살을 강요하는 경우가 흔하다. 명예살인을 하면 법의 처벌을 받게 되자 온갖 수단을 동원해 여성 스스로 목숨을 끊도록 강요하는 것이다. 이와 같은 반인류적인 관습을 문화의 한 단면으로 인정하는 문제는 문화 윤리적인 관점에서 재고되어야 한다.

독일 베를린 시가 중·고등학교 학생들에게 윤리를 필수과목으로 정한 계기는 지난 2005년의 명예살인 사건 때문이다. 쿠르드족 이민자 청년이 대낮 베를린 시내에서 여동생이 이슬람식으로 살지 않는다는 이유로 총을 쏴 살해했다. 강제 결혼을 당했다 이혼한 여동생은 자립을 하기 위해 직업 교육을 받고 있었다. 이 사건 이후 일반 설문조사에서 무슬림 학생 상당수가 명예살인을 이해할 수 있다고 답했다. 명예훼손이라는 명분으로 명예살인을 정당화하고 있는 이런 반이성적이고 여성 차별적인 문화를 문화의 한 단면만으로 보기에, 문화의 상대성으로 인정하기에 사실 우리는 이미 윤리적으로 보편화된 세상에 살고 있다. 살인도 문화에 따라서는 자연스러운 관습의 일부일 수도 있고, 타인에 대한 공적功績의 일부일 수도 있다는 것을 지식으로는 알아도 인정은 할 수 없는 것과 같은 이치다.

그렇다면 한국인들의 체면 의식은 어떨까?《정, 체면, 연줄 그리고 한국인의 인간관계》(임태섭, 1997)에서 저자는 다음의 이야기를 전한다.

임진왜란 때였다. 열두 살 난 지립과 열 살 난 지발, 두 아들의 손이 뒤로 묶인 채 왜적이 쳐든 작두날 아래 뉘여 있었다. 쳐든 작두를 내려누르기만 하면 두 아들의 목이 동강이 날 상황이다. 그 형제의 어머니 배 씨는 곳간의 다락 위에 숨어 작두 아래 겁에 질린 두 아들을 문틈으로 보고 있었다. 겁탈하려 달려든 왜적들을 피해 어머니 배 씨가 몸을 숨기자 화가 난 왜적들이 자식에 대한 모정을 미끼로 배 씨가 나오도록 협박한다. 선비 윤기의 아내인 그녀는 자신이 당한 육체적 겁탈 행위로 모든 것이 끝난다면 백번 뛰어나갈 수 있었다. 하지만 그 수모는 남편을 비롯한 시댁의 가문과 문중에 먹칠을 하고 앞으로 몇십 대의 후손에 이르기까지 치욕으로 남게 된다. 즉, 가문의 명예와 체면에 먹칠을 하는 것이었다. 결국 왜적들은 무자비하게 작두를 내려 두 아들의 목숨을 앗아가버렸다. 그 처절한 인륜의 말살 현장을 지켜보면서까지 배 씨를 뛰어나갈 수 없게끔 한 그 가치관은 한국인의 체면 의식이었다고 저자는 말한다. 그녀에게 죽음은 순간적이나 체면은 영원했던 것이다.

한국인을 비롯한 동양인들은 의식주의 선택, 승용차 등의 구입, 친구나 준거 집단의 선택, 진학 및 취업, 학교 성적 및 진급, 선물의 선택 등 생활 전반에 걸쳐 체면을 중시하는 반면 실리와 실용의 북미 사람들은 몇몇 제한된 영역에서만 체면을 찾는다. 이들에게 체면은 그다지 중요한 가치가 아니다. 실용주의의 본산인 미국의 경우 클리블랜드의 도시 노동자나 백악관의 오바마 대통령이나 북부의 유럽 출신 백인이나 남부의 흑인, 누구나 동일하다는 인본적 평등에 국가 통치 이념이 맞추어져 있기 때문에 계급적 차별로 인해 발생하는 상하 간의 체면이라는 개념 자체가 자리 잡기 힘들다. 하지만 인종차별주의와는 혼동하면 안 된다. 미국은 여전히 인종주의의 홍역을 앓고 있다.

미국 동부의 한 갑부가 늘 검소한 옷차림으로 외출을 해 이웃 사람들이 묻는다.

"당신은 왜 부자처럼 옷을 잘 입고 다니지 않습니까?" 그 부자 왈, "내가 굳이 옷을 잘 입지 않아도 다른 사람들이 내가 부자란 걸 다 아는데 무엇 때문에 옷을 잘 입습니까?"

그 부자가 어느 날 다른 동네로 갔는데 여전히 검소한 복장이었다. 나들이를 마치고 돌아오는 그 부자에게 동네 사람들이 또 물었다.

"그러면 다른 동네로 나들이 갈 때는 왜 옷을 잘 입지 않나요?" 그 부자 왈, "그 동네 사람들은 내가 누구인 줄도 모르는데 굳이 잘 입을 필요가 있나요?"

미국의 실용주의를 단적으로 보여주는 사례다.

지나친 명분은 허세를 낳는다. "양반은 물에 빠져도 개헤엄은 안 친다", "양반은 얼어 죽어도 곁불은 안 쪼인다", "냉수 먹고 이빨 쑤시기", "가난할수록 기와집 짓는다", "눈먼 말 워낭 소리 따라간다", "닷새를 굶어도 풍

잠 멋에 굶는다" 등 한국식 명분과 체면 의식에 근거해 파생된 현대의 호칭 인플레, 외제 및 유명 상표 선호와 신분 과시 그리고 '인사치레성' 대화나 온갖 '의례성' 행동들이 언제 우리들 삶의 언저리에서 사라질지 의문이다. 더 이상 지구의 한쪽 저편에서 지나친 명분이나 체면 의식 때문에, 내가 오래전에 경험했듯이, 굶거나 초라해지는 한국인들이 없었으면 좋겠다. 그렇다고 명분이나 체면 자체를 폄하한다고 오해하지 않았으면 좋겠다. 나는 결코 실용주의자가 아니다. 명분과 체면이 우리의 집단성을 강화해줬다. 우리들의 관계를 모나지 않도록 도와주는 윤활유적 매체가 명분이고 체면이다. 단, '문화적'이라는 것은 과하지도 않고 부족하지도 않은 것이다. 공자 말씀에 "지나친 것은 미치지 못한 것과 같다過猶不及"라고 하지 않았는가. '문화적'이라는 것은 역시 양자택일의 문제가 아니라 화이부동和而不同의 가치와도 같다. 어울리되 같아지는 것은 아니다. 즉 명분과 실리의 딜레마에서 중용지도中庸之道를 찾아나가는 것이 문화적인 탐구요, 문화적인 성찰이다. 여러분은 지금 명분과 실리의 어느 선상에 있는가?

4 | 왕과 평민의 차이

수평성

1988년 12월 스웨덴의 어느 신문에는 국왕이 당한 어느 '기적 같은' 사건이 보도됐다. 당월 23일 구스타프 국왕이 아이들에게 줄 크리스마스 선물을 사기 위해 한 가게에서 한참을 기다려야 했다는 것이다. 왜냐하면 물건을 사고 수표를 지불하려고 하려는 그 국왕에게 본인임을 증명할 주민등록증이나 다른 ID카드가 없었기 때문이다. 가게 점원은 본인 확인을 할 수 없으니 수표를 받을 수 없다고 버텼다. 그러자 옆에 있는 국왕의 수행원들이 안타까운 나머지 국왕의 얼굴이 새겨져 있는 1크라운 동전을 꺼내 점원에게 보여줬고, 그제서야 점원은 그 동전을 ID카드 대용으로 삼을 생각을 했다. 그러고 나서도 점원은 수표의 진위 여부나 국왕의 이름과 주소를 확인하고 수표를 받았다.

북유럽의 스웨덴이라는 나라는 세계적으로 많은 영향력을 가지고 있지는 않지만 의외로 선명하고도 굳건한 국가적인 이미지를 가지고 있다. 흔히 일반인들이 알고 있는 볼보와 사브 자동차는 튼튼하기로 유명하고, 가구 회사 이케아는 친환경적인 DIY 가구로서 세계에서 유일무이하며, 사회

체제도 사회민주주의에 근간을 두어 상하 구분 없는 수평적인 사회 분위기 속에서 전체가 다 잘사는 복지를 추구한다. 캐나다 역시 스웨덴의 정치체제를 본받아 민주주의의 미국과는 달리 사회민주주의라는 표현을 사용하고 있다. 사회주의와 민주주의의 하이브리드, 공평하고 수평적인 사회와 대중 참여의 복합체 정도라고 설명할 수 있겠다. 바로 옆 나라 미국과는 다른 체제를 지향하고 있다. 그러니 이 두 나라는 인접하고 있지만 완전히 다른 나라이다(한국과 일본처럼). 재미있는 것은 미국 사람은 캐나다 사람을 좋아하나 그 반대는 성립하지 않는다는 점이다. 캐나다 사람에게 미국 사람이냐고 묻는 것은 대단한 실례다. 한국 사람에게 일본 사람이냐고 묻는 것처럼.

스웨덴이나 캐나다와 같은 나라에서는 '직위 고하를 막론하고'란 말이 보편화되어 있다. 위아래의 구분이 없다. 시장市長을 거리의 커피숍에서 바로 만날 수 있다. 1809년 스웨덴은 무능하다는 이유로 자신들의 스웨덴 왕을 추방하고 프랑스의 장군 베르나도트Jean Bernadotte를 왕으로 영입했다. 국왕 취임식 때 그가 서투른 스웨덴어로 더듬거리며 취임 인사를 하자 청중들이 웃고 떠들었다. 그 뒤로 이 국왕은 다시는 스웨덴어로 말하려고 하지 않았다고 한다. 그가 살던 프랑스에서 이런 일이 일어났더라면 그 자리에서 웃었던 자들은 왕을 모욕한 죄로 당장 감옥에 갇혔을 것이다. 심지어 교수형에 처해지기도 했을 것이다. 직위 고하가 목숨보다 중요한 한국도 이보다 못하지는 않을 것이다.

프랑스는 수평적인 스웨덴과는 달리 아직도 유럽에서 가장 수직적인 위계를 지향하는 사회이다. 수직적인 사회에서는 흔히 카리스마라는 말을 선호한다. 프랑스는 지도자들의 위엄과 카리스마를 통해 역사적으로 발전해왔다. 잔 다르크Jeanne d'Arc, 앙리 4세Henri Ⅳ, 루이 14세Louis ⅩⅣ, 나폴레옹 Napoléon Bonaparte, 샤를 드골Charles de Gaulle 등이 대표적인 예다. 프랑스 기업인에게는 조직에서 차지할 수 있는 지위가 가장 큰 영향력을 끼친다. 즉 어떤 직업을 찾는다는 것은, 그 일을 한다는 자체의 의미보다는 그 일로 인한 사회적인 지위와 전망 그리고 직업적 자존심을 추구하는 것이다. 스위스의 IMD국제경영개발원의 조사에 의하면, 프랑스는 부하들에게 권위를 위임할 수 있다는 선호도에서 24개 선진국 중 하위인 19위를 차지했으며, 부하 직원 교육에서 프랑스 지도자들의 실패는 더욱 두드러지게 나타났다.

또한 '누가 누구에 대해서 권위를 행사하는지를 모든 사람이 아는 것'은, 미국과 독일 그리고 스위스의 경영자들보다 프랑스나 이탈리아의 경영자들에게 더 중요하다. 프랑스 경영자의 64퍼센트가 조직 내 권위의 위기를 토로한다. 미국의 경우 22퍼센트에 그쳤다. 그렇다면 한국은 어떨까?

프랑스 학자인 앙드레 로랑Andre Laurent은 조직 관리 스타일에 대한 국가 간 연구 조사 중 "업무를 능률적으로 수행하기 위해서는 종종 계층 관계를 무시하는 것이 필요하다"는 것에 대한 각국의 반응을 비교했다. 수직 지향 사회의 이탈리아는 75퍼센트가 계층 관계를 지지한 반면 수평 지향 사회의 스웨덴은 22퍼센트에 그쳤다. 스웨덴 관리자들은 계층을 무시하는 것에 대한 문제를 가장 적게 인식했다. 이것은 반드시 상사가 아니라도 필요로 하는 정보와 전문적인 지식을 가지고 있는 사람이 있으면 그에게 간다는 것을 의미한다. 반면 이탈리아에서는 계층의 무시가 상사에 대한 불복종의 표시로 간주된다. 이탈리아 관리자들에게 계층의 무시는 조직이 잘못됐다는 것을 암시하기 때문에 직원들을 징계하거나 계층별 보고 체계를 다시 세우게 된다. 이같이 다른 조직 문화를 가진 양국의 종업원들이 한 직장에서 같이 일한다고 상상해보자. 양극단의 이들 국가 중간에 31퍼센트의 영국, 32퍼센트의 미국, 42퍼센트의 프랑스, 46퍼센트의 독일 등이 있다. 한국에서 업무의 효율적인 수행을 위해 계층 관계를 무시할 수 있나? 한 달 장관을 해도 평생 장관님으로 불리는 한국에서 말이다. 한국은 계층 관계가 심각한 이탈리아의 75퍼센트 수준에 버금가는, 계층에 살고 계층에 죽는 민족 중의 하나이다.

수년 전 인천 부근 어느 섬에서 긴급 환자가 발생했다. 그 환자의 한 이웃이 긴급 구조대에 헬기를 요청했다. 끝내 그 헬기는 섬에 오지 않았고 발만 동동 구르던 환자와 그 가족들은 어선을 타고 육지로 향했다. 항해 도중 그 환자는 고통을 이기지 못하고 사망했다. 그 당시 헬기는 정부의 모 장관을 태우고 인천의 한 공식 행사장으로 가고 있었다.

유럽 국가들과는 비교가 안 될 정도로 수직 사회 지향의 나라들이 있다. 바로 라틴아메리카 국가들이다. 이들은 계급과 서열을 매우 중시한다. 연령, 성, 서열에 따라 정해지는 전통적 역할을 엄격하게 고수한다. 지도자들은 흔히 독재적이고 권위적인 스타일을 보인다. 경험이 많고 배경이 든든한 나이 든 남자가 지도자인 경우가 많다. 경영자들은 자신의 서열을 내세워 존경해주기를 바라며 권위를 풍긴다. 권위자를 직접 대면하여 질문하는 경우는 거의 없다. 이런 면에서 한국인들의 기질과 많이 비슷하다. 한국의 이민자들이 중남미에서 특별한 문화 충격 없이 자리를 잡았다면 이런 비슷한 문화 성향이 한몫했다는 점을 부인할 수 없다. 기질이 비슷하면 적

문화 **들어가기**
Into Culture | 49

응이 쉬워진다.

라틴아메리카에서는 갈등의 해결도 실력자들이 담당하게 된다. 실력자들에게 경의를 표하며 부하 직원들은 개선안을 제안하거나 아예 의사 결정에 참가하기를 꺼린다. 그렇기 때문에 이들 상하 간의 관계 속에서 체면은 중요한 역할을 한다. 자기보다 지위가 낮은 사람들과 상의를 하는 사람은 신뢰도에 치명적인 타격을 받게 된다. 고위급 인물의 결정에 항의하거나 반기를 드는 사람은 당장 직장에서 쫓겨나게 된다. 실제 의사 결정을 하는 사람들을 제외한 전 직원들에게 고의적으로 정보를 알려주지 않는 풍토도 이와 같은 권위 지향 혹은 수직 지향 사회의 단면이라고 볼 수 있다. 한국의 조직 문화와 비슷하지 않은가?

문화인류학자 헤이르트 호프스테더는 각 나라가 가진 권위와 평등의 수준을 '권력거리Power Distance'란 문화적 차원으로 재해석했다. 힘없는 사람들이 권력의 불평등한 분포를 수용하는 정도를 나타내는 권력거리란 한마디로 사회 내의 '불평등 지수' 혹은 '권위 지수'로 대체할 수 있다. 그는 수평 지향의 권력거리가 가장 작은 그룹으로 스웨덴·뉴질랜드·덴마크를 비롯한 북유럽의 나라들과 이어 영국·독일·스위스 들의 중구 유럽 국가들을, 중상에 속하는 나라들로 미국과 캐나다 등 북미의 국가들을 꼽았다. 반면 한국은 의외로 전체 53개국 중 그리스와 함께 27위에 들어 중간 정도에 속했고(한국을 선진국들과 비교한다면 역시 최하위 수준이다), 말레이시아·멕시코·과테말라·필리핀·아랍권 등 제3세계 국가들을 수직 지향의 권력거리가 가장 큰 그룹으로 평가했다. 권력거리가 작을수록 한 국가의 통치자와 일개 개인과의 격이 없어지고, 권력거리가 국가나 사회 그리고 직장과 가정의 통치 수단으로 자리 잡을 때 신분에 따라 할 수 있는 일들이 구분된다. 권력거리가 작은 수평 지향의 문화는 일 자체를 중요하게 생각하지만 권력거리가 큰 수직 지향적인 문화에서는 사람이 일에 우선한다. 예를 들어 수평 지향주의의 미국 사람들이 전형적으로 전반적인 목적과 주요 단계를 개별적으로 설정하고 그다음에 담당할 사람의 필요성에 대해 제시하면서 프로젝트에 접근하는 반면 수직 지향의 인도네시아 사람들은 우선 그 프로젝트 담당자가 누구이고, 또 직원이 누구인지를 알기 원한다.

 권력거리, 즉 권위 수준의 극단적인 차이를 보여주는 제도가 바로 인도의 카스트이다. 카스트 제도에 대해 이해하려면 인도의 역사를 되짚어보아야 할 필요가 있다. 기원전 2000년경부터 대이동을 시작한 아리아인(인도·아리아 어족) 일부가 기원전 1500년경에 인도 북서쪽으로 진출한 뒤에 정착했다고 알려져 있다. 이 아리아인은 원주민인 드라비다인 등을 지배하게 된다. 이 과정에서 계급 분화가 추진되어 브라만(승려), 크샤트리아(귀족 호족 군인), 바이샤(상인), 수드라(농업 종사자) 등의 네 개의 계급과 신분으로 구성되는 바르나 제도를 형성하게 된다. 이 바르나 제도를 기초로 브라만교(현재의 힌두교)가 성립됐고 카스트 제도와 힌두교는 분리시킬 수 없는 관계에 놓였다. 바르나 제도는 세월이 지나면서 더욱 많은 계급과 신분으로 분화하고, 각각의 계급에 따라 직업과 신분이 세습되어 현재의 카스트 제도로 발전했다. 힌두교도들 사이에서 카스트는 우주의 신이 정한 신성한 규정으로 여기고 있다. 그 때문에 완전 세습 제도가 이어지고 있으며 개인의 능력에 의한 카스트 신분의 변경은 있을 수 없다. 현재 카스트 제도에서의 세밀한 구분은 2천~3천 가지에 이른다고 알려져 있다. 흔히 카스트 제도를 사제 계급인 브라만에서부터 노예 그룹인 수드라의 네 계급으로 알고 있으나 그 밑에는 인간 취급조차 받지 못하는 '불가촉천민손을 댈 수 없을 정도로 사람도 아니다, 즉 동물과도 같다는 뜻'이 자리 잡고 있다. 1947년 영국으로부터 독립한 인도는 법적으로 카스트의 차별을 금지했으나 단지 명목뿐 사회 곳곳에서는 여전히 카스트의 잔재를 엿볼 수 있다.

얼마 전 인도의 한 시골 동네에서 있었던 일이다. 몇몇의 불가촉천민 소년들이 배가 고파 연못에서 고기 몇 마리를 잡았다. 곧 연못의 주인 행세를 하는 바이샤 계급(평민)의 젊은 청년 몇 명이 나타나 아이들을 둘러쌌다. 한 청년이 한 손에 염산을 들고 아이들에게 뿌리기 시작했다. 한 어린아이는 몸이 타들어가는 것을 참지 못해 연못으로 다시 뛰어 들어갔고 한 아이는 그 자리에서 뒹굴었고, 다른 아이들은 도망쳤다. 《내셔널 지오그래픽》의 사진 작가인 빌 알라드Bill Allard가 목격한 끔찍한 사건이다.

호프스테더의 조사에서 한국 사람들의 권위 수준, 권력거리의 차는 이란, 그리스와 비슷한 수준으로 밝혀졌다. 대만이나 일본은 한국보다 덜 권위적인 나라로 분류됐다. 대만은 한국보다 2단계 낮고 일본은 한국보다는 6단계 낮은 수준이다. 한국은 여러 가지 면에서 대단히 수직적이고 권위적인 나라이다.

"너 몇 살이냐?", "나한테는 너만 한 딸이 있다", "나잇값 해라!" 등의 나이로 인한 권위, 재벌의 비서실 또는 구조 조정 본부가 무소불위의 권력을 행사하는 직무나 업종의 권위, 총괄 회장, 회장, 사장, 대표이사, 전무, 이사보 등의 셀 수 없는 지위나 직책의 권위 및 대통령 → 대통령님 → 대통령님 각하로 발전해온 권위적 호칭 인플레 등을 한국 국민들은 큰 거부감 없이 받아들인다. 국가 통치의 수단으로서 유교를 근간으로 한 한국 사회 전반의 권위주의와 불평등을 부인할 사람은 없을 것이다. 조직에서는 수많은 예스맨들이 득실대고, 권위에 권위 쌓기를 대물림하고 있다.

그렇다고 권위주의를 막무가내로 몰아세우자는 이야기는 아니다. 권위주의가 욕을 먹는 것은 아랫사람들을 지배하고 그들과의 접촉을 상실했을 때이다. 하지만 자신들의 지위를 손상시키지 않으면서 아랫사람들에게 아버지처럼 관심을 보이게 되면 그들에게 부여된 권위나 지위는 존중받게 된다. 권위와 권위주의의 차이를 분명히 알 필요가 있다. 권위authority는 질서를 세우지만 권위주의authoritarianism는 독재를 만든다. 문제는 오늘날 한국 사회에서 이 두 단어의 의미가 혼용되고 있다는 것이다. 프랑스가 대단히 권위 지향의 사회이면서도 문화 선진국의 자리를 내놓지 않고 있는 이유는 상하 간의 유대에 있다. 윗사람과 아랫사람과의 관계가 좋다는 것이다. 반면 프랑스에 비해 훨씬 더 수평적인 미국에서는 상하 간의 접촉이 많지 않고 상사의 입장에서 자신들의 지위를 유지하기 위해 부하 직원들과의 거리를 유지한다. 이들은 부하 직원들까지도 경쟁의 대상으로 간주한다. '누가 살아 남는가'에는 상하의 구분이 없기 때문이다.

기원전 500년경 중국의 공자는 사회 안정이 사람들과의 불평등한 관계, 즉 수직성을 통해 유지된다고 주장했고, 그 결과 오륜五倫을 남겼다. 왕과 신하와의 관계, 아버지와 아들의 관계, 노인과 젊은이의 관계, 친구 사이의 관계. 공자의 오륜은 관계를 통한 상호 보완적인 의무들을 포함한다. 오륜의 각 쌍군신, 부자, 장유, 부부, 붕우에서, 후자는 전자에게 복종과 존경을, 전자는 후자에게 보호와 배려를 하도록 규정되어 있다. 관계없는 유교는 의미가 없다. 중국의 마오쩌둥毛澤東은 공자의 이념을 사회주의의 미명으로 말살했고, 일본은 실리주의를 명목으로 버렸지만 한국은 여전히 그 불씨를 가지고 있다. 중국에 있는 공자의 묘까지 찾아가 참배하는 관광객은 여전히 한국 사람밖에 없다.

지금은 서구가 동양의 유교를 배우는 시대이다. 신유교란 개념이 다시 등장했다. 인간 본위의 사회를 기능 위주의 서양이 배우려고 하는 것이다. 서양은 남녀노소와 지위 고하가 없어지는 과정에서 인간 중심의 사회에서만 회자되는 존경과 미덕이라는 단어들 역시 그 속에 함몰되어 자취를 감췄다. 이제 그들은 새로운 사회 가치나 제도를 추구하고 있다. 권위가 살아 있는, 관계가 살아 숨 쉬는 세상을 동경한다. 늙으면 의지할 곳 없이 양로원의 한 칸을 쓸쓸히 지키다가, 한 줌의 재로 사라지고 마는 그들에게 동양의 '정'과 '관계'는 요원하다. 이들에게 유교를 가르칠 수 있는 나라는 원조의 중국이 아니고 오늘의 한국이다. 문화는 사실상의 원조가 중요한 게 아니라 지금 누가 원조로 간주되는가가 더 중요하다. 누가 먼저 시작했지는 전혀 문화적이지 않다. 이것은 땅을 파서 기원을 따지는 고고학자들의 관심사일 수는 있다. 하지만 문화적인(경작하는) 관점에서는 누가 어떻게 발전시켰는가가 더 중요하다. 그러니 한국이 '기무치보다 김치가 원조다'라고 호소해봤자 의미가 없다. 실제 세상이 지금 무엇을 먹고 있는가가 중요하다. 한국이 인쇄 기술의 원조라고 떠들어봐야 귀 기울일 사람은 없다. 실제 세상이 누구의 인쇄 기술을 사용하고 있는가가 중요하다. 동해가 일본해로 둔갑한 것도 마찬가지다. 세상이 지금 동해를 누구의 바다로 생각하고 있는가가 판단의 기준이다. 문화는 누가 만들었는지보다는 어떻게 세상에 인식하게 하느냐가 관건이다.

유교도 마찬가지다. 그나마 이 세상에서 한국에만 존속되어온 유교의 불씨를 제대로 살려야 한다. 그러기 위해서 그동안 잘못 덧입혀온 불합리한 유교적 가치들은 청산되어야 한다. 그리고 가정과 기업과 사회와 국가에 정치적으로 이용되어온 유교적인 가치들도 청산되어야 한다. 그런 유교는 죽어야 한다. 대통령이 임기를 마친 후 인권 대사로 추이되고, 목사가 퇴임 후 존경받는 원로로 추대되고, 회사 창업주가 직원들에게 회사를 물려주고, 선생님이 학생들의 장래를 생각하고, 이웃끼리 동고동락하고, 가정의 화목한 모습들이 우리 눈앞에서 재현될 때, 그리고 우리들이 그 주인공이 될 때 유교의 본연이 되살아나게 된다. 그리고 거기에 문화가 더불어 숨 쉬게 된다. 살맛 나는 세상이 된다.

5 | 시간
나일론 시계 vs 고무줄 시계

남아프리카공화국 케이프타운의 변두리에서 현지 처녀 총각이 결혼을 한다. 낮 12시에 시작하기로 한 결혼식에 오후 1시가 되어 첫 손님이 등장한다. 두 번째 손님은 1시 30분, 2시가 넘자 하객들이 물밀듯이 들어왔다. 2시 30분이 되어서야 결혼식은 겨우 시작할 수 있었다. 한 시간 남짓의 결혼 예식이 끝나고 점심을 겸한 피로연이 이어졌다. 점심부터 시작된 피로연은 밤늦은 시간까지 계속됐다. 하객들은 집으로 돌아갈 생각이 없는 것처럼 보였다. 가자는 사람도 없고 가라는 사람도 없다. 모든 사람들이 태평하다.

분초를 다투는 기업의 현장에서 시간은 금보다도 귀하다. '계획하고 실행하고 점검하는Plan-Do-Check' 3단계에서 시간을 줄이는 게 기업 효율의 1순위다. 일 잘하는 직원, 일 못하는 직원의 차이는 시간관념에 있다. 시간관념이 투철한 직원은 기한 내에 임무를 완성하고 그렇지 못한 직원은 기한을 넘겨 문책되거나 심지어 쫓겨나기도 한다. 특히 분초를 다투는 기업의 세계에서는 즉각적인 판단과 실행이 성패를 좌우한다. 기업 총수들의 '현장 경영'이라는 말도 이런 시간의 맥락과 무관하지 않다. 이렇게 시대적인 민첩성을 요구하는 21세기에 한국인들의 '빨리빨리' 문화는 바다에 다리를 놓기도 하고, 사막에 마천루를 세우기도 하고, 해저에 터널을 뚫기도 한다. 시한과 기한에 민감한 한국인들의 이와 같은 '빨리빨리' 문화는 한국인 고유의 성실함과 끈기와 맞물려 한국을 경제 대국의 반열에 올려놓았다. 투철한 시간관념으로 성공을 맛본 한국의 기업들이 이제는 온 세상을 한국식 빨리빨리 시간대로 맞추기 위해 분발하고 있다. 하지만 이런 과정에서 의외의 문화적 복병을 만나 치명상을 입곤 하는데 바로 현지인들과의 시간관념의 차이 때문이다.

　모두가 하루 24시로 표시된 손목시계를 차고 다닌다고 시간의 개념이 전부 같은 것은 아니다. 서구에서 보편화된 시간관념이 전혀 다르게 해석되는 나라들이 이 세상에는 너무나 많다. '제시간on-time'이란 말이 문화에 따라서 '시간 엄수punctuality'란 의미로 엄격하게 해석될 수도 있고, 지켜도 되고 안 지켜도 되는 대강의 가이드라인으로 인식될 수도 있다. 아니면 단지 '참고용'일 수도 있다. 시간 엄수와 동전의 양면인 늦음의 개념 역시 문화마다 다르다. 서구에서는 비즈니스 시 5~30분 정도를 늦는다고 말하지만 동남아시아를 비롯 아랍 및 아프리카 그리고 중남미 문화권에서는 30분 혹은 한 시간 이상이 됐을 때 늦는다고 한다. 영국에서는 식사 초대를 받았을 때 5~15분 늦게 도착하는 것이 적절한 예의이지만(일찍 도착하는 것은 주인의 식사 준비를 방해한다고 해서 예의가 아님), 이탈리아에서는 두 시간 정도 늦게 도착해도 문제가 안 되며 에티오피아나 자바에서는 그 이상 늦어도 오기만 하면 주인의 체면을 살려준 것으로 양해가 된다. 그리고 아예 나타나지 않더라도 괜찮다. 이들에게 약속이란 사정에 따라 지켜도 되고 안 지켜도 되는 것이다. 시간에 관한 한 이들의 인내심에는 한계가 없다. 끊어지지 않는 고무줄과도 같다.

인도네시아 현지 회사와의 합작 사업을 위해 한국의 중소기업 사장단이 현지로 비즈니스 출장을 갔다. 예정된 순서대로 업무를 잘 마친 한국의 방문단은 이제 현지 파트너들과 내일 있을 골프 회동만 하면 공식적인 일정을 마치는 셈이 된다. 이튿날 아침 11시 골프를 시작하기로 되어 있어 그들은 서둘러 10분 전에 골프장에 도착했다. 10분이 지나고 20분, 30분, 한 시간이 지나도 현지인들은 도착하질 않았다. 화가 머리끝까지 난 한국 방문단원들은 사업 자체도 믿을 수 없다면서 현지 인솔자를 몰아세웠다. 돌아갈 채비를 하는데 그제서야 현지인들의 대표부터 하나둘씩 나타나기 시작했다. 이렇게 늦게 왔으니 골프를 시작할 수 있겠느냐고 따지는 한국인들에게 그들은 전혀 문제가 안 된다는 듯이 —미안한 기색도 없이— "띠딱 아빠 아빠Tidak Apa-Apa, no problem"만을 되풀이하며 골프 클럽으로 들어갔다. 1시 30분이 지나서야 그들은 골프채를 휘두를 수 있었다.

아랍인들의 시간관념을 이야기할 때 IBM을 빼놓을 수 없다. I란 '인샬라(신의 뜻대로)', B는 '부크라(내일)', M은 '말레시(미안 혹은 마음 쓰지 마세요)'이다. 현지의 관공서를 가면 이 IBM 때문에 괴로움을 당하지만 반대로 이 말을 잘 알고 있으면 편리할 때도 있다. 예를 들어, 택시 요금을 너덜너덜한 지폐로 지불하면 택시 운전사는 싫어한다. 더 깨끗한 지폐를 요구할 때 박력 있게 '말레시'를 외치고, 팁을 요구하면 '부크라'를 외친다. 그리고 반드시 다음에는 그렇게 해달라고 하면 '인샬라'를 외치면 된다. 이 정도면 현지인들이 고개를 설레설레 흔든다.

중미 콜롬비아의 한국인 사장 박 씨는 현지 직원인 로베르토의 근무 태만으로 속을 썩는다. 말이 떨어지면 바로 일을 처리해야만 하는 박 씨에 비해 로베르토는 기한의 개념이 희박하다. 보고서를 제출하는 것에서부터 거래선과의 약속에 이르기까지 그는 늘 오늘 해야 할 일을 내일로 미룬다. 드디어 화가 난 박 씨는 다른 직원들이 보는 앞에서 로베르토를 큰소리로 질책했다. "한 번만 더 그러면 잘라버릴 거야!" 이날 이후 말수가 급격히 줄어든 로베르토는 일주일 뒤 권총을 소지하고 직장에 출근했다.

시간 엄수와 관련해서 독일을 빼놓을 수 없다. 이 세상의 그 어느 민족보다도 독일인들은 시간을 잘 지키는 것으로 정평이 나 있다. 산책 시간이 하도 정확해 그를 보고 이웃들이 시간을 맞췄다는 철학자 칸트Immanuel Kant의 후예들이 아직도 독일에는 넘쳐난다. 독일에서 5분 늦게 도착해 상대방을 못 만났다는 한국인들의 하소연은 전혀 낯설지 않다. 나 역시 라인 강변의 보파르트Boppard란 도시에 체류할 때 지역 관광을 신청해놓고 5분 늦게 현장에 도착해 버스를 놓친 경험을 한 적이 있다. 독일의 시내버스조차 시간에 맞춰 운행하고 그 역시 5분 늦게 도착한 적이 없으니 독일에서의 5분은 한국에서의 50분과 맞먹는다.

반면 '서구 사람들은 시계를 가지고 다니지만 우리는 시간을 가지고 다닌다'는 생각이 지배적인 남아프리카공화국에서는 시간에 쫓기는 일 없이 사람이 주체가 되어 그날그날의 형편에 따라 시간을 늘리고 줄이고 한다. 그들에게 시간은 인간에게 종속된 것으로 상황에 따라 완급 조절이 언제나 가능하다. "서두르는 사람은 속이려는 것으로 오해받는다"라는 속담이 남아프리카공화국 사람들의 시간관념을 단적으로 대변해준다. 서구 사람들의 관점으로는 남아프리카공화국 사람들이 게으르고 나태한 사람들로 비치지만 그들은 도리어 서구 사람들의 나일론같이 신축성 없는 엄격한 시간관념을 허덕이는 인간의 어리석음으로 간주한다. 아프리카의 오지에 1년을 365개의 숫자로 나눈 달력은 없다. 그들에게 시간은 실제의 변화가 걸치는 옷에 지나지 않기 때문이다.

어느 날 영국의 학자 피터 콜릿Peter Collett이 아프리카 서부 부르키나파소 Burkina Faso를 방문했다. 거기서 그는 한 부족의 왕을 접견하게 됐는데 당당한 풍채의 그 왕은 행동을 느릿느릿 하며 말을 할 때도 아주 조심했다. 움직이는 것은 단지 그의 눈동자뿐이었다. 주변 신하들과 하인들은 시중을 드느라 바빴다. 마치 슬로모션으로 움직이는 영화의 한 장면 같았다고 그는 회상한다. 그러곤 니체Friedrich Nietzsche의 말을 인용했다. 니체는 '귀족주의란 무엇인가'에 대해 "느릿느릿한 제스처와 응시"라고 말했단다.

시간과 관련해서 아프리카 사람들과는 반대편에 있는 미국인들의 시간관념은 그들 생활 전반에서 관찰된다. 효율 지향적인 미국인들은 점심시간 한 시간을 아끼기 위해 맥도날드에서 15분 동안 햄버거를 먹고 남는 30분을 휘트니스 센터에서 조깅을 하고 회사에 들어오면서 스타벅스 커피를 한 잔 사 들고 운동화를 구두로 바꿔 신는다.

협상할 때 미국인들은 곧바로 본론으로 들어가고 싶어 한다. 그들은 어려서부터 '시간은 돈'이라는 생각에서 벗어나보질 못했기 때문이다. 그들은 회의 전 가벼운 잡담은 할 수 있다고 생각하지만 그 이상은 비합리적 또는 비효율적이라고 생각한다. 잡담이 인내심의 한계인 15분을 넘으면 보통 딴생각을 하거나 팔짱을 끼거나 종종 하품을 한다. 또한 대화 시 빙빙 돌려서 하는 이야기를 가장 싫어하며, 긴 이야기를 짧게 축약하는 것을 좋아한다. 협상이 끝나고 잘 가라고 하는 인사 또한 한국인들이 보기에는 야멸차다. "Bye, now!" 그들의 대화는 사실 확인과 시간 엄수의 두 바퀴로 굴러간다.

그들은 퇴근 후 은행에서 돈을 찾기 위해 드라이브 스루Drive through, 차를 은행 창구에 붙여 은행 업무를 보는 것에 차를 대며, 고속도로에 들어설 때는 급행선을 타기 위해 동료를 차에 태운다. 퇴근 후, 30분 내에 피자를 배달하는 게 사명인 도미노 피자에 피자를 주문해 간단히 식사를 해결한다. 이 피자집은 배달 시간이 30분이 넘을 경우 피자를 공짜로 제공한다. 주어진 시간 내에서 최대의 시간 절약을 통해 최대한의 자유를 추구하는 미국인답게 근무의 형태도 예전의 전일 출근 근무제에서 시간 연동제와 재택근무 등으로 바뀌었다. 예전에는 회사에서나 컴퓨터 앞에 앉다가 이제는 인터넷과 PDA의 발달로 화장실에 앉아서도 이메일을 체크해야 하는 지경에 이르렀다. 철저한 시간관념으로 더 자유로워져야 할 미국인들이 이제는 도리어 365일 어디서나 근무하게 됐다.

프랑스의 사회학자인 에밀 뒤르켐Émile Durkheim은 시간을 사회 구성원들의 행동을 규정하는 일종의 사회적 구조로 보았다. 시간을 나일론같이 순간순간의 고정된 형태로 보느냐 아니면 고무줄같이 늘어났다 줄었다 하는, 물같이 흘러가는 유동적인 개념으로 보느냐가 그 문화 그 사회를 규정하는 또 하나의 중요한 변수가 된다는 것이다. 따라서 이러한 시간관념의 차이는, 국경과 인종의 벽을 넘어 글로벌 사업을 전개해야 하는 세상의 기업들에게는 반드시 짚고 넘어가야 할 선결 과제가 되었다. 현지인들의 시간 관념을 어느 선까지 허용해야 하는지에 대한 윤리적인 검토가 필요한 것이다. 중국의 만만디를 넘어 중동의 부크라(내일)와 스페인의 마냐나(내일) 그리고 검은 대륙 남아프리카공화국의 고무줄 시계에 이르기까지 대한민국 기업들이 국제 무대 진출에 박차를 가하려면 우선 한국식 시간관념 '빨리빨리' 문화부터 현지화해나가는 유연성이 필요하다. '빨리빨리'가 전부가 아닌 세상에 우리가 살고 있기 때문이다.

6 | 방사능이 있는 유토피아

환경 인식

콜럼버스Christopher Coulmbus가 신세계에 처음 도착했을 때, 그것은 아메리카 대륙이 아니라 카리브 해의 섬이었다. 이 섬에는 타이노Taino라는 원주민이 살고 있었다. 처음 도착했을 때 콜럼버스와 그 일행은 마치 에덴동산으로 돌아온 것 같은 착각을 했다고 한다. 아름다운 자연 속에 사람들이 있었는데, 그들은 물건을 별로 갖고 있지도 않았고, 옷도 거의 입지 않은 채 살아가고 있었다. 성서 속의 낙원 에덴동산 바로 그 자체였다. 그들은 훌륭한 농경을 하고 있었지만 많이 일하지는 않았다. 그래도 충분했다. 고기가 먹고 싶으면 바다에 바로 들어가 얻을 수 있었다. 이들에게 가장 중요한 것은 음악이었다. 노래를 하거나 춤을 추는 시간, 악기를 연주하는 시간이 아주 많았다. 다양한 수공예품을 만드는 예술 활동도 즐겼다. 유럽인들에게 가장 충격적인 것은 이들의 성행위였는데 이들은 연인과 한 몸이 되어 온갖 행위를 하면서도 숨기지 않았고, 그 시간도 꽤 많았다.

콜럼버스는 이곳에서 노예제를 만들고 플랜테이션원주민, 이주 노동자의 값싼 노동력을 이용해서 단일경작을 하는 기업적인 농업 경영 농업을 시작했다. 타이노족은 무기가 없었다. 때문에 칼과 갑옷으로 무장한 콜럼버스는 쉽게 노예제를 만들 수 있었다. 그러나 타이노족은 노예가 되려고 하지 않았고 계속 죽어갔다. 당시의 기록에 의하면, 병으로 죽거나 혹은 버티고 앉아 죽을 때까지 움직이지 않았다고 한다. 울화병으로 죽기도 하고, 아이들을 낳지도 않았다. 결국 타이노족은 100년 사이에 전멸됐다. 지금은 단 한 사람도 남아 있지 않다. 이 이야기는 미국의 체로키를 비롯한 이 세상 어느 곳의 원주민들이 멸종되어가는 과정과 흡사하다.

자연환경에 대한 사람의 반응이나 역할을 어떻게 보느냐는 문화관에 대한 근본적인 차이를 만든다. 다시 말해 인간을 자연환경의 부분이나 종속 개념으로 보는지 아니면 자연을 인간의 도전과 극복 대상으로 보는지에 따라 세상을 보는 가치관이 달라진다는 말이다. 자연환경에 대한 각 나라의 문화적인 차이는 통제와 조화 그리고 순응의 세 유형으로 크게 구분할 수 있다.

역사학자 토인비Arnold Toynbee가 말했듯이 '도전과 응전'의 유럽에서 시작된 통제 지향의 문화는 식민지 개척이라는 영토 확장 정책으로 발전됐고 미국에 이르러 절정을 맞게 된다. '내 운명은 내가 책임진다', '인생은 나의 것이니 다른 사람은 상관 마라', '그것을 목표로 하라', '열심히 노력하고 인내하면 반드시 보답을 받게 된다', '당신에게 문제가 있다면 바로 해결하라'는 것이 이들의 세계관이다. 미국인들의 89퍼센트는 자기 운명은 자기가 통제하고 있다고 믿는다. 이런 관점에서 그들은 모든 자연환경과 사람들조차 자신들의 필요에 의해 통제하고 나아가 변화시킬 수 있다고 착각하게 됐다. 이들은 자연 개발과 극복의 경험을 대대로 물려주며 자랑스러워한다. 애리조나·네바다 주에 걸쳐 있는 콜로라도 강 중류의 그랜드 캐니언 하류, 암석 사막 지대에 있는 후버댐은 수많은 사람들이 희생하며 척박한 자연을 개척한 미국식 통제주의 문화의 상징이다. 여기에 미국이나 캐나다의 대륙 간 횡단 철도까지 보태면 '나는 할 수 있다'의 정신은 최고조에 달하게 된다. 미국의 남부 텍사스 주를 배경으로 두 세대에 걸친 목장주의 삶을 다룬 영화의 고전 〈자이언트〉는 미국인들의 '우리는 할 수 있다'는 개척 정신을 보여준다.

이런 통제 지향 문화의 원인을 일부 신학자들은 서구 문명의 근간인 기독교 창조 신화에서 찾곤 한다. 하나님이 온 세상을 창조할 때 사람이 그 모든 것을 다스리라는 위임이 있었다는 것이다. 다시 말해 신은 자연의 창조물 중에서 신과 가장 비슷한 존재인 인간에게 다른 생물을 포함한 모든 자연물을 통제하고 지배할 수 있는 권리를 부여했다는 것이다. 이런 성향이 고대 중동에서 그리스 그리고 로마를 거쳐 유럽, 미국에 이르는 과정에서 자본주의를 만들며 인간 지배 중심의 세계관을 공고히 했다는 것이다. 하지만 이러한 신학적 주장 역시 최근 들어 인간과 자연과의 유기체적 공생 관계를 강조하는 생태 신학ecological theology의 등장으로 신뢰 기반을 잃어가고 있는 추세이다.

미국의 전형적인 스포츠인 미식축구는 미국식 통제 지향 문화의 단면을 보여준다. 축구와 럭비의 혼합형이라 할 수 있는 미국의 국기인 미식축구는 고대 로마와 스파르타 병정들 간의 게임에서 시작됐다고 역사가들은 전한다. 최초의 미식축구는 1869년 11월 6일 프린스턴대학과 럿거스대학의 축구보다는 럭비 쪽에 다소 가까운 경기가 효시이다. 미식축구는 한마디로 아메리카 대륙으로 건너간 백인들이 인디언을 몰아내고 땅을 차지하던 미국의 개척 역사와 열정 그 자체를 상징한다. 마치 고대 로마 시대 투사들이 도시와 도시, 부족과 부족들 간에 영토를 서로 빼앗고 또는 빼앗기지 않기 위해 치열한 전쟁을 벌이는 장면을 직접적으로 연상하게 하는 팀 스포츠이다. 또한 미식축구는 눈, 비, 진눈깨비 등 어떠한 기후 조건에서도 게임을 속개할 수 있는 유일한 전천후, 다른 말로는 반자연적 스포츠이기도 하다.

스포츠 외에 미국의 도전 성향을 단적으로 보여주는 것이 미국 대중문화의 아이콘인 블록버스터 영화들이다. 원래 제2차 세계 대전 때 쓰던 폭탄 이름에서 연유된 블록버스터는 초호화 캐스팅, 어마어마한 제작비, 거대한 마케팅 및 홍보 등 가공할 만할 힘을 가지고 있는 영화를 말한다. 〈스타워즈〉, 〈인디아나 존스〉, 〈슈퍼맨〉, 〈터미네이터〉에서 최근의 〈아바타〉에 이르기까지 이런 블록버스터 영화들은 내용과 작품성을 떠나 반자연적인 미국식 영웅주의를 세계만방에 홍보하는 데 일등 공신의 역할을 하고 있다.

반면 자신의 운명에 순종하는 아프리카를 포함한 아랍과 라틴아메리카와 같은 순응 지향의 문화에서는 '그건 운명이야', '그렇게 죽자 살자로 일하는 것이 무슨 의미가 있어', '일의 성패가 나 자신의 의지와는 상관없어', '신의 뜻대로(인샬라)', '죽음도 삶의 연속이다' 등의 생각이 지배적이다. 이들은 자신들이 자연에 구속되어 있다고 믿는다(서구의 관점에서는 패배주의라고 말한다). 이런 관점에서 이들에게, '무엇이든지 사람의 힘으로 계획하고 실행하면 결과가 보장된다'는 말은 비웃음거리밖에 되지 않는다. 이 성향은 개인의 능력보다는 외부의 영향력(자연 혹은 절대자)이 절대적이라는 근본적인 신념에서 비롯된다.

프랑스 석유 회사의 아프리카 가봉 자회사는 본부가 시도한 경영 프로그램의 변화가 비참하게 실패로 끝났음을 인정했다. 인터뷰에서 프랑스 관리자들은 실제로 사태가 어떻게 돌아간 것인지 설명할 수 없었다. 가봉인들은 업무의 초안에 대해 완전히 동의하는 것 같았다. 심지어 토론 과정을 통해 동의를 얻은 실행 안은 만장일치로 통과했다. 그러나 막상 실행에 들어가자 아무 일도 일어나지 않았다. 그들은 예전과 똑같이 행동했다. 실질적인 변화에 찬성하기는 했지만 자신들 하나하나가 직접 작업에 참여해야 한다고는 생각하지 않았다. 지시는 천부적인 권위를 가진 프랑스인 상사만이 하는 것으로 알고 있었다. 아무런 명령도 내려오지 않자 아무런 행동도 취하지 않았던 것이다. 서구식 이성에 근거해서 가봉인들에게 자발적인 변화가 나타날 거라는 것은 언어도단이었다. 그들은 철저히 수동적이었다고 프랑스인들은 불평하지만 가봉인들의 입장에서는 자연에 순응하는 것이었다.

조직 관리의 관점에서, 순응 지향의 문화권에서는 세밀하고 치밀한 단일 계획보다는 전략적인 차원에서의 총체적인 시간 관리가 더 필요하다. 일의 진행 과정에서도 효율에 근거한 감시와 통제보다는 관계의 형성에 비중을 둔 관용과 자율이 우선시된다. 이들에게 오늘은 모두가 철저히 즐기는 오늘이어야 한다. 라틴아메리카에서는 극단적으로 하루하루 일과로 조여오는 일을 적이라 생각하고 도리어 '삼바samba와 메렝게merengue라는 춤만이 인생의 전부'라는 노래까지 성행할 정도다. 따라서 이들에게는 어떠한 일도 조급하지 않으며 오늘이 아니면 '내일(스페인어로 마냐나mañana)해도 된다'는 사고가 만연해 있다. 세계적으로 막연한 낙관적 경제 전망을 비꼬는 말로 '마냐나 경제학Mañana Economics'이라는 신조어까지 생길 정도이다.

아시아의 나라들은 통상 조화 지향의 문화권으로 분류되나 자세히 살펴보면 그렇지도 않다. 동북아시아에 비해 동남아시아권의 나라들은 다분히 환경에 대해 구속적인 삶을 살아가고 있다. 인도는 특히 그 구속적인 삶의 한가운데 있다. 류시화는 《하늘 호수로 떠난 여행》이라는 자신의 인도 기행을 적은 책에서 인도인 특유의 'No Problem 명상법'을 소개했다. 외부에서 일어나는 일로 결코 자신을 괴롭히지 말라는 No Problem 명상법은 어떠한 상황에서도 초연하는 인도인들의 극단적인 구속 성향을 대변해준다.

인도를 여행하는 중에 가장 많이 듣게 되는 말이 바로 이 'No Problem'이다. 언제 어디서 문제가 닥쳐와도 그들은 No Problem이라고 말한다. 돈이 없어도 No Problem이고, 자전거가 펑크가 나도 No Problem이다. 기차가 무한정 연착을 해도 No Problem이고, 인도 대사관에 비자 재촉을 해도 No Problem이니 무조건 기다리라고 한다. 이미 수천 년 전부터 정해져 있는 대로 모든 일이 잘 진행될 텐데 왜 스스로 안달하고 초조해져서 자신을 괴롭히냐는 것이다.

반면 헬레나 노르베리 호지Helena Norberg Hodge의 《오래된 미래》와 그레그 모텐슨Greg Mortenson의 《세 잔의 차》에서 보여준 티베트와 파키스탄 북부 지역의 원주민들은 지극히 조화 지향의 삶을 영위해왔다. 이들은 자연과 어떻게 조화할 수 있는지 잘 아는 사람들이다. 한 해에 모두 수확해버릴 수 있는 작물도 다음 해를 위해 종자를 남겨둔다. 이것은 결코 평범한 일이 아니다. 윤리학자이자 농부인 피터 싱어Peter Singer가 그의 저서 《죽음의 밥상》에서 지적한 바와 같이, 인간이 훑고 지나간 자리는 아무것도 남지 않는다. 바다는 텅 비고 산은 헐벗고 하늘은 잿빛이 된다. 이런 암울한 시대적인 상황에서(다른 관점으로는 세계화라 한다) 개발의 명목으로 인간성을 담보하기보다 스스로 불편함을 자처한다는 것은 쉬운 일이 아니다. 이들은 인위적인 성장보다는 자연 발생적인 성장이 이루어질 때까지 인내하며 기다리는 데 익숙하다. 서구 문명의 무차별적 수입보다는 선별해 적용할 줄 아는 지혜를 가지고 있다.

문화를 비교하는 데 가장 큰 함정이 '일반화'다. 내가 감히 문화의 이름으로 여러 차원들을 분류하는 것도 단지 독자들의 문화적 안목을 제고하기 위한 '참고용'으로 제한하고 싶다. 세상의 문화를 구속적이냐, 조화적이냐, 통제적이냐로 나눈다는 것 자체가 모순일 수 있다. 이 책을 읽는 독자들의 현명한 판단을 기대하며, 나의 역할은 큰 그림을 제시하는 것으로 이해해주기 바란다.

다시 우리들의 주제로 돌아가자. 앞서 언급한 극단적인 통제 지향 문화와 인도식 극단적인 순응 지향 문화를 적절히 조합한 조화 지향의 문화로는 제자백가의 정신문화가 살아 숨 쉬는 동북아시아가 대표적이다. 특히 중국 유교의 영향권 아래에 있었던 한국과 일본에서는 조화, 균형, 질서, 올바른 관계 확립을 가치의 우선순위에 둔다. 노자의 《도덕경》에 나오는 "사람은 땅에 따르고, 땅은 하늘에 따르며, 하늘은 도에 따르고, 도는 자연의 길에 따르리라"라는 사상은 자연과 인간을 한 차원으로 보는 친환경적인 조화 지향 문화의 근간이다. 여기서 인간은 자연을 구성하는 한 부분이 된다. 결코 자연 위에 군림하지 않는다. 인위적인 규제를 최소화하거나 의도적으로 피해 갈 수 있는 지혜는 조화 지향의 문화권에서만 가능하다.

1882년 고종 황제에 의해 창안됐고, 박영효가 일본행 선상에서 그린 한국 국기의 태극 문양 역시 동양의 조화 문화 성향을 대변한다. 태극 문양은 음과 양의 조화를 상징하고, 우주 만물이 상호 작용에 의해 생성 발전하는 자연의 진리를 형상화한 것이다. 이런 문화적 맥락에서는 약육강식의 논리로 변화를 창출해내는 서구식 일방주의적 사고가 힘을 못 쓰게 된다. 조화 지향의 문화에서는 "괜한 풍파 일으키지 마", "배를 동요시키지 마라", "물살의 흐름을 따라가라"라고 말하며 그때그때의 상황에 충실하도록 가르친다.

데이비드 리어윈David Rearwin은 《아시아 비즈니스 북》에서 아시아인들의 그러한 조화적 성향을 냉소적으로 꼬집었다. 역시 문화는 상대적이다.

> 옳고 그름, 진실과 거짓 같은 추상적 개념들이 절대적이지 않아 상황에 따라 달라진다. 똑같은 상황이라도 수시로 되고 안 되고가 달라진다. 도덕적으로나 법적으로나, 개인 차원에서나 정부 차원에서나 상황에 따라(당사자인 아시아인의 관점에서는 '새로운 필요나 목적이 발견될 때마다'라고 말하지만) 언제든 규율을 변경하는 데 아무런 양심의 가책도 느끼지 않는다.

이런 조화적 성향은 기업의 일선에서 확연히 드러난다. 성과 관리에서도, 철저히 업무 중심인 서구식 목표 관리_{MBO, Management by Objectives} 시스템보다는 관련자들의 합의를 돌출해내는 '품의' 시스템을 통해 사전 조정을 통한 조화와 협력을 창출한다. 합의의 과정에 더 많은 시간과 노력이 필요하지만 일단 결정이 되고 나면 실행 속도는 빠르다.

이런 조화 지향 문화의 예를 단적으로 보여주는 것이 일본의 스모와 유도이다. 미국식 통제와 응전의 축약본인 미식축구와는 대조적으로 일본의 스모는 자연에 순종하는 인간을 제사라는 전통 의식과 상대와의 한판 승부라는 도전 의식을 통해 적절히 반영함으로써 어느 한쪽으로도 치우치지 않는 조화된 운동으로 거듭났다.

예의로 시작하여 예의로 끝나는 스모는 8세기 초에 편찬된《고사기》와 《일본서기》에 그 기록이 있는 것으로 볼 때 오랜 역사를 갖고 있는 운동경기이다. 일본을 대표하는 국기로서 몽골과 우리나라 씨름의 영향을 받아 토착화된 전통 스포츠로 스모는 본래 그해 농작물에 대한 길흉을 점치며 오곡 풍작을 축원하고 감사하는 농경 의식으로 시작됐다. 이런 전통이 오늘날에도 전래되어 경기 시작 전 거구의 리키시_{力士, 스모 선수를 일컫는 말}가 자기 쪽 코너에서 시코_{四股}라는 동작으로 좌우 양다리를 들어 올렸다가 힘껏 내딛는 밟음질을 한 다음 정화수로 입을 가시고 소금을 경기장 위에 뿌리는 등 부정을 없애는 제사 의식을 오랫동안 진행한다. 스모에서 가장 엄숙한 이 순간에 외국 사람들은 스모 선수들의 아랫도리(훈도시)를 쳐다본다. 이러한 광경을 보고 있으면, 스모가 승부를 가리는 경기가 아니라 의식을 치르기 위해 스포츠라는 명목을 빌려 온 것 같은 착각이 들 정도이다. 실제로 스모는 진혼-매장-복식-의례의 4대 의식 가운데 하나에 포함되는 행사였으며, 스모 선수들의 몸집이 비대한 것은 풍요를 상징하는 의미라는 설도 있다.

무술의 한 종류인 유도는 또 어떨까? '부드러운 것이 강한 것을 이긴다'는 '유능제강柔能制剛'의 원리를 과학적으로 체계화한 유도는, 권투나 격투기와 같이 상대의 강한 힘에 바로 저항하는 것이 아니라 상대에 순응하면서 힘의 역학을 이용해 부드러운 동작으로 허점을 찔러 상대를 이기는 운동이다. 한국의 민속 무예인 태견 역시 이런 원리를 이용한 것이다. 태견의 모습을 보면 굼실거리며 춤추듯 유희성을 강조하지만, 그 속에는 상대를 절명케 할 수 있는 무예의 필살기가 숨어 있다.

동양의 무도들은 부드러움과 강함을 배경으로 대립하는 힘을 이용하는 반면 미식축구나 야구 그리고 권투 등 서양 스포츠들은 제로섬zero-sum 게임, 양쪽의 충돌, 1 대 1의 정신을 이상형으로 삼는다. 서구인들의 이런 문화적인 특질들은 비즈니스를 비롯한 사회 전반에서 관찰된다. 그들은 자신들이 이길 수 없을 때만 상대방과 손을 잡아야 한다고 믿으며 심지어 비즈니스 협상에서조차 자신들이 원래 원하던 것을 얼마나 얻어냈느냐에 따라 이기는 것과 지는 것이 결정된다. 혹 지거나 상대방이 원하는 만큼 주지 않았을 경우 복수의 논리, '팃 포 탯tit for tat' 또는 '퀴드 프로 퀴quid pro quo'를 빌려 보복하고 응징한다. 지금 세상이 혼탁한 것은 바로 이런 복수와 응징의 사고가 범람하기 때문이다. 한 세기 전의 토인비는 이런 현상도 도전과 응전이라는 역사의 범주에 포함시켰을까?

우리는 자연주의의 원시 시대를 지나 기능적인 르네상스를 거쳐 소위 과학적인 현대까지 와 있다. 도전과 극복의 상징인 미국인들은 좋은 일거리를 위해 평생 열두 번 정도 직장을 바꾸고, 일주일에 40시간을 일하고, 1년에 2~3주 정도 갖는 휴가를 자랑스럽게 생각한다. 그러나 자연에 순응하는 아프리카의 부시맨들과 같은 수렵 채취인들에게 이것은 참을 수 없는 고역이다. 그들은 일주일에 고작 12~20시간 정도 일하고, 몇 주, 몇 달 동안 전혀 일을 하지 않는다. 대신 놀이를 하거나 운동, 예술, 음악, 춤, 제례의식, 상호 방문 등으로 여가를 즐긴다. 일반적인 생각과는 반대로 오늘날까지 남아 있는 수렵 채취 사회의 구성원들은 세계에서 가장 건강한 사람들에 속한다. 그들의 먹거리는 풍부하며 현대 의학의 도움을 받지 않고도 60세가 넘도록 살고 있다. 그들은 구성원들 간의 경쟁이나 적대 행위에는 전혀 관심이 없으며 서로 돕고 나누는 조화로운 삶을 중요하게 생각한다.

18세기 이후 진보라는 미명 아래 과학과 수학으로 무장한 서구 문명이 자연을 도전과 개척의 대상으로 삼은 결과가 작금의 혼돈과 무질서다. 냉전 시대가 끝나면서 국제화라는 미명 아래 도전적이고 응징적인 슈퍼 파워 미국이 등장하는가 하면 멕시코의 작은 도시 치아파스Chiapas 주처럼 국제화의 뒷전에서 원주민의 권익 보호와 신자유주의의 종식을 위해 투쟁하고 있는 지역도 생겨났다. '비아그라'라는 약 한 알로 축 처진 정력을 보강하고, '보톡스'라는 주사 한방으로 주름살을 펴며, 정자은행에서 원하는 이상형의 정자를 골라 인공수정을 하는 반인륜적인 개척 정신이 판치는 서구가 있고, 피임약이 없어 줄줄이 아이를 낳고, 이웃이 AIDS로 죽어가도 수수방관할 수밖에 없으며, 죽으면 독수리 밥이 되고, 기아와 빈곤을 하늘의 저주로 간주해버리는 순응과 구속의 제3세계도 공존한다. 그렇다면 도리어 그 옛날 원시인들이 자연에 순응하며 자급자족하던 원시 시대, 그 자체로 남아 있는 게 더 나았던 것은 아닐까 자문해보게 된다. 이때는 자연에 노출되어 있으나 최소한 자연과 대적하지는 않았다. 그리고 현대인의 고질병인 신경성 위염, 변비, 요통, 만성 소화불량, 알레르기성 비염 그리고 평생 약을 먹어야 되는 고혈압과 당뇨도 없었다.

도대체 반자연적인 영토 확장과 경제 성장으로 인한 결과가 무엇인가? 일본에서 활동 중인 미국의 정치학자이자 평화운동가인 더글러스 러미스Douglas Lummis는 《경제 성장이 안되면 우리는 풍요롭지 못할 것인가》라는 책에서 결국 성장과 개발이라는 치매에 걸린 오늘의 세계가 "방사능으로 오염된 유토피아"라고 신랄하게 평가하면서, 그래도 희망은 있다고 제언했다. 이미 많이 파괴된 인간의 문화, 자연계에도 현재의 파괴 혹은 미명의 개발만 멈춘다면 희망이 남아 있다는 것이다. 그리고 그 희망은 문화와 자연이 가진 힘찬 '복원 능력'으로 가능하다는 것이다. 사라진 종種들이 되살아나고 사라진 문화들이 되살아날 수 있다는 것이다. 전통적으로 인류의 문화는 자연과 지역이 적절히 조화를 이루며 적응하면서 서로의 욕구를 충족시켜왔다. 그런 과정에서 자연에 변화를 가하는 경우는 있었지만, 그 안정성을 손상시킨 적은 없었다.

자, 이제 선택은 우리에게 있다. 장 자크 루소Jean Jacques Rousseau가 말한 대로, '자연으로 돌아가든지' 아니면 '방사능을 부둥켜안고 살든지' 둘 중의 하나이다. 선택하기가 어려운가? 그럼 잠깐 바깥 창문을 닫아보라. 여전히 신축 공사 중인 한국은 시끌벅적하다(한국은 역사적으로도 개축改築은 없다.) 대한민국을 진동시키는 각종 굴착기의 소음이 차단되면 그땐 선택이 쉬워질 것이다.

7 | 결과 지향 문화의 종말

농사를 천하지대본天下之大本으로 여겨온 우리 조상들은 날을 잡아 눈 녹인 물에 벼 씨앗을 담가두고, 사흘 만에 건져서 싹이 트게 하고, 싹이 몰랑몰랑할 때 못자리에 뿌려 사흘 뒤에 물을 넣어주는 등 벼를 거둘 때까지 여든여덟 번 손을 써서 농사를 지었다. 이렇듯 시한과 절차 중심적인 농사는 각 과정에 대한 성실하고 적절한 이행이 필요하다. 농사의 각 과정에 최선을 다한 우리 조상들은 혹여 그해의 농사가 실패했더라도 어떤 인과관계에 의한 하늘의 벌로 이해할 뿐이지 남을 탓하거나 이익을 따지지 않았다.

미국의 정유 회사에서 일하는 존이 사우디아라비아로 업무차 출장을 갔다. 존은 약속 시간에 맞춰 거래선인 압둘의 사무실에 도착했으나 30분을 바깥 로비에서 쪼그리고 앉아 기다려야 했다. 그의 접견실은 소파 하나 없는 옛날식으로 바닥에 앉도록 되어 있었다. 압둘을 만난 존은 간단히 인사를 나누고는 바로 업무 협의에 들어가려 했다. 압둘은 차를 권하며 천천히 진행하자고 했다. 존은 차를 왼손으로 받아 자신의 옆자리에 놓고는 계속

문화 들어가기
Into Culture | 75

말을 이어가려 했다. 다음 약속 때문에 초조해진 존은 가능하면 빨리 미루어온 사업 건을 마무리하자고 종용했다. 다리가 저린 존은 발을 압둘을 향해 쭉 뻗었다. 발바닥은 당연히 압둘을 향했다. 더욱 존을 기분 나쁘게 했던 것은 압둘의 비서가 종종 나타나 대화를 끊는 것이었다. 압둘은 존에게 잠깐 기다리라는 사인을 하고는 자기네들끼리 대화를 계속 이어갔다.

캐나다 사절단이 중국 난징 근처의 한 동네를 방문했다. 그 동네의 유지들은 캐나다인들을 환영하는 소규모 연회를 열었다. 캐나다인들은 그곳 사람들이 정성 들여 준비한 술과 음식들을 거절하느라 여러 번 "아닙니다"를 되풀이해야만 했다. 처음에 나온 것은 그 지방 토산 고량주였다. 캐나다 손님과 중국 주인의 심각한 대화가 이어진다. "고맙습니다만 우리는 술을 못 마십니다", "그러면 좀 더 약한 술을 마시겠습니까?" 식사와 함께 본격적인 음식 고문이 시작됐다. "이것은 우리가 직접 길러 잡은 고기로 만든 요리인데 좀 드시겠습니까?" 고기 색깔과 냄새가 역겨워 캐나다인들이 알아서 먹겠다고 하자 이번에는 통째로 삶은 생선을 건넨다. 여기저기서 이어지는 "칭칭 請請, please" 소리에 캐나다 일행은 일단 입에 넣고는 부글부글 끓는 배를 부여잡고 호텔로 돌아왔다. 그날 중국인들이 캐나다인들에게 내놓은 음식은 총 열네 가지였다. 헤어질 때 그들은 반쯤 넋이 나간 캐나다인들의 어깨를 두들기며 서양에서 펑여우 朋友, 친구들이 왔다고 좋아했다.

각 문화마다 일을 할 때 결과를 지향하는지 과정을 지향하는지의 차이가 있다. 결과 지향의 문화에서는 과정이나 방법보다는 목표나 성과에 무게를 더 둔다. 이 시대 대부분의 경영 전략이라고 하는 것들은 목표 성취를 위한 관리 도구들이다. 이들의 근간은 목표를 설정하고, 그 목표를 성취하기 위한 행동 계획을 구체적으로 수립하는 것이다. 이러한 방식으로 누구나 자신의 진도와 성과를 객관적으로 측정하게 된다. 결과 지향의 문화에서는 '향상하는 데' 높은 가치를 두며 이러한 진척도를 객관적으로 측정하기 위한 평가나 측정 도구에 민감하다. 이러한 측정에 대한 인식을 그들은 대단히 논리적이고 합리적이라고 생각하지만 다른 문화에서는 그렇지 않다. 특히 프랑스 사람들은 미국식 통계와 평가 도구를 신뢰하지 않는다. 단지 양적인 평가 외에 사람이 사람에 대해 측정한다는 것이 어떻게 가능하냐고 반문한다. '당신의 상사에 대해 만족하는가?' 혹은 '당신이 맡고 있는 일의 수행도를 평가하시오' 등의 문항에 대해 '아주 못하면' 1, '아주 잘하면' 5를 선택하는 것이 과연 객관적이냐는 것이다. 이외에 생산성 향상을 위한 '전사적 품질 경영TQM'에서 불량품을 최소화하기 위한 '식스시그마six sigma' 그리고 한 개인을 360도로 평가한다는 '360도 다면 평가'에 이르기까지 어떤 평가 도구도 주관성에서 자유로울 수는 없다. 인간이 만들어놓은 평가 도구가 철저히 객관적일 수는 없는 것이다.

철저한 결과 지향의 미국은 업적과 성취를 중시하기 때문에 상하 간에 인간적인 대화를 기대하기 힘들다. 대화 시 상대방을 위해 기다려주지 않으며 자신의 대화 목적에만 충실하게 된다. 사족 없이 바로 본론에 들어가고, 주제에서 벗어나는 것을 싫어하며, 시간당 일당을 생각하며 대화를 하고 비즈니스를 하게 된다. 전형적인 미국인인 존 역시 압둘의 '겉도는' 문화에 대해 짜증을 냈다. 미국과 캐나다 등 북미에서의 효과적인 의사소통에는 '목적 중심이어야 한다'는 원칙이 빠지지 않는다. 자신의 의사를 빙

빙 돌려 말하지 않고 'yes or no'를 시작으로 자신의 의사를 단정적으로 그리고 간략히 표현하는 '단도직입'은 유년 시절부터 주입되고 강화된다. 이들의 대화는 관계 형성보다는 정보 교환으로서의 의미가 더 깊다. 따라서 인간관계가 깊어질 수 없으며 쌍방 간의 관계가 깊어지기를 바라지도 않게 된다. '거기까지'면 대화의 목적은 달성한 셈이다.

반면 흔히 서양이라 부르는 북미와 서구 유럽을 제외한 대부분의 나라들은 여전히 관계 지향적인 문화가 더 강하다. 이들은 목적의 달성보다 인간관계 형성에 더 중점을 둔다. 아무리 바빠도 사람을 먼저 만나게 되고, 일을 시작하기 전에 관련자들을 만나 사전 조정을 하게 되며, 약속을 하지 않고 찾아가기도 하며, 회사 일과 가족 일을 동시에 보기도 한다. 이들 문화권에서는 독립적인 업무 자체의 시간보다는 관계 형성을 위한 시간을 더 필요로 한다. 따라서 관계 형성이 되기 전까지 일정 기간의 인내가 필요하다. 하지만 한번 관계가 형성되면 이전의 금전적, 물리적, 정신적 손실은 충분히 감가상각 되고도 남는 이점이 있다. 위의 사례에서, 성급한 미국인 존에 대해 이슬람 문화권에서 자란 압둘이 불쾌한 감정을 가진 것은 일만 아는 그의 결과 지향적인 성향 때문이다. 또한 자신들이 제공한 차를 받을 때도 무례하게 왼손으로 받고, 가장 더러운 발바닥을 상대방을 향하게 한 것도 그들의 관계를 단절시키는 데 단단히 한몫을 했다. 관계 지향의 문화에서는 인간관계가 중요하기 때문에 유대나 신뢰가 형성되지 않은 상태에서 무리하게 일을 추진하다 보면 반드시 실패를 맛보게 된다.

중국에서의 비즈니스 1장 1절은 '관계關系, 중국어 발음으로는 관시'로부터 시작된다. 중국에서의 그 어떤 사업도 '관계' 없이는 성사되기 힘들다. 관계 형성을 위한 인맥과 연줄에 통달한 한국의 기업들조차 중국식 전 방위 '관계'를 소홀히 여겨 사업상 곤혹을 겪는다. 사회주의의 중국은 권위적이고 수직적이다. 때문에 최종 의사 결정권자에게 로비를 하면 만사형통일 것이라는 생각은 착각이다. 중국식 '관계'를 윗선 중심으로 전개하다 중간 관료들의 비협조와 수수방관으로 중단된 비즈니스 사례는 허다하다. 전통과 명분의 중국 토양에 권위와 공평의 사회주의와 실리와 기회의 자본주의가 융합되면서 중국의 '관계'는 진화했다. 한국과 같이 고위층만 접촉하면 일사천리로 일이 진척되는 일차원적인 수직 문화가 아니라 말단 직원에게조차 고유한 권한을 부여해 그들과의 관계도 일일이 형성해야만 일이 진척된다. 그렇기 때문에 업무 효율이 떨어지긴 해도, 거미줄과도 같은 복잡한 다단계 관계망을 형성한 것이다. 아무리 고위직과 친분이 있어도 담당 말단 직원의 체면과 권위를 무시하면, "메이관시관계없습니다!"라는 한마디로 그 사업을 덮게 된다. 너 나 할 것 없이 모두 '동지'로 통하던 문화혁명 당시의 살벌한 분위기가 이 한마디에 고스란히 배어 있다.

농사를 생활의 근간으로 삼았던 한국은 철저히 과정 지향이고 관계 지향인 역사를 가졌으나 환란과 피지배의 과정을 거치면서 전통적인 인간 중심의 사회에서 이탈하기 시작했다. 한편 1960년대 이후 한국의 근대화 물결에 역류된 서구식 결과 지향의 사고와 인과응보의 제도가 한국 고유의 과정 지향, 관계 지향의 문화들을 대신해서 주인 행세를 하게 됐다. 짧은 시간 안에 미국식 성취 결과 지향의 문화가 한국에 뿌리를 내릴 수 있었던 것은 한국의 기업들의 공로(?)이기도 하다. 한국 기업들은 1990년대의 세계화 드라이브와 1990년대 말의 IMF를 거치면서, 생존을 기업 활동의 1순위로 두고, 기존의 관계 중심 기업 문화에서 철저한 결과 중심의 문화로 탈바꿈했다. 유교권 기업의 진수였던 기존의 암묵적 종신 고용제를 버리고, 실리 위주의 표면적인 임시 계약제로 돌아서면서 이전의 '가족', '충성과 의리', '전체를 위한 하나, 하나를 위한 전체' 운운하던 인간 본위의 구호들을 바닥에 내려놓았다. 대신 철저히 성취 지향적이고, 결과 중심적인 미국식 기업 문화의 옷으로 갈아입었다.

이런 한국 기업들의 무차별적인 미국화는 최근 한국을 대표하는 기업들이 1990년대 이미 한물간, 한국 기업의 문화적 정서에는 걸맞지도 않는 식스시그마와 같은 100퍼센트 미국식 품질 개선 제도를 도입하는 아이러니를 낳게 했다. 한국 기업들은 단기 업적과 결과 중심의 본산인 미국 기업의 비인간적인 수준을 훨씬 능가하게 됐다. 여기에 여전히 한국이라는 특수 상황에서만 묵인되는 기업의 불투명성까지 더해지면 그 결과는 더욱 참혹하다. 한국의 부패 지수는 여전히 부끄러운 수준이다. 그런데 이런 한국 기업들을 비웃기라도 하듯이, 사회적으로 책임감 있는 미국의 기업들은 도리어 동양식 관계 지향, 사람 중심의 기업으로 탈바꿈하고자 동양의 유교와 그 문화적 가치들을 배우고 있다. 이들은 이미 결과 지향 문화의 결과를 여러 실패를 통해 충분히 깨달았던 것이다.

불과 십수 년 전만 하더라도 일본 자동차는 세상에서 주인 대접을 받지 못했다. 일본 자동차들이 자동차의 본고장인 미국과 유럽에서 아무리 최고를 외치며 분발을 해도 그들은 촌놈이었고 이방인이었다. 일본 자동차의 고품질과 고난도 마케팅도 자동차 종주국들의 자존심과 애국심에는 당해낼 재간이 없었다. 그런 일본 자동차들이 이제 자동차 제국인 미국 시장을 선점하고, 유럽 시장마저 넘보고 있다. 이들이 단순히 '기술'이나 '덤 핑'으로 세상을 재패한 걸까? 한때 일본 자동차들의 품질에 반신반의했던 외국 고객들이 이제는 그들의 문화에 반해서 그들의 차를 산다. 고장이 없 는 차, 중고차 가격을 제대로 받는 차, 소음이 없는 차 등. 이제 일본 자동 차들은 냉정한 느낌의 철제 전자 조형물에 따뜻한 인간 중심의 생활 공간 이라는 문화적 이미지를 덧씌워 팔고 있다. 이들의 성공에는 인간 중심의 문화와 과정 중심의 문화가 있었다. 하지만 문화가 고착화되면 문제가 발 생한다는 것을 최근의 도요타 리콜 사태를 보면서 절감한다. 문화는 변해 야 한다. 세상과 호흡하며 유연하게 발전해야 한다. 이것이 진정한 의미의 일본식 '개선改善'이다. 개선이 단순히 부속품 하나를 더 좋게 만드는 것으 로만 귀착될 때 정신이 무너지고 혼이 썩는다. 문화가 부식되는 것이다. 하 지만 세상의 다른 자동차 회사들 역시 마음을 놓아선 안 된다. 이들은 아직 도요타만 한 문화도 세워본 적이 없기 때문이다.

문화적이라는 것은 결과 중심과 과정 중심의 조화에 있다. 이 조화의 정 도가 곧 문화의 수준이다. 아무리 훌륭한 'What'도 'How' 없이는 의미가 없다. '무엇을 보여주느냐'와 '어떻게 보여주느냐'의 균형이 필요하다. 목 표를 달성했다고 끝난 것이 아닌 어떻게 만들었느냐도 중요하다는 것이 다. 이런 이중성을 극복하는 게 문화의 힘이다. 황우석 박사의 줄기세포 사 건을 잊지는 않았을 것이다. 결과 중심 사고의 극명한 예다. 그리고 그 사 건을 둘러싼 한국 국민들의 반응이 지금도 눈에 선하다. 세계 최고가 되기 위해서는 과정보다는 결과가 중요하다는 게 당시의 여론이었음을 기억하 고 있다. 백화점이나 쇼핑센터 안내 직원의 기계 같은 완벽한 제스처보다는 어설프지만 친절하려고 노력하는 직원의 말실수가 훨씬 오래 기억되는 것은 결과만이 중요하지는 않다는 것을 보여준다. 한국의 지성 신영복 교수는 그의 저서 《강의》에서 결과와 과정을 아우르는 촌철살인의 지혜를 전해주었다. 그는 목표의 올바름을 선善이라 하고 목표에 이르는 과정의 올바름을 미美라 했다. 목표와 과정이 함께 올바른 때를 일컬어 진선진미盡善盡美라는 것이다.

건배와 동시에 잔을 비우고, 술을 즐기기보다는 취하려고 먹는 것이 우리의 결과 중심적 소주 문화라면 색깔을 보고 냄새를 맡고 한 모금씩 음미하여 교제의 수단으로 마시는 서양의 와인 문화는 분명 과정 중심적이라 말할 수 있다. 세상에서 음식을 가장 빨리 먹는 우리의 대중 음식 문화가 결과 중심적이라면 계란 하나도 음식으로 간주해 계란 받침대에 올려놓고 스푼으로 떠먹는 유럽의 음식 문화는 과정 중심적이다. 온 세상에서 회자되는 한국인들의 '빨리빨리'가 대강 일을 마무리하는 것이 아니라 신속하게 하지만 완벽하게 일을 처리하는(과정상의) 한국인들의 근면과 성실의 존칭어가 되어야 한다. 빨리빨리 일을 마치는 결과 중심 사고의 조롱어가 되지 않기를 바란다.

조금 늦더라도 바로 가는 것, 조금 덜 먹더라도 제대로 먹는 것, 조금 덜 배우더라도 바로 아는 것, 그리고 바로가 빨리보다 더 큰 가치임을 깨닫게 될 때 대한민국은 문화 민족으로 거듭날 것이다.

"천천히 그러나 확실히 slowly but surely!"

8 | 성性 화성 남자, 금성 여자

유럽이나 북미에서 좀처럼 듣기 어려운 '남자는 어떻고 여자는 어떻고 하는 이야기'들을 한국에서는 장소를 불문하고 듣는다. 우는 남자아이에게 아버지가 대뜸 하는 말이 "뚝! 계지배 될래?"가 됐고, 사내아이 같은 여자 아이에게 외할머니는 대뜸 "머슴애같이……"가 튀어나온다. TV 드라마에서 남자가 바람을 피우면 있을 수 있는 일이고, 여자가 바람을 피우면 상상할 수 없는 일로 간주된다. 한마디로 수탉이 울면 집안이 흥하고 암탉이 울면 집안이 망한다는 생각이 사회의 통념이 됐다. 하지만 나의 이런 주장도 한물간 것처럼 보일 수 있다. 여자가 가장 노릇을 하고 여자가 남자의 일을 하는 것이 자연스러운 세상이 됐으니까. 그렇다면 한국에는 이제 남녀의 차별이 존재하지 않는 걸까?

남녀의 차이에 대해 연구하는 심리학자 빅토리아 브레스콜Victoria Brescoll 과 에릭 울먼Eric Uhlmann에 의하면, 남자의 경우 합리화에 서툴기 때문에 화를 내고도 이유를 달지 않으며, 여자의 경우 자신들의 분노에 대해 설명을 덧붙임으로써 자신들의 위치를 격상시킨다고 한다. 또한 화를 내는 남성들은 평균 4만 6천 달러의 임금을 받으며 화를 내는 여성들은 2만 1천 달러를 받아 그 차이가 아주 컸다. 미국의 힐러리 클린턴Hillary Clinton의 경우 화를 냈다가 대중의 조롱을 받은 반면, 존 매케인John McCain의 경우 노련하고 능력 있는 리더로 평가받았다. 여성은 남성에 비해 더욱 친절하고 겸손해야 한다는 고정관념의 발로이다. 여자는 그렇다면 화도 못 내나? 이러한 불이익을 감가상각 하기 위해서 여자들은, 늘 그들이 화내는 이유를 설명하는 인내심마저 필요하다.

위와 같은 남녀 차별의 수준을 넘어 여성 학대가 문화가 된 민족이 이 지구상에도 존재한다. 브라질과 베네수엘라 국경 지대에 살고 있는, 이 세상에서 가장 사나운 부족으로 알려진 야노마모Yanomamo족은 극단적인 남성 우월주의로 유명하다. 이 부족의 남성들은 여성들을 멸시하는 형태로 잔인한 폭력을 행사한다. 아내의 귀 볼에 구멍을 뚫고 그 속에 막대기를 꿰어 잡아당기기, 아내의 간통을 의심한 한 사내가 자기 아내의 두 귀를 잘라버린 일, 혹은 팔에서 살점을 오려내기도 한다. 남자들의 요구에 재빨리 순응하지 않을 경우 몽둥이로 얻어맞고 칼로 위협당하며 화살촉으로 허벅지를 찔리기도 한다. 극단적으로 죽는 경우도 왕왕 발생한다. 이들의 극단적인 남성 중심주의는 기원 신화에서부터 유래했다.

물론 온 세상이 유튜브로 연결된 21세기 정보화 시대에 이 정도로 반인류적인 여성 학대가 문화가 되어버린 곳을 찾기는 어려우나 정도의 차이가 있을지언정 여성 학대의 문화는 곳곳에 존재하고 있다.

인도에는 여전히 신부 지참금dowry이 존재한다. 그리고 지참금 문제로 인해 자살과 살인이 발생하고 있다. 1980년대 두 번에 걸쳐 개정된 엄격한

'지참금금지법안'이 존재하고 있지만, 신부 지참금은 그들의 입장에서 보면 큰 부담 없는 관행으로 되어 있다. 힌두교라는 종교에 근간을 둔 지참금은 신부의 권한을 신랑에게 양도하는 신부 아버지의 종교적인 의무이고 계율이다. 이런 남성 중심주의 체제가 그 사회의 존재 기반인 카스트와 함께 큰 문제가 됐다. 더 나은 계층의 신랑에게 시집을 가기 위해 더 많은 지참금을 준비해야 하는 부담을 갖게 된 것이다. 하지만 역시 세상은 변하고 문화는 흐르듯이, 최근 먹고살기 힘들어진 인도의 평민 계층들이 최하층인 불가촉천민이 되기를 희망하고 있다. 불가촉천민들에 대한 세계적인 관심이 집중되자 인도 당국은 정부 차원에서 불가촉천민들에게 복지 혜택을 주기 시작했고, 이들의 복지가 계층 간의 이동 현상을 촉진하게 된 것이다. 먹고살기가 힘들면 신분이 무슨 필요가 있겠는가.

내가 살았던 캐나다 서부의 애버츠퍼드는 인도 펀자브 지방에서 온 시크교Sikh인들이 주류를 이루고 있다. 캐나다를 생각할 때 인도인들이 떠오르지는 않는다. 세상은 섞이고 있다. 그곳 또한 앞집 옆집 할 것 없이 사리sari로 온몸을 감싼 여자들과 머리에 터번turban을 두른 남자들로 북적거린다. 머리 자르는 것을 최대의 수치로 생각하는 이들은 인근의 사우나에 가서도 머리에 터번을 쓰고 긴 바지를 입고 탕으로 들어온다. 이러한 행동에 대해 불평할 수 없다. 현대 사회는 다문화 존중 사회이기 때문이다. 더불어 살려면 이 정도의 불편함은 감수해야 한다. 이 시크교 커뮤니티 역시 남녀 차별이 사회 문제가 되고 있다. 힌두교 커뮤니티는 말할 것도 없다. 상대방에게 손찌검하는 것을 최고의 악형으로 규정하는 서구 사회에서 이들의 부인과 여자들에 대한 폭력은 상식이 됐다. 얼마 전부터는 여성 폭력에 대한 캠페인을 벌일 정도로 이들의 여성 차별이나 학대가 도를 넘었다. 명예 살인은 말할 것도 없고 남몰래 맞고 지내는 여자들이 있다. 인도 여성들이 손이나 목에 금을 치렁치렁 달고 다니는 것은 어느 날 집에서 쫓겨날 때를 감안한 예비 지참금의 목적이다. 문제는 여기가 캐나다라는 점이다. 이들은 남자에 의해 자신들의 존재와 운명이 결정된다. 인도와 캐나다는 2만 리나 떨어져 있다. 하지만 이들의 문화는 별반 다르지 않다.

이번에는 이란으로 가보자. 한때 찬란한 페르시아의 문화를 가진 아리아족의 근원지 이란이 1979년 이슬람 혁명으로 왕정을 끝내고 이슬람 근본주의로 회귀하면서 남녀에 대한 차별이 두드러졌다. 어제까지 청바지를 입고 밤마다 파티를 전전했던 이란의 처녀들이 얼굴을 감추고 몸을 감싸는 차도르chador를 입게 된 것이다. 아프가니스탄도 예외는 아니다. 탈레반이 정권을 잡자 여자들은 부르카burka로 얼굴부터 발끝까지를 감싸야 했고, 그것도 밤에만 남의 눈에 띄지 않는 상태에서 몰래 다녀야 했다. 이슬람 근본주의자들이 세상에 확실히 선물한 것은 광신주의와 테러, 지독한 남녀 차별이다. 《연을 쫓는 아이》로 미국 문단에 혜성처럼 등장한 아프가니스탄 출신의 미국 작가 할레드 호세이니Khaled Hosseini의 두 번째 작품 《천 개의 찬란한 태양》은 이슬람 사회에서 사회적 약자일 수밖에 없는 그리고 그들의 부당한 차별조차 숙명으로 받아들여야 하는 이슬람 여자들에 대한 이야기다.

하지만 이런 종교적 근본주의를 바탕으로 이슬람만이 여성의 차별이나 학대에 공헌한 것이라고 볼 수는 없다. 어느 종교이든 문화이든 '근본주의'라는 닉네임이 붙여짐과 동시에 반사회적인 기능을 수행한다. 근본성은 상대성의 천적이다. 북미의 사회면을 여전히 떠들썩하게 장식하는 특정 모르몬교의 '폴리가미polygamy, 일부다처제'도 이러한 맥락에서 자유롭지 못하다. 이 지파의 장들은 수십 명에 이르는 부인들을 소유하고 있다. 부인의 연령대는 10대부터 시작한다. 이것 역시 그들의 주장대로 특수한 종교적인 관습으로 이해해야 하는 건지 헷갈린다. 기독교라고 예외는 아니다. 18세기 미국 동부 뉴잉글랜드 지방의 청교도 목사들은 마녀사냥이라는 명목으로 여성들을 화형대에 붙들어 매어 태워 죽였다. 이들의 극단적인 죄의식과 여성에 대한 죄의식의 전가scapegoat는 조금이라도 더 건전한 세상의 정신병원에서만 볼 수 있는 것이다. 그런데 문제는 이런 남녀 차별에 대한 고리타분한 이슈들이 옷만 달리 갈아입고 그 정도를 가장해서 그것도 21세기의 종교 지도자들의 입에서 오르내린다는 것이다.

하지만 세상에는 이렇게 남성 중심의 사회만 존재하는 것은 아니다. 전형적인 모계 사회도 존재한다. 뉴멕시코 지방의 푸에블로Pueblo 원주민은 다른 문화와는 달리 붕괴가 되지 않았고 자신만의 집단주의적, 평화주의적인 문화를 유지하며 살고 있다. 이 부족은 여자가 이미 결혼을 했더라도 새 남편을 쉽게 얻을 수 있다. 여자가 남자보다 인구수가 적기 때문에 남자로서는 여자 집에 사는 것이 더 당당해 보인다. 남자는 항상 이혼당할 각오를 해야 한다. 여자가 다른 남편을 얻을 수 있다고 확신하게 되면 여자는 남편의 소유물을 모두 챙겨서 문턱에 놓아둔다. 내놓는 것은 여분의 신발과 춤출 때 입는 옷가지 정도다. 밖에서 돌아와 자신의 짐이 밖에 놓여 있는 것을 보면 남자는 울면서 자신의 어머니 집으로 돌아간다. 심각한 감정이 오가는 경우는 거의 없다. 이게 부부의 규칙이고 그들은 그대로 따른다. 자본주의 사회에서 흔히 볼 수 있는 복수나 질투 그리고 울고불고하는 행위는 좀처럼 발생하지 않는다.

호프스테더는 개인의 성향인 남성성, 여성성을 나라라는 대단위로 확대해서 분석했다. 나라별 문화를 남성성Masculinity, 남성다움과 여성성Femininity, 여성다움이라는 성Gender적 가치로 분류한 것이다. 남성성은 적극성, 야망, 성취, 재물의 소유, 상대방에 대한 배려 부족 등과 같은 남성 지향적 행동이 한 사회의 지배적인 가치일 때를 말한다. 반면 여성성은 남녀의 역할이 유동적이고 사람과 환경 모두를 중요한 것으로 인식하며 돌봄과 양육의 역할이 특히 강조되는 여성 지향적 행동이 한 사회의 지배적인 가치가 될 때를 말한다. 즉 일 중심주의의 남성다움과 생활 중심주의의 여성다움으로 나눈 것이다. 다른 말로는 삶의 양과 삶의 질로 대체하여 구분하기도 한다. 그에 의하면 남성적 사회는 여성적 사회보다 성의 역할을 엄격하게 구분한다. 예를 들면, 여성적 사회의 여자들은 보다 쉽게 트럭을 운전하거나 변호사가 될 수 있는 반면에, 남성적 사회의 남자들은 발레리나가 되거나 가사를 돌볼 수 없다.

따라서 남성적 사회에서는 여성의 사회 참여 비율이 저조할 수밖에 없다. 여성적 사회의 선두 주자인 스웨덴의 여성 독려 정책은 남다르다. 스웨덴에서는 여자들이 일하는 것을 기대하고, 신생아를 돌볼 수 있도록 부모중의 누구라도 선택해 쉴 수 있는 법안이 일반화되어 있다. 남녀의 역할이 분명히 구분되는 남성성의 나라로는 아일랜드, 필리핀, 그리스, 오스트리아, 이탈리아, 그리스, 일본 등이 있다. 여성성의 나라로는 스웨덴, 노르웨이, 핀란드, 덴마크, 네덜란드, 한국, 캐나다 등의 나라들이 있다.

연구자가 일본을 남성성에 가깝게, 한국을 여성성에 가깝게 분류한 것이 눈에 두드러진다. 일본의 사무라이 남편과 순종적인 아내가 한국 고전의 점잖은 양반 부부 관계보다 훨씬 더 수직적으로 보였던 것 같다. 즉, 남편에 대한 일본 여성들의 순종 정도가 한국의 여성들에 비해 훨씬 높은 것으로 통계를 통해 알 수 있다. 부부 싸움에서 꼬박꼬박 말대꾸를 하는(남성의 관점에서) 한국 여인네의 의사 표현 방식이 일본 여성의 일방적 청취나 수렴보다는 남녀평등에 더 가까운 것으로 분석했다. 요즘은 이런 성향이 더 굳어지는 것 같다. 쉬는 시간에 남자아이들은 자리에 앉아 속닥이고, 여자아이들이 운동장에서 논다는 남자아이를 가진 한국 엄마들의 볼멘소리가 들린다. 남자아이들은 더욱 여자아이 같아지고, 반면 여자아이들은 더욱 거세진다. 작년 한국의 방송가를 휩쓸었던 청소년용 드라마에 나오는 성 구분이 어려운 남자 아이들의 모습을 보자. '꽃남'이라는 신조어 자체가 성적 차이를 무색하게 만든다.

한국이 일본보다 여성성이 더 강하다고 해서 한국이 여성 차별에서 자유롭다고 말하기는 이르다. 성희롱방지법에 대한 세계적인 추세에 호응은 하고 있으나 한국의 비즈니스의 현장에서는 여전히 남녀 차별이 존재한다. 그리고 이런 차별적인 환경에서 훈련된 비즈니스맨들이 국경을 넘어 글로벌 사업을 하게 될 때 많은 남녀 문제들을 일으키고, 회사는 많은 비용을 소송에 쏟아붓게 된다. 미국 비즈니스맨들의 국제 경영 서적에는, "많은 아시아의 매니저들과 임원진은 미국인 여자 동료들을 다루는 데 갈등을 겪는다. 서로 자라온 문화적 환경이 다르기 때문이다"라고 쓰여 있다. 그러면서 "성의 불평등한 대우는 삶의 초년기부터 시작되고, 부모가 아이들의 도시락을 싸줄 때부터 남녀 차이가 시작된다"라고 말한다.

《화성에서 온 남자 금성에서 온 여자》로 세계적인 관심을 불러 모았던 베스트셀러 작가이자 상담가 존 그레이John Gray 박사는 자신의 책을 통해 성의 문화적 차이를 현실적인 감각으로 재구성했다. 남자를 화성인으로 여자를 금성인으로 비유하고, 그 둘이 지구에 오면서 기억상실증에 걸리면서 일어나는 성 간의 충돌을 다뤄 세계적인 반향을 일으켰다. 서로의 차이점들을 인식하지 못한다는 것이 이 둘의 문제였다. 남녀가 서로의 차이를 인정하고 서로를 존중할 때 비로소 사랑의 꽃을 피울 기회를 얻게 된다는 것이 그의 결론이다.

이전의 세상이 대부분 남성성 위주의 사회였다면 그리고 오늘날까지 여전히 세상이 남성 중심으로 돌아가고 있다면, 미래는 분명히 여성성의 시대이다(딸 둘을 가진 아빠라고 이렇게 말하는 것은 아니다). 미래는 혼자 잘났다고 떠드는 성취형의 남성 중심 시대가 아니라 대신 남의 말을 귀담아듣고 결과를 함께 나누는 공유형의 여성 중심 시대이다. 남녀의 구분이 분명한 사회가 아니라 남녀의 경계가 없는 공평하고 자유로운 세상이다.

1990년대 초반 라인 강변에 위치한 독일 괴테 인스티튜트Goethe Institut라는 어학원에 다닐 때의 일이다. 공부를 마친 후 학생들끼리의 배구 시합이 있었다. 양 팀으로 나뉘어 시합을 하려고 하는데 내가 속한 팀은 대부분이 남자인 반면 상대 팀은 대부분 여자 선수들이었다. 한국적 기사도에 길들여진 나는 시합을 시작하려는 심판에게, "타임!(중지)"을 신청하고 상대 팀으로 가서는 "너희 팀에는 여자들이 많아 이기기 힘드니 우리 팀의 남자들과 섞는 것이 어때?"라고 늠름하게 제안했다. 상대 팀의 여자 선수들은 한마디로 "Nein Danke(됐네)!"라고 딱 잘라 말했다. 물론 그 게임은 내가 속한 팀이 일방적으로 이겼다. 다음 게임도 역시 마찬가지였다. 하지만 그 누구도 남자 대 여자의 게임으로 보지 않았다. 그저 팀 대 팀이었다.

나는 2000년부터 2년간 《허클베리 핀의 모험》을 쓴 미국 문학의 거장 마크 트웨인Mark Twain이 살았던 버몬트에 있었다. 그곳에는 여자 축구, 여자 하키 등 거의 모든 운동에 남녀의 구분이 없었다. 대학 축구 경기에 남녀가 같이 섞여 공을 찬다. 어느 경기에는 내가 속한 학교의 여학생이 전·후반을 줄곧 공격수로 활약했다. 운동을 하는 동안 아무도 그가 여자라는 사실에 주목하지 않았다. 여자라고 봐주는 것도 없었다. 같이 넘어지고 태클하고 헤딩을 한다. 나 역시 한때 군대 축구의 힘을 과신해 선수로 잠깐 운동장을 밟았다가 1분도 안 되어 들것에 실려 나왔다. 실려 나오면서도 나의 두 눈은 그 여학생에게 가 있었다. 그 여자는 여자가 아니었다.

나와 같이 타 문화를 공부하는 친구 중에 로리라는 양성애자Bisexual도 있었다. 그녀의 집에서 학교까지는 40분 거리인데, 매일 자전거로 통학을 했다. 높지는 않지만 중간에 산도 넘어야 했다. 그 친구는 반년을 그렇게 다녔다. 한국인의 관념으로는 이해하기 힘든 남자 같은 여자였다. 그 학교에는 그렇게 남자 같은 여자 친구들이 수두룩했다. 아무도 이상하다고 말하는 사람이 없었다. 우린 그저 친구였다.

남녀 구분이 없기로 유명한 북유럽의 한 나라에선 여성 대통령이 나오고, 미주 사회는 전반적으로 남녀의 구분이 없어지는 오늘날이지만 남녀의 문제에 관해서 한국은 여전히 각자의 위치나 본분에 근거한 구한말 유교 문화의 범주를 넘지 못하고 있다. 한국은 전형적인 남성 위주의 사회가 됐고 지금도 여전히 그렇다. 한국의 대표적인 국문학자 김열규 교수는 자신의 저서 《한국의 문화코드 열다섯 가지》에서 한국 여성의 삶은 남성에 의해 강요된 군더더기 삶이라고 지적했다. 그는 또 여성들이 무릎 한쪽을 세우고 앉는 전통적인 모습에서 앉을 때조차 성차별적인 모습을 발견하고는 이들에게는 문화가 부담이 된다고 진단했다. 한 사회에서 어느 문화가 부담이 된다면 이는 윤리적인 고민을 해야 할 때이다. 현모양처의 여성관이 여전히 결혼을 앞둔 남성들의 이상으로 작용하고(오늘날의 젊은 세대들에게는 이미 한물간 소리로 들린다면 나의 후진 현실 감각을 탓해주기 바란다), 기혼 남자들에게 여자는 남자에게 무조건 순종해야 하는 여필종부의 여성관이 존재한다면 여전히 한국은 남성 중심적이고 가부장적인 사회이다.

여성을 차별하고 무시하면서 남성다움을 미화하는 멕시코 사람들을 마치즈모Machismo라 지칭한다. 이는 남녀평등을 지향하는 유럽의 나라들에게 비난을 받고 있다. 하지만 베일에 가려진 한국의 만성적인 남성 우월주의도 그에 못지않다. 일본도 과거에는 한국과 비슷했으나 최근 들어 여성에 대한 개방화 정도나 폭 그리고 지위 향상에 있어 한국보다 훨씬 앞서 간다는 것을 인정하지 않을 수 없다.

21세기에 없어져야 할 단어가 하나 있다면 그것은 '남녀 차별'이란 말이다. 여자라고 해서 더 봐줄 것도 덜 봐줄 것도 없다. 여자라고 해서 우대하는 것도 차별이요, 하대하는 것도 차별이다. 어디서든 언제든 조직에서는 정해진 인사고과 기준만을 남녀 공히 적용하면 될 일이다. 여자라기보다는 직급에 걸맞는 대우를 하고 평가를 한다면 그것이 공정과 공평의 기준이 된다. 단, 유의할 것은 남자는 여자의 신체적인 약함이나 성향의 차이를 무시하고 막무가내로 공평을 부르짖어도 안 될 것이며, 여자는 '여자가 어떻게?'라는 구시대적인 애교 성향에서 탈피해 '우리도 똑같이 한다'는 평등과 자주 의식을 화장품과 액세서리 자리에 대체할 필요가 있다.

이제 주변에서 여자는 복지나 교육을 담당하고, 남자는 국방이나 경제를 담당해야 한다는 정부의 업종 편애가 바뀌고, 남자는 7년 만에 과장이 되고, 여자는 11년 만에 (그것도 눈총 받으며) 과장이 되는 인사 제도가 바뀌고, 여자는 집안일을 하고 남자는 돈을 벌어야 하는 남녀 구분 의식이 바뀌고, 여자는 가정 수업을 하고 남자는 공작 수업을 하는 학교의 차별적인 교과 행정이 바뀌기를 간절히 바란다. 성차별 없이 누구에게나 공정하고 공평한 세상, 그것이 문화 국가가 아니고 뭐겠는가?

문화 소통하기

문화가 지식으로 끝나지 않으려면 소통을 해야 한다.

문화 간 소통은 말만으로 이루어지지 않는다.

의사 전달에서 말이 차지하는 비중은 불과 7퍼센트에 지나지 않는다.

그렇다면 어떻게 소통할 수 있다는 말인가?

눈빛으로? 손짓·발짓으로?

문화 간 소통의 기술에 대해 배워보자.

9 | ^{언어} '아' 다르고 '어' 다른 문화

1993년 미국의 워너 브라더스 영화사는 해양 공원에서 붙잡힌 범고래를 구해주는 소년의 이야기를 담은 가족 영화 《프리 윌리》를 세계 각국으로 수출했다. 미국에서는 동물의 권리에 초점을 맞춘 재미있고 사려 깊은 영화로 각광을 받았지만, 영국 런던에서는 초기 흥행에 실패했다. 런던 시민들이 그 영화 제목을 처음 들었을 때 웃으며 이상한 반응을 보인 탓이었다. 영국에서는 '윌리'라는 말이 속어로 남자의 성기에 해당된다. 한 영국 작가는 "그 제목을 처음 들은 관객들이 차마 드러내고 웃지 못할 야릇한 표정을 지었다"라고 말했고 또 다른 영화 평론가는 "영국에는 프리 윌리라는 웃기는 고래가 있다"라고 비아냥거렸다.

"Come alive with Pepsi"는 '펩시콜라를 마시면 기운이 난다'는 뜻의 광고 카피이다. 이 말은 독일에서 '펩시가 무덤에서 나온다'는 말로 엉뚱하게 해석됐다. 1920년대 코카콜라가 처음 중국에 진출했을 때 지은 이름은 '커커컨라'였다. 발음은 영어와 비슷하지만 뜻은 '올챙이가 양초를 씹다'는 뜻이었다. 시원한 음료를 마시는 기분이 사라지는 것은 말할 것도 없었다. 물론 이름 때문에 그런지는 몰라도 당시에 코카콜라는 실패했다. 1933년경에 코카콜라 회사는 다시 중국어 이름을 모집한다는 광고를 냈다. 광고에서 뽑힌 이름은, '커코우커러'로 '맛도 있고 즐겁다'는 뜻을 갖게 됐다.

유명 펜 회사인 파커는 한때 이런 광고 카피를 사용했다. "To avoid embarrassment, use Parker(당황함을 피하려면 파커를 이용하세요)." 만년필 제조 기술이 발달하지 못했을 때 신사들의 고민은 만년필의 잉크가 와이셔츠 주머니를 얼룩지게 하는 것이었다. 세계적인 만년필 제조업체인 파커는 이런 문제점을 해결할 수 있는 곳은 파커밖에 없다고 위와 같은 짧은 광고 카피를 만들어 세계적으로 홍보했다. 그런데 이 문구는 남미를 비롯한 스페인 문화권에서 '피임을 위해서는 파커를 사용하세요'라고 엉뚱하게 해석됐다. 스페인어로 'embarrassment'는 임신을 의미한다. 파커 펜 회사는 졸지에 피임 기구 제조 회사라는 오해를 샀다.

"태초에 말씀이 계시니라 요한복음 1:1."

말 빼고 문화를 이야기할 수 있을까? 말 빼고 문화를 볼 수는 있지만 말 빼고 문화로 들어갈 수는 없다. 북극 지방에 사는 에스키모의 말에는 눈과 물개를 묘사하는 단어가 아주 다양하며 중동의 아랍인들에게는 낙타와 관련된 표현이 셀 수 없이 많다. 따라서 말을 모르면 그 문화에 대해서 수박 겉핥기 식으로밖에 알지 못한다. 모든 말은 제각기 고유한 세계관을 내포하고 있다. 따라서 말을 사용한다는 것은 단순히 의사소통의 차원을 넘어 상대방의 문화를 알고 세계관을 아는 것이다. 언어는 문화를 규정하며, 인간의 사고와 인식의 유형 그리고 사물을 나타내는 개념들을 조직하기 때문이다.

현재 세계에는 아메리카에 1,013종, 아프리카에 2,058종, 아시아에 2,197종, 태평양 연안에 1,311종 그리고 유럽에 230종을 포함, 총 6,809종의 언어가 있다. 하지만 안타깝게도 대부분의 소수 언어들은 사라질 위기에 처해 있다. 2주일에 한 개의 언어가 사라지고 있다. '사멸 위기 언어'라고 불리는 이런 언어들은 더 이상 후손들이 사용하지 않거나 현재 극소수 사용자들의 고령화로 자연 사멸되고 있다. 얼마 전 신문 보도에, 세계에서 단 한 명뿐이던 알래스카의 '에약어' 사용자가 89세로 사망했다는 소식이 전해지면서 소수 언어에 대한 세계의 관심을 끌었다. 하지만 비관적인 것만은 아니다. 세계 소수 부족들의 노령화와 세계화로 인해 5천 개 이상의 언어가 소멸의 위기에 처해 있기는 하지만 반대로 언어와 언어가 만나 제3의 언어가 태어나기도 한다. 이런 언어를 피진pidgin이라 하고, 이 언어가 독립된 언어가 되는 경우에는 혼성 언어creolized language라 부른다. 아프리카나 남태평양 그리고 카리브 해 등에서는 이런 혼성 언어가 많이 사용된다. 이는 언어 역시 자발적이든 비자발적이든 간에 파괴와 생성의 과정을 거치며 복원 능력을 키워가고 있다는 것을 보여주는 것이다. 한번 생성된 문화가 쉽게 사라지지 않는 것처럼 언어 역시 질긴 생명력을 가지고 있다.

아무튼 세상에는 문화만큼 다양한 언어가 사용되고 있다. 나 역시 한때는 공공칠가방을 들고 비행기 트랩을 오르내리며 세계를 주름잡는 비즈니스맨으로 여러 나라 언어를 좀 한다고 자랑도 했지만, 그 많고 많은 세상의 언어 수에 비하면 새 발의 피라는 것을 깨달았다. 더불어 언어 공부는 해도 해도 끝이 없다는 것을 알 수 있었다. 영어사전에 있는 단어 중 가장 많은 뜻을 내포하고 있는 'set'이라는 단어의 58가지 명사, 126개의 동사, 10개의 형용사 활용에 대해서 나는 여전히 초보 수준이었다.

아래의 영어 문구들은 특히 외국인들과의 대화나 상담에서 각별히 조심해야 할 표현들이다. 한 문장 한 문장 읽을 때마다 전에 외국인들을 만났을 때, 굳이 외국까지 나갈 필요 없이 동네 앞 골목에서 조우한 외국인 노동자들을 봤을 때, 혹 이런 말을 입에 담아본 적이 있는지 돌아보길 바란다. 언어에 인격이나 감정이 포함될 때는 신중해야 한다. 말을 잘하고 못하고는 상관없지만, 인격적인 표현에는 응징(이때는 response가 아니라 revenge다)이 준비되고 있다는 것을 잊지 말길 바란다. 타 문화 간 소통 시 이미 인격적인 표현의 위험에 대해 인식하고 있거나 아래의 영어 표현들에 익숙하다면 따라 읽기를 생략해도 된다.

They are rude! 정말 무례하군!

They are dirty! 지저분해!

They are stupid! 멍청한 사람들이야!

I can't accept. 이것은 정말 받아들일 수 없어.

They are cold! 냉정한 사람들이군!

They are dishonest! 정직하지 못한 인간들이군!

I hate the nationality! 이 나라 민족성이 싫어!

It's incredible! 정말 놀라울 따름이군!

They are insulting! 욕하고 있는 것 아니야?

They are untrustworthy! 정말 믿을 만한 가치가 없는 사람들이군!

Why don't they do it our way? 왜 우리 식대로 해주지 않는 거지?

They are like children! 꼭 애들같이 굴고 있군!

It's disgusting! 역겨워 죽겠군!

It makes me furious! 정말 열 받게 하네!

They are hostile! 적대적인 사람들이군!

They are inscrutable! 진짜 불가사의한 일이야!

They don't respect me? 나를 존중해주지 않는 거야?

They are primitive! 원시적인 사람들이군!

It's shocking! 충격적인 일이야!

It's uncomfortable! 정말 불편해!

They are unfriendly! 불친절한 사람들이야!

They are unpredictable! 어디로 튈지 모르는 인간들이군.

They are years behind me! 한참 뒤떨어진 사람들이군!

통역의 활용에 대해서

외국인과 대화를 할 때 아무리 외국어에 능통하더라도 경우에 따라서는 통역을 활용하는 것이 좋다. 통역을 활용하는 이유는 의사소통을 하는 주된 목적 외에 시간을 벌기 위한 의도적인 경우도 있다. 한국뿐 아니라 외국의 비즈니스맨들도 통역을 잘못 활용하거나 상담 시 기본적인 매너도 갖추지 않은 상태에서 통역을 대동하는 바람에 실수를 하는 경우가 많다.

1991년 미국 국무장관 제임스 베이커 James Baker와 이라크 외무장관 타리크 아지즈 Tariq Aziz의 양국 회담에서 베이커 장관은 "만약 이라크가 쿠웨이트에서 바로 철수하지 않는다면 미국은 공격할 것이다"라고 단호히 선언했다. 이라크 통역인 사담 후세인 Saddam Hussein의 동생이 "미국인들은 공격하지 않을 것이다. 그들은 화나지 않았다. 그들은 단지 말만 할 뿐이다"라고 바그다드에 잘못된 보고를 했고, 곧 이은 미국의 이라크 침공에 넋 놓고 당할 수밖에 없었다. 잘못된 통역이 빚을 수 있는 가장 큰 참사였다

일반적으로 영어권의 비즈니스 상담은 어느 정도 출장자 선에서 해결이 되나, 중국이나 러시아 그리고 동유럽 등 특수어권에서는 여전히 통역의

활용이 절실하다. 사전에 면밀히 검토하여, 해당 업종에 대한 지식이 있거나 한국과 국내 기업에 대한 일반적인 지식을 두루 갖춘 통역사를 찾는다면 해외 비즈니스를 추진할 때 훨씬 유리한 고지를 점령할 수 있다. 단순한 의사소통 이외에 현지 문화에 대한 충분한 지식을 바탕으로 구체적인 충고까지 할 수 있는 통역이라면 더욱 좋을 것이다. 훌륭한 통역은 상호 간의 신뢰 형성에 중요한 역할을 한다.

한국 기업의 중국 주재원과 현지 중국인들과의 상담 자리가 있었다. 한국 측 주재원이 통역사에게 지금까지의 부진한 실적으로 중국 회사에 손해를 입힌 것에 대해 우선 한국 회사의 잘못을 시인하고, 앞으로 더 많은 노력을 하겠다는 뜻을 중국 측에 전달해달라고 요청했다. 그런데 그 통역사는 엉뚱하게도 다른 말만 하고 있었다. 회의가 그럭저럭 끝난 후에 한국의 주재원이 그 통역사에게 따졌다.

"아니, 왜 당신 마음대로 말을 바꾸는가?"

그 통역이 오히려 화를 내며 "상대방 쪽에는 중국 당 간부도 같이 앉아 있었는데, 만약 내가 당신의 말을 그대로 전달했다면 당신 회사의 거래선은 아마 목이 달아났을 것이다. 여긴 사회주의 국가가 아닌가? 어찌됐든 담당자의 실수로 국가에 손해를 끼쳤다면 그가 당장 해고당할 것 같아 내가 말을 바꿨다! 당신은 거래선이 더 중요하지 않은가?"라고 말했다.

중국이라는 나라는 아직까지 자본주의와 사회주의가 공존하고 있기 때문에 현지의 관리 체계가 서양과는 다를 뿐만 아니라, 많은 비즈니스 상담 자리에 당 관련 간부가 참관인으로 동석한다. 현지의 문화나 사회 체제에 대해 모르는 통역사였다면 결과가 어떻게 됐을까?

한국인이 아무리 외국어를 잘해도 제2외국어는 외국어다. 또한 현지에서가 아니라 자국에서 습득한 언어라면 문화 간 커뮤니케이션에서 더더욱 오해의 소지가 많다. 특히 'How are you? I'm fine' 식의 문답형으로 소위 패턴 학습이라는 명목으로 학습된 단편적인 회화 실력은 실전에는 전혀 도움이 되지 못한다. 그러다가 어느 상대방이, "What's up?"이라고 하면 뭐라고 하겠는가? 최근 한국에서 동네방네 만들어놓은 판박이 영어 마을에서 훈련된 아이들의 영어가 실질적이지 못한 것과 다름없다. 예를 들어 여러분이 서울 한복판에서 백인을 만났을 때, 그가 미국인인지 스웨덴인지 알 바 아니라는 듯 다짜고짜 영어로, 'Where are you from?, Is it first time to Korea?, How long have you been in Korea?, Are you sightseeing in Seoul?, Do you like Korean food?' 등의 판에 박힌 영어 회화 ABC를 낭독할 수준이라면 더더욱 외국인과의 대화에서 오해의 소지가 많다고 봐야 한다. 이렇게 3분간 회화 연습을 하고 여러분은 만족해서 집으로 돌아가지만 그 외국인이 여러분을 만나기 전 이런 똑같은 질문을 몇 차례 받았다면 그의 기분은 어떨까? 그것도 한결같이 판에 박힌 영어로 질문을 받았다면 말이다. 외국인은 여러분의 영어 실험 대상자가 아니다. 현지어를 사용한다면 현지의 관행에 맞춰 대화를 풀어가야 하고 자신의 경험에 근거해서 응대해야 한다. 단편적인 회화 구사에 구속된다면 정작 나눠야 할 자신의 경험에 대해서는 실어증 환자가 되어버린다. 무조건 따라 해야 한다는 추종적 태도, 판에 박힌 어투, 무미건조하고 단조로운 표현, 그리고 자신의 정체성이나 개성이 전혀 반영되지 않은 언어 학습은 재고할 필요가 있다. 언어에도 주체성이 필요하다. 사람이 언어를 위한 수단이 되어서는 안 된다. 따라서 외국어를 사용한다는 것은, 사용자가 주체적으로 언어를 수용하고 이해하여 의사소통의 차원을 넘어 상대방의 문화를 알고 세계관을 알아가는 것이다. 즉, 말을 문화로 받아들여야 한다. 그래야 말을 트면서 상대방이 보이고 시야가 넓어지며 세계가 작아지게 된다.

마지막으로 언어가 문화를 반영한다는 전제하에 외국인과 대화를 할 때 주의해야 할 점 세 가지를, 외국에서 살아왔던 나의 경험에 근거해 정리한다. 아직 본인의 영어 수준이 일천하다고 인정한다면, 한국에서 통용되는 인지상정의 미덕은 외국인과의 대화에서 결코 통하지 않다는 것을 명심하고 아무리 외국인과의 대화가 심심하고 무료해도 '사실 확인의 차원' 이상은 시도하지 않길 바란다. 물론 현지어로 이미 농담을 할 정도라면, 그리고 그 농담이 현지에서 통하는 수준이라면 아래의 조언은 무시해도 좋다.

1. 은어나 애매한 말, 방언은 사용하지 말라

은어나 애매한 말, 방언은 사용하지 말라. 은유적인 표현은 말을 명확하게 전달할 수 없다. 문화적 맥락이 다르기 때문이다.

어느 스웨덴 사람이 미국 대학교 교실에서 "reload my batteries so to say"라고 말했다. 그는 쉬는 시간을 갖자는 미국식 은어를 인용한 것인데, 이 말을 달리 바꾸면 "recharge my batteries, so to speak"의 의미였다.

지역적인 방언을 굳이 번역해서 말할 경우 그 결과가 우스울 수도 있고, 다른 사람들을 혼란스럽게 할 때가 있다. 더 나아가 고의적이지는 않지만 모욕감까지 느끼게 할 수도 있다. 이러한 개연성은 피하는 것이 상책이다.

미국인과 비즈니스를 할 때 다음과 같은 구어체 표현들은 하지 않는 것이 좋다. 다만 현지의 문화에 대해서 자신이 있다면 과감히 사용하라.

Let's play it by ear. 되는대로 합시다.

It rains cats and dogs. 비가 억수같이 오네.

I'm all ears. 듣고 있네.

Beef it up. 보강해라.

Don't bark up the wrong tree. 헛다리 짚지 마라.

어설픈 모방이 더 큰 화를 부른다. 정확하고 직설적인 표현을 사용하라.

2. 유머는 되도록 사용하지 말되, 유머 감각은 키워라

"외국에서 너를 웃기지 않은 것이 있다면 그것이 유머이다."

현지 사람들이 웃긴다고 생각하는 것을 이해하는 데는 시간이 많이 필요하다.

유머를 배우고 다른 사람들과 대화하는 법에 익숙해져도 문화가 다른 나라의 유머를 이해하는 것은 매우 복잡하다. 한국에 온 지 8년이 된 미국 과학자 부부에게 한국의 유머를 이해하느냐고 묻자, 그들이 하는 말.

"It's just beginning to."

즉 '이제 겨우 이해하기 시작한 정도인데요'라는 대답이었다.

만약 여러분의 유머를 다른 사람이 제대로 이해하지 못한다면 서로의 친밀감이 떨어지고 더 나아가 당혹하게 만들 수 있다. 유머를 사용할 때 반드시 알아두어야 할 것 중 하나는 그 나라의 대표적인 사람이나 문화에 대해서는 언급하지 말아야 한다는 점이다.

영국의 엘리자베스Elizabeth Ⅱ 여왕이나 중국의 마오쩌둥, 한국의 대통령 등이 그 예이다. 또한 그 나라 자체에 대해서도 삼가는 것이 좋다. 민족적인 감정을 상하게 할 수 있기 때문이다. 더 나아가 빈정거리거나 비꼬는 말은 금해야 한다. 국제적인 비즈니스를 할 때, '살아 있나(Are you alive)?' '거기 누구 있소(Is anyone there)?' 등의 말은 상대방을 황당하게 만든다.

하지만 유머 감각을 잃지 않는 것은 문화 간 의사소통에서 아주 중요하다. 끊임없는 당혹과 좌절을 이길 수 있는 힘이 유머 감각에 있기 때문이다. 유대인들이 2천 년의 디아스포라Diaspora에서도 건재한 이유는, 그들이 세상에서 최고의 유머를 가지고 있기 때문이라고 한다. 유대인들에게 유머 감각이 없었다면 그들은 오래전에 지구상에서 사라졌을 것이다. 오랜 세월 동안 유대인들은 불행했고 고통받아왔다. 유머는 그들을 고통에서 구원하는 긍정적인 심리 기제가 됐다.

엘리자베스 여왕의 리더십은 그녀만의 독특한 유머에서도 엿볼 수 있다. 1986년 엘리자베스 여왕은 영연방으로부터의 독립을 줄기차게 요구하던 통가Tonga 제도를 방문했다. 공식적인 행사를 마치고 차에 오르는 여왕에게 한 시민이 계란을 던졌다. 계란은 산산조각이

나서 여왕의 옷을 더럽혔다. 다음 날 여왕의 국회 연설이 예정되어 있었는데 여왕의 심기가 불편할까 봐 양국의 사절들은 노심초사했다. 단상에 오른 여왕은 "나는 계란을 즐기는 편이에요. 괜찮다면 다음부터는 아침 식사 시간에 주셨으면 해요"라고 했다. 한두 마디의 재치로 그녀의 리더십은 더욱 빛났다.

3. 구_舊어의 사용을 피하고 현재 사용되고 있는 정확한 표현을 사용하라

예를 들면 오늘날 러시아를 소비에트 연합으로, 상트페테르부르크를 레닌그라드로 부르지 않는다.

또한 예전에는 'Orient' 또는 'Oriental'이라 불렸지만 이제는 'Asia' 또는 'Asian'으로 바꿔 표현하는 것과 같다. 이러한 언어의 변화 과정은 비즈니스에서 매우 민감하게 작용한다.

특히 호칭은 더욱 민감하다. 예를 들면 캐나다 사람을 미국 사람이라 하고, 영국 사람을 유럽 사람이라 하고, 대만을 중국으로 하는 것 등이 이에 해당된다. 한 나라에서라도 지방을 바꿔 부르면 오해를 산다. 미국의 뉴잉글랜드 지방 사람들은 'I am from USA'라고 말하지 않는다. 그들은 대신, 'I am from New England'라고 말한다. 독일에서도 그렇다. 뮌헨이 주도로 있는 바이에른 주의 경우 어디서 왔냐고 물으면, 바이에른이라고 말하지 독일이라고 말하지 않는다. 영국은 또 어떤가? 웨일스 출신인지, 스코틀랜드 출신인지, 아니면 이웃 나라 아일랜드 출신인지에 대해 아주 첨예한 차이를 보이고 있다.

또한 사람들은 여러분이 사용하는 함축적인 말에 민감하다.

예를 들면 외국 손님은 'foreigner' 보다는 'overseas guest' 가 맞고, 반대로 아프리카에서는 집을 'house' 혹은 'hut' 가 아닌 'hu' 라고 부른다. 또한 같은 영어라도 영국, 미국, 캐나다 간의 차이가 많아 주의할 필요가 있다. 단어 자체가 다르기 때문이다. 캐나다 영어와 미국 영어의 차이는 아주 우스운 한 단어로 집약된다. 바로 'eh' 다. 캐나다 사람들은 친근함의 표현으로 말미에 'eh'를 붙인다. 함경도 사투리에 '에이요'를 붙이는 것과 다르지 않고, 독일의 스위스계 사람들이 독일식 악센트를 달리 사용하는 것과 같다. 같은 미국이라도 북부인지 남부인지 중부인지에 따라 사투리의 차이가 크다. 한국의 전라도와 경상도의 차이와 같다. 하지만 중국의 경우 완전히 다른 언어를 사용한다. 베이징어가 내륙에서는 무용지물이 된다.

4. 유창함에 목숨 걸지 말고 천천히 정확하게 표현하도록 노력해라

각 나라의 언어 구조는 다르다. 어느 언어 전문가는, 언어에 유창하려면 구강 구조나 발음 구조를 바꿔야 한다고 했다. 한국적 표현 양식과 언어 구조를 가지고 본토 발음을 따라 하기는 쉽지 않다. 어느 영어 전문가는 "미친 듯이 말하면 된다"라고 했지만, 미쳐도 한계가 있다고 말해주고 싶다. 이 한계의 단적인 예가 '유창함'이라면 그 유창함은 포기하는 게 현명하다. 외국에서 박사 학위를 받은 사람들도 현지어에 유창하지 못한 것은 성년이 되어 배운 언어이기 때문이다. UN 사무총장으로 선출되어 대한민국을 빛낸 반기문 씨 역시 그의 언어적 유창함에 힘입어 그 역할을 맡지는 않았을 것이다. 외국인과의 대화에서 섣부른 흉내는 오히려 상대방을 당혹하게 만들 수 있다는 것을 명심해야 한다. 잊지 마라. 느리더라도 정확하게 표현하는 것이 가장 잘하는 외국어이고 또한 '정답 외국어'라는 것을! 영어의 실력은 얼마나 빠르고 유창하게 말하기가 아니라 얼마나 오랫동안 이야기할 수 있는가다.

언어를 기능으로 배우면 어렵지만 문화를 배우는 도구라고 생각하면 흥미가 붙을 수 있다. 언어에는 그 나라의 문화가 고스란히 담겨 있기 때문이다. 처음부터 너무 잘하려 하지 말고 외국 공항에 내릴 때 인사말 정도만 알고 가면 어떨까? 그다음부터는 운명에 맡기길. (이런 배짱만 있어도 절반은 성공한 셈이다.)

10 | 비언어
'말'이라고 '다'가 아닌 문화

1992년 미국 민주당 전당대회에서 빌 클린턴Bill Clinton이 대통령 후보자로 선정됐다. 그는 감격을 표시하면서 엄지손가락을 치켜드는 제스처를 사용했다. 이 장면을 위성으로 시청한 중동 사람들은 클린턴의 제스처에 실소를 금치 못했다. 엄지손가락을 위로 치켜드는 제스처는 외설을 의미하기 때문이었다(그리고 이 예언은 맞아떨어졌다. 대통령이 된 그는 외설 시비로 명예를 실추했다). 하지만 이 제스처는 영국에서 자동차 주행 중 다른 차선에 끼어들 때 양보해달라는 의미로 사용되기도 한다.

아테네에서 영국 축구팀 노팅엄 포레스트와 그리스 팀과의 축구 시합이 열렸다. 한 영국 신문사의 소속 스포츠 기자는 젊은 그리스 팬들이 영국 선수들을 수송하는 버스에 몰려들어 시합의 최종 결과는 5 대 0이 될 것이라면서 손을 펴 보였다고 보고했다. 안타깝게도 영국 기자는 그 제스처가 승부 결과를 예상한 것이 아니라 심한 모욕이었다는 사실을 깨닫지 못했다. 그리스에서의 가장 큰 모욕은 손가락을 벌려 모욕하고 싶은 대상에게 손바닥을 내보이는 것이다. 무차moutza라고 불리는 이 제스처는 고대 로마 시대의 시민들이 쇠사슬에 묶인 죄수들을 거리에 끌고 다니며 그들에게 오물을 끼얹고 이 손짓을 했다는 데서 유래됐다.

영국에서 코를 두드리는 것은 '비밀'을 의미하지만 이탈리아에서는 '가벼운 경고나 주의'의 표시다. 미국과 유럽에서는 중지를 사용해 상대방을 가리키는 것이 욕이지만 아랍에서는 중지 대신 인지를 사용한다. 태국에서는 사람을 부를 때 손바닥을 아래로 해서 손짓하지만 미국에서는 반대로 한다. 캐나다에서는 상대방에게 동의할 때 고개를 앞뒤로 끄덕이지만 네팔에서는 좌우로 끄덕인다. 오세아니아 통가인들은 윗사람 앞에서 경의를 표할 때 바로 앉지만 서구에서는 바로 선다. 엄지와 검지로 OK 사인을 하면 미국에서는 '좋다'로, 프랑스에서는 '아무 가치도 없다'로, 일본에서는 '돈'으로, 그리스에서는 성적인 묘사로, 이탈리아 시칠리아 남쪽의 몰타 섬에서는 동성연애의 의미로 해석된다. 영국에서 다리를 꼬고 앉는 것은 음란함의 자제를 의미하지만, 유교 문화권의 한국에서는 건방지다고 해석한다. 반대로 한쪽 다리를 괴면서 앉는 한국 여인의 자세에 대해, 무릎을 꿇으며 앉는 일본인들은 음란한 자세로 간주한다. 이런 이유도 모르고 한때 김포공항에는 이런 모습의 전통 여인상의 포스터가 외국인을 환영한다는 의미로 장식됐었다. 한국을 드나드는 일본인들에게 대한민국이 매춘 장려국의 이미지로 비치지는 않았을까 걱정된다.

타 문화 간 훈련에서 가장 많이 사용되고 있는 '방가Barnga'라는 시뮬레이션 게임을 개발한 태국의 문화 훈련가 티아기Thiagi는 아프리카 남부의 한 작은 도시에서 말라리아에 걸려 죽을 고비를 맞았다. 어떤 약도 없이 죽음에 무방비 상태였던 그에게 현지의 아프리카인들은 한마디 말도 통하지 않았지만 손짓 발짓을 사용해가며 의사를 소통했고, 결국 재래 치료를 통해 그를 회생시켰다. 이런 과정을 직접 체험한 티아기는 말 없이도 사람을 살릴 수 있고 말 없이도 소통할 수 있다는 확신을 갖게 됐다. 그가 개발한 이 방가라는 게임은 언어의 사용을 제한했을 때 달라지는 사람들의 반응을 관찰할 수 있는 교재이다. 게임 후 피드백을 할 때 늘 나오는 이야기지만, 말을 하는 것보다는 하지 않는 게 더 인간적인 소통이라는 것이다. 말을 하면 싸우기만 한다는 것이다.

상대방의 문화를 아는 데 있어서 말은 필요 없다. 〈석양의 무법자〉라는 미국의 서부영화에서 보듯이 주인공들의 의사소통에는 말이 필요 없다. 눈을 한번 씰룩하는 것만으로도 '죽이고 살리고'의 의사 표현이 가능하다. 의사를 군이 외형적으로 표현할 필요는 없다. 암묵적으로도 충분히 이해가 가능하다. 암묵적인 이해를 외국인들은 육감이나 직감이라 말하고, 한국인들은 '눈치'라고 한다. 좀 더 고상하게는 이심전심以心傳心이라 말할 수 있겠다. 말을 하는 것보다 보는 것이 쉽고, 말하는 것보다 냄새 맡는 것이 빠르고, 만져보는 것이 정확하기 때문이다. 대부분의 사람들은 언어 이전에 얼굴 표정·제스처·자세·접촉·냄새·공간·복장 등과 같은 비언어적인 요소들에 의해 상대방의 문화를 관찰하고, 이해하고, 판단한다. 17세기에 이미 인간의 제스처를 연구했던 존 불워 John Bulwer 는, 사람들은 말하기에 앞서 제스처가 먼저 등장한다고 했다. 옥스퍼드 대학의 사회심리학자인 피터 콜릿 Peter Collet 은 그의 책《몸은 나보다 먼저 말한다》에서, "언제든지 혀보다 앞서서 산파역을 하는 손이 제스처를 통해 생각을 이끌어낸다. 손 제스처는 여러 번 우리의 의도를 암시하고 말 이전에 의미의 상당 부분을 전달한다. 그 제스처를 보고 일단 감을 잡은 후에 상대방의 말, 즉 음성 신호를 해석하는 것이다"라고 말했다.

언어는 이미 입력된 비언어적인 메시지에 대한 부연 설명 또는 반복의 효과를 지닐 뿐이다. 언어는 의사소통을 하는 데 단지 7퍼센트밖에 차지하지 않는다. 말보다 음성―음색과 음정 그리고 음속 등―이 38퍼센트, 그리고 비언어적인 요소가 55퍼센트나 차지한다. 그러니 말 못한다고 기죽을 필요는 없다. 말 대신 다른 감각을 발전시키면 된다.

예를 들자면 부부나 연인 사이에 '사랑한다'라는 의미 교환은 말보다 표정 하나만으로 충분히 가능하다. 극장에서 '조용해라'라는 말은 '쉿' 하나로 통하고, 치과 병원에서 의사가 환자를 볼 때는 '아'라는 한 단어로 통한다. 어린아이를 혼내는 부모는 '어허' 하나만으로 의미 전달이 가능하다. 며칠 전 이웃집에 놀러 갔다가 세 살짜리 남자아이가 가지고 노는 장난감을 일부러 뺏어봤다. 그 아이는 나의 눈치를 살폈다. 나는 두 번째 손가락을 구부려 나에게 오라는 제스처를 했다. 그 아이는 조심조심 왔다. 이번에는 다시 두 번째 손가락을 위로 두세 번 구부렸다. 그 아이는 내가 앉아 있는 소파로 올라왔다. 이번에는 손가락으로 나의 뺨을 가리키며 톡톡 두들겼다. 그 아이는 뽀뽀를 했다. 그제서야 내가 "Thank you" 하며 뺏은 장난감을 돌려줬다. 돌아서며 그 아이는 큰 소리로 "You're welcome"이라고 말했다. 실제로 대부분의 의사소통에서 말의 비중은 턱없이 적다. 말은 세치 혀에 의존하지만 비언어적인 요소들은 손, 발, 다리, 얼굴, 눈을 비롯한 신체의 모든 동작에 사용된다. 우리 몸의 모든 요소를 혼합해서 만들어낼 수 있는 메시지는 거의 무한대다. 얼굴로만 25만 가지의 표정이 가능하다고 한다. 따라서 언어를 안다고 해서 상대방의 문화를 알고, 의사소통을 하는 데 문제가 없다고 생각하는 것은 대단한 착각이다. 외국인과 원활히 의사소통을 하기 위해서는 말이라는 문법적인 배열과 사전적인 의미의 단어교환 수준을 뛰어넘어야 한다. 겉으로 드러나는 상대방의 표정과 자세를 포함한 비언어적인 요소들을 꿰뚫어야 한다. 상대방의 마음까지 간파하는 암묵적인 내공, 즉 눈치가 절대적으로 필요하다. 눈치에 대한 이야기는 나중에 또 하기로 하자.

그러니 외국인과의 의사소통에서 말만 잘하면 다 통한다는 생각은 착각이다. 도리어 해도 해도 제자리걸음인 언어 능력보다는 한국인의 타고난 눈치 고양 훈련에 집중하는 것이 더 효과적인 문화 학습 방법일 수도 있지 않을까?

작고한 코미디계의 대부 이주일 씨는 미국에 갔을 때 말이 통하지 않아 불편함을 겪은 적은 단 한 번도 없다고 했다. 그는 영어를 전혀 못 한다. TV 토크 쇼에 출연해 미국인과 의사소통을 할 수 있는 이주일 씨 나름대로의 해법을 묻는 사회자에게 그는 "나는 어디서든 굶지 않고 잘 먹고 잘 여행하고 왔습니다. 식당 등에 가서 미국인들과 이야기할 때 나는 이 두 가지만 사용합니다. 마음에 들 때는 고개를 앞뒤로 가볍게 끄덕이며 '으흥'하고요, 마음에 들지 않을 때는 고개를 좌우로 흔들면서 '으으흥'만 해요. 그러면 다 알아듣데요. 괜히 어설픈 영어 쓰지 마세요!"라고 힘주어 말했다. 이주일 식 의사소통법, 누가 부정하겠는가?

한국의 정신과 의사 하지현 씨는 《몸은 나보다 먼저 말한다》의 추천사에서 비언어적인 커뮤니케이션에 대해 다음과 같이 자신의 체험담을 전하며,

커뮤니케이션은 인간과 인간의 총체적인 부딪힘과 통함이라고 말한다.

정신 치료를 위해서든 사적으로든 사람을 만나게 되면 상대방이 하는 말뿐만 아니라 몸짓, 사소한 행동, 눈빛, 표정, 옷차림의 변화 들이 모두 나름의 의미를 가지고 있고 내 시야에 들어오기 시작했다. 전에는 잘 모르고 지나쳤던 옷차림의 변화, 목소리의 톤이나 음량, 속도에 따라 전해지는 의미가 다르다는 것을 알게 된 것이다. 그 사소한 변화에 담겨 있는 정보들이 얼마나 중요한지 깨닫게 되면서, 상대방에 대한 이해의 폭과 깊이는 전과 비교할 수 없이 넓고 깊어졌다.

의사소통에서 사용되는 모든 요소들은 대부분 후천적으로 학습된다. '학습된다'는 것을 우리는 문화라고 부른다. 두려움, 기쁨, 분노, 놀람, 메스꺼움 그리고 슬픔과 같은 기본적인 감정 외의 표현들은 모두 문화의 산물이 되는 것이다. 따라서 비언어적인 요소에 대한 이해는 문화적 다양성에 대한 이해의 과정과 맥락을 같이한다. 상대방의 비언어적인 요소들을 이해함으로써 그 문화 성향에 내재된 태도와 가치에 대한 실마리를 찾아낼 수 있다(셜록 홈즈가 왜 세계적인 탐정이 되었는가?). 이런 과정을 통해 우리만의 자기 문화 중심적인 사고에서 탈피할 수 있다. 단지 상대방과 간단히 이야기를 하는 중에도 우리는 상대방이 대화에 얼마나 충실한지, 그의 기본적인 태도를 가늠할 수 있다.

히틀러Adolf Hitler는 자신의 성기 앞에 손가락을 깍지 끼고 서는 습관이 있었다. 이러한 동작은 방어적인 자세로 사회적으로나 성적으로 불안한 사람들에게서 흔히 볼 수 있다고 한다. 제스처가 문화를 이해하는 단초가 되는 것이다.

제스처가 문화를 반영하니 문화권마다 비언어적인 요소의 활용에 많은 차이를 보이게 된다. 하다못해 술을 마시러 가자는 제안을 하는 것도 문화마다 다르다. 감정의 기복이 심하거나 대화 시 목소리가 크고 말을 빨리하는 민족들이 제스처나 비언어적인 요소들의 활용도가 더 크다. 한국을 비롯한 유교 문화에서는 쓸데없는 손짓은 무례라고 단정 짓기 때문에 어려서부터 손을 붙들어 매는 훈련을 하지만, 반대로 지중해권의 나라에서는 있는 그대로 표현하도록 내버려두다 보니 말을 하는 건지 춤을 추는 건지 구분이 안 되는 경우가 많다. 이들은 아주 다양한 제스처를 사용하는데, 말하는 바를 강조하고 다른 사람의 주위를 끌기 위해 손과 팔을 자주 움직이며 허공에 그림을 수놓는다. 말을 중단한 상태에서도 의사를 전달하느라 손을 움직인다. 중남미의 국가들이 이에 해당된다. 제스처에 대한 시합이 있다면 아마 이탈리아 사람들이 단연 으뜸을 차지할 것이다. 이들은 대화 중 수많은 몸동작을 섞어 쓴다. 반면 스웨덴을 비롯한 북유럽 국가의 경우 이들 나라들과 차이가 많다. 유교권 나라들 못지않게 제스처에 무척 인색하다. 기후가 주는 영향을 무시할 수 없다. 1990년대 초 노르웨이 오슬로에서 피오르 해안빙하가 녹은 후 바닷물이 들어와 생긴 만으로 노르웨이가 대표적이다을 따라 운전을 하며 이곳 사람들의 절제된 제스처를 관찰할 수 있었다. 그들은 얼어 있었다.

미국 컬럼비아대학의 심리학 교수인 로버트 크라우스Robert Krauss는 50년 전 할아버지로부터 추운 겨울날 길을 걸어가는 두 남자에 대한 이야기를 들었다.

한 사람이 끊임없이 수다를 떠는 동안 옆의 친구는 언 손을 호주머니에 집어넣은 채 간간이 고개를 끄덕일 뿐이었다. 수다를 떨던 쪽에서 마침내 "슈무엘, 왜 한마디도 안 하지?"라고 묻자 그 친구는 "장갑을 놓고 왔어"라고 말했다. 어린 크라우스는 손을 호주머니에 가만히 넣고 있다고 해서 말문이 막히는 이유를 이해할 수 없었다.

훗날 심리학 교수가 된 그는 '의사소통에서 제스처의 역할'을 자신의 연구 주제로 삼았다. 그의 말에 따르면 "제스처는 기억해내기 힘든 단어를 상기하는 데 도움을 준다"라는 것이다.

외국에 나와 살면서 외국인들의 제스처에 익숙해지는 데에는 많은 시간이 걸린다. 유년 시절부터 말 외에 얼굴 표정을 비롯한 다른 몸동작이나 손동작을 사용하면 버릇없다는 꾸지람을 듣고 자란 나에게는 더더욱 그랬다. 말할 때 손을 부가적으로 사용하면 바로 지적을 당했고, 앉아서 다리를 흔들면 복이 나간다고 혼났고, 고정된 몸을 뒤척이면 집중력이 부족하다는 핀잔을 들었다.

독일로 파견을 갔을 때 루마니아 사절단과의 단체 교섭에 참가를 했었다. 분위기가 한창 고조되자 나도 모르는 사이에 가운데 손가락을 치켜들며 상대방을 설득했다. 회의가 끝난 후 담당 임원이 큰 소리로 나를 불렀다. "야! 너 손가락이 왜 그 모양이냐!" 아뿔싸! 상담에 정신이 빠진 나머지 상대방에게 수도 없이 모욕적인 손동작을 사용한 것이 생각났다. 그날 이후 나는 상담을 할 때 두 팔을 허리에 붙들어 매는 훈련을 다시 시작했다.

제스처를 비롯한 비언어적인 요소들을 문화적인 수용의 범위 안에서 사용하면 원하는 대로의 의미 전달이 가능하고, 상대방에게 좋은 인상을 심어줄 수도 있다. 하지만 무의식적으로 사용하면 모욕이 되고 관계의 단절을 가져올 수도 있다. 치과에서는 다른 말이 필요 없이 "아!" 하면 입을 벌리는 것이고, 극장에서는 시끄러우면, "쉿!" 하면 조용해지고, 사람을 세울 때는 "야!"라고 소리치면 된다. 반면 반대로 엄지와 인지로 원을 그리는 것이 한국이나 일본에서는 '돈'을, 미국에서는 'OK' 그리고 브라질에서는 외설의 의미로 달리 받아들여진다는 사실을 알아야 한다.

21세기는 소통의 시대라고 했다. 소통은 말만으로 되는 게 아니다. 세 치 혀로 표현되는 말이 2차원의 선이라면 몸 전체로 표현되는 비언어는 3차원의 공간이다. 몸이 말보다 빠르고 더 효과적이다. 제스처를 많이 쓰는 사람이 사물을 공간적인 차원에서 개념화하기 쉽다는 크라우스의 의사소통 연구 결과에 귀 기울여볼 필요가 있다. 그렇다고 어린아이들의 의미 없는 제스처를 방관해서는 안 된다. 프랑스는 제스처를 잘 사용하지 않는 나라였으나 지금은 가장 잘 쓰는 나라 중 하나가 됐다. 프랑스가 이탈리아의 메디치가와 사돈을 맺으면서 그들의 제스처도 수입을 하여 정착시킨 것이다. 무표정과 무동작의 한국 역시 시대적인 조류에 몸을 맞기며 어디로 나아갈지는 아무도 모른다. 하지만 세계적으로 한국인들의 커뮤니케이션 실력이 여전히 공인되지 못하는 수준이라는 점을 겸허히 수용할 때, 그리고 한국인들의 문화적인 수용 능력 역시 여전히 일천한 수준이라는 것을 겸허히 인정할 때, 한국인들의 굳은 표정과 몸동작 역시 개구리가 얼음 깨고 나오듯이 따뜻한 봄을 맞을 것이다. 온몸으로 말할 줄 아는 의사소통의 대가들이 한국에서 탄생하길 빌어본다. 물론 나라가 조금 시끄러워진다는 점에서 인내가 약간은 필요하겠지만……

11 ^{시선} 잘못 쳐다보면 죽는 문화

미국 LA의 한국인 식품점에 흑인 부부가 장을 보러 왔다. 그들은 바구니에 각종 야채와 여러 식품들을 담은 뒤 한국인 주인이 서 있는 계산대까지 왔다. 흑인 부부는 특유의 남부 사투리를 써가며 친근한 인사를 건넸다. 한국인 주인은 흑인 남자의 강렬한 시선에 불편함을 느껴 시선을 회피하며 계산만 했다. 그 흑인은 기분 나쁘다는 표정을 지으며 쇼핑백을 집어 들고는 나가버렸다. 그리고 다시는 나타나지 않았다.

캐나다 회사의 관리자인 톰 존스는 한국과의 비즈니스를 위해 한국인 직원을 고용했다. 일주일에 두서너 번씩 정기 회의를 하는데 시간이 흐를수록 톰은 한국인 직원에 대한 믿음을 잃어버렸다. 이유는 한국인이 진실하지 않다는 것이었다. 어느 날 톰이 불만을 터뜨렸다. "당신은 말할 때 왜 나를 쳐다보지 않는 거요? 도대체 무슨 생각을 하는 겁니까?" 한국인이 당황하며, "저는 당신을 존경하는 의미에서 바로 쳐다보지 않았던 건데요?"라고 말했다.

드라마나 소설 그리고 시나 음악에서 '눈'처럼 자주 등장하는 단어는 드물다. "당신의 눈은 살기를 띠고 있어요"라고 표현한 셰익스피어William Shakespeare의 고전에서부터 세계적인 팝스타인 밥 딜런Bob Dylan의 노래 가사 "그날 밤 당신의 눈은 말이 필요 없게 했어요Your eyes said more to me that night than your lips would ever say" 그리고 "당신의 입은 나에게 '노'라고 말하지만 당신의 눈은 '예스'라고 말하네요Your lips tell me no, no but there's yes, yes in your eyes" 라고 고백한 어느 시인의 시에 이르기까지 눈이란 단어는 아주 다양한 장르에서 다양한 의미로 사용된다.

우리가 눈으로 전달할 수 있는 메시지는 끝도 없다. 눈이라는 단어에 형용사 하나를 붙임으로써 감정을 곧바로 드러낸다. 예를 들면, 직접적인, 관능적인, 냉소적인, 표현적인, 지적인, 뚫어 보는, 슬픈, 활기찬, 세속적인, 믿기 어려운, 신뢰 있는, 의심에 찬, 사악한 등. 또한 눈이라는 단어에 동사를 하나 붙임으로써 인간관계의 수준을 가늠하게 한다. 예를 들면, 눈을 마주치다, 눈을 회피하다, 눈을 아래로 깔다, 눈이 산만하다, 곁눈질하다, 똑바로 쳐다보다, 추파를 던지다, 그리고 눈을 감다 등.

얼굴을 통해 표현되는 의사소통에서 가장 함축적이고 직접적인 수단이 시선 접촉eye contact이다. 눈을 마주쳐 자신의 속내를 드러내고 관계의 정도를 가늠하는 시선 접촉은 문화마다 그 빈도와 길이 그리고 의미가 다르다. 눈을 '영혼의 창'이라고 생각하는 중동과 남미 그리고 프랑스와 이탈리아에서는 뚫어져라 쳐다보는 것이 관례로 되어 있다. 존 그레이엄John Graham의 연구에서도 일본인은 10분의 대화 시간 중 평균 1분 3초, 미국인은 3분 3초 동안 상대방의 눈을 응시한 반면 브라질인(이탈리아, 프랑스도 같은 수준)은 가장 긴 5분 2초 동안 상대방의 눈을 쳐다보는 것으로 밝혀졌다. 10분의 대화 시간 중 5분 이상 상대방을 응시하는 데 할애했다는 것은 실질적으로 상대방에게서 거의 눈을 떼지 않았다는 이야기다(그래도 이들의 눈이 빠지지 않는 것은 기적이다). 시선 접촉에 익숙한 미국 여성조차 이들 나라 사람들의 집요한 시선 접촉을 기분 나빠하거나 불편해하곤 한다.

시선 접촉 시간은 남녀 간에도 차이가 난다. 마크 힉슨Mark Hickson과 단 스택스Dan Stacks의 연구에 의하면 여성들은 남자보다 시선 접촉을 더 많이 한다고 한다. 또한 여성들은 남성들보다 같은 여성들을 더 많이 보며 여자들끼리의 시선 접촉 시간이 남자들보다 더 길다는 것을 알아냈다.

중남미에서와 같이 시선 접촉이 집요한 문화권과는 달리 미국이나 캐나다 그리고 북유럽의 나라들은 응시하는 횟수나 강도가 상대적으로 약하지만 여전히 '시선 접촉은 곧 신뢰나 관심의 표시'라는 등식이 일반화되어 있다. 처음에 언급한 캐나다 사례를 보더라도 시선 접촉이 이들과의 대화에서 얼마나 중요한지 알 수 있다. 이러한 나라들에 비해 동양의 유교적인 관점에서 눈을 마주 보는 것은 동등함을 수반한 '무례'나 '도전'의 의미로 간주된다. 조직 폭력배가 등장하는 영화에서 부하들이 보스한테 머리를 180도 숙여 인사하는 것은 시선 회피를 전제로 한 복종의 의미다. 한국에서 제명에 죽으려면 사람을 볼 때 때로는 흘긋흘긋 쳐다보는 습관을 길러야 한다.

이웃 나라 일본에서는 어려서부터 눈을 보지 말고 단지 상대방의 목젖만 보라고 가르친다. '듣는 입장이 됐을 때는 시선을 다른 곳에 두거나 아니면 눈을 감아 듣고 있다는 것을 알리고, 상대방의 말에 동의함을 나타내라', '말하는 화자 역시 상대방을 직접적으로 보면 안 된다. 단, 상사가 부하 직원을 대할 때는 예외다.' 이런 시선 접촉의 문화는 '누가 누구를 쳐다

볼 수 있으며 또한 얼마나 오래 처다볼 수 있는지' 그리고 '이런 규율을 위반했을 때 어떤 처벌을 받는지' 등 상대방을 응시하는 데에도 엄격한 규율을 따졌던 사무라이 시절부터 유래됐다.

한국, 중국, 일본 외에 중미 및 아프리카 사람들도 존경의 표시로 시선 접촉을 피한다. 흑인들 특히 미국 남부의 흑인들이 이러한 관습을 따르고 있다. 미국 센트럴미주리주립대학의 대학원생인 새뮤얼 에보이언Samuel Eboyan은 그의 석사 논문에서 시선 접촉의 차이가, 백인 미식축구 코치가 팀에 새로 합류한 흑인 선수들을 지도할 때 얼마나 부정적인 영향을 미칠 수 있는지를 밝혔다. 그의 논문에 의하면 백인은 보통 말을 할 때 상대방을 간간이 쳐다보기만 할 뿐 뚫어져라 응시하지는 않는다는 것이다. 하지만 듣는 입장으로 바뀌면 상대방의 눈만을 주시한다. 그들은 상대방이 말할 때 눈길을 딴 곳으로 돌리는 것을 무례하다고 생각한다. 반면 흑인들은 말을 할 때 상대방의 눈을 계속 쳐다보고 들을 때는 반대로 눈길을 피한다.

호피Hopi족을 포함한 북아메리카 원주민들 역시 시선 접촉을 공격적인 행동으로 간주한다. 대표적으로 나바호Navajo족은 시선 접촉을 그들의 창조 신화와 연결한다. '눈으로 사람을 죽이는 괴물'에 대한 이야기인 그 신화는 '뚫어져라 보는 것'은 곧 사악한 눈짓이며 상대방을 성적으로 공격하려는 것을 의미한다.

이런 시선 회피의 위대함을 자신의 비즈니스에 가장 잘 적용한 인물이 팔레스타인해방기구의 고 야세르 아라파트Yasser Arafat 의장이다. 날씨에 상관없이 항상 선글라스를 쓰고 다녔던 그는 상대방과의 시선 접촉을 의도적으로 회피했다. 눈빛 회피 문화를 존중하기 위한 단순한 매너로서가 아니라 자신과 말하고 있는 상대방에게 눈동자를 노출하지 않음으로써 자신의 심중을 못 읽게 하려는 목적이었다. 그의 출중한 교섭력은 상대방은 볼 수 없는 선글라스 뒤의 눈동자 속에서 시작됐다고 볼 수 있다.

한국의 지성 리영희 씨는 그의 저서 《대화》에서 햇빛을 가리기 위해서가 아닌 다른 목적으로 짙은 색안경을 쓰는 사람을 세 가지 유형으로 분류했다. 하나는 자기 눈이나 얼굴에 흉터가 있는 사람이고, 둘째로 마음에 흑심을 가지고 음흉하게 상대방을 뜯어보려는 사람, 세 번째는 자신의 불안한 마음과 상대방을 똑바로 보지 못하는 열등의식을 감추기 위한 사람. 이런 분류는 당시 대통령 수행 기자였던 리영희 씨가 쿠데타로 정권을 잡은 박정희 대통령이 미국의 케네디 대통령을 접견하는 자리에서 짙은 라이방을 낀 모습을 회고하며 적은 것이다. 그의 분류에 의하면 아라파트는 상대방을 뜯어보기 위한 공격적인 목적을 가지고 있었고(두 번째 유형), 한국의 박정희는 자신의 정신적·심리적 동요를 감추기 위한 장치로서의 수동적인 착용(세 번째 유형)임을 알 수 있다. 접견장에서 케네디는 흔들의자에 두 다리를 쭉 뻗고 앉아 가끔 미소를 지어 보이며 상대방을 관찰하듯 지그시 바라보는 반면 한국의 대표는 마치 군주 앞에 불려 나온 신하처럼 긴장한 자세로 의자에 빳빳이 앉아 짙은 검은색 렌즈로 자기 눈과 얼굴을 가리고 있었다고 한다.

동시에 리영희 씨는 안경 혐오증을 가진 괴테의 이야기를 인용한다.

안경을 낀 사람을 대하면, 미지의 사나이가 무장을 한 눈초리로 내 마음속 비밀스러운 곳까지 후비고 들어오는 것을 느껴. 나는 상대방의 마음을 알 수 없는데 상대방은 나의 마음을 다 안다고 생각하면, 아주 역겹단 말이야. 이런 인간은 아무리 사귀어봐야 얻을 것이라고는 아무것도 없고, 잃을 것밖에 없지.

'뭘 봐＝죽음'으로 비화되는 극단적인 시선 충돌의 사건은 이제 한국을 비롯한 지구촌 몇 나라만의 문제가 아니다. '눈 접촉'의 정형인 미국에서조차 그 의미가 변화하고 있다. 오늘날 미국에서는 '미친개가 집요하게 시선을 한군데 집중한다'고 해서 '매드 도깅mad dogging'이란 신조어까지 생길 정도로 시선 접촉으로 인한 학내 폭력 사건이 들끓는다. 미국 LA에 있는 유니버설 스튜디오 입구의 포스터에는 스튜디오 안에서의 행동 요령에 대해 적혀 있다. 그중 두 번째 원칙에 "불필요한 시선으로 상대방의 분노를 사지 말라"라고 되어 있을 정도로 시선 접촉은 이제 문화의 벽을 넘어 마찰과 폭력의 도화선이 되고 있다.

예전에는 외국에서 거주한 경험이 있는 사람들이 한국의 해외 업무 담당자들에게 혹은 외국으로 이민을 가거나, 유학 가는 학생들에게 늘 당부하던 소리가 "외국인과 이야기할 때는 눈을 보고 이야기하라"였다. 하지만 온갖 문화가 물리적인 경계 없이 섞이고 변하는 '원융회통圓融會通'의 21세기에는 상황에 따라선, '외국인과는 눈을 피하는 것이 상책'이라고 가르쳐야 할 것 같다. 죽으면 문화도 소용없으니 말이다. '무조건 눈을 마주쳐라'는 말은 한때 외국 여행의 상식 정도로만 기억되는 게 맞을 것 같다. 대신 눈을 마주치고 피할 때를 가릴 줄 아는 분별력을 갖게 해달라고 빌어야 하지 않을까? 세상은 점점 복잡해지고 우리의 눈은 핑핑 돌고 있으니 말이다.

12 | 접촉
손대면 '톡' 하고 터질 것만 같은 문화

미국 동부 뉴잉글랜드 지방에 살고 있는 제시카 부부가 이웃 일본인의 결혼식에 초대받았다. 제시카 부부는 동양인들과의 교류도 많이 가졌던 터라 이들의 결혼식에 대한 기대가 컸다. 결혼식 당일 제시카는 식이 끝나자마자 새신랑의 어머니인 교코를 찾아가 축하를 하며 안으려 했다. 신랑의 어머니인 교코는 성큼 다가온 제시카를 피해 뒤로 한 발 물러났다. 제시카는 신랑의 어머니가 자신의 축하를 받지 않으려는 것으로 알고 당황했다.

한국의 한 사업가가 캄보디아에 신규 시장을 개척하기 위해 출장을 갔다. 사흘째 되던 날 그는 현지 사업 파트너 가정에 초대를 받았다. 집에 도착하자마자 그는 초등학교에 다니는 현지인의 아이들에게 줄 선물 꾸러미들을 풀어놓았다. 아이들이 즐거워하자 한국인 사업가는 한국에서 늘 그랬듯이 아이들의 머리를 쓰다듬으며 잘 사용하라고 말했다. 순간 그 집 아이들과 현지인 파트너의 얼굴이 씁쓸한 표정으로 변했다.

옛날 아프리카 앙골라의 카젬베Kazembe족은 그들의 왕이 매우 신성하기 때문에 그에게 접촉한 자는 그의 몸에 충만해 있는 주력에 의해 반드시 생명을 잃는다고 믿었다. 통가의 원주민 역시 신성한 추장의 물건을 만진 손으로 식사를 한 사람은 전신이 부으며 죽는다고 믿었다.

어느 문화권에 살든지 신체 접촉 없이 인간관계를 발전시키기는 어렵다. 머리에 손을 대는 동작에서부터 코를 비비고 입과 볼에 키스하고 발바닥을 맞추는 동작에 이르기까지 대충 열여섯 가지의 형태를 띠는 신체 접촉은 때에 따라서 우호나 친밀감을 상징하지만 문화적으로 잘못 오해하면 불만이나 적대감의 표시로 확대된다.

위의 첫 번째 사례에서 미국인 제시카는 신체 접촉이 자연스러운 개방적인 환경에서 자란 반면 일본인 교코는 공개적인 신체 접촉을 삼가는 일본의 보수적이고 권위적인 환경에서 자랐다. 그런 문화적 배경 탓에 교코는 포옹하는 것에 대한 불편함을 표시한 것이고, 반대로 제시카는 개방적으로 접근을 하여 문화 간 마찰이 발생한 것이다. 이런 경우 일본인의 결혼식이니, 비록 장소가 미국이라 할지라도 응당 주최자들의 관습이나 풍습에 따라주는 것이 좋은 자세다. 한국인 장례식에 문상을 온 미국인이 미국식으로 악수하고 미국식으로 심심한 위로의 말만 전하는 것이 아니라 고인의 영정 앞에서 엎드려 절을 하고, 상주에게도 맞절을 하는 흉내라도 내는 것이 미국인의 세계화된 태도인 것처럼 말이다. 클린턴 전 미국 대통령은 저격으로 사망한 라빈Yitzhak Rabin 전 이스라엘 총리의 장례식에서 머리에 유대식 모자를 쓰고 유대식 예의를 갖췄다.

두 번째 사례에서 '연장자 우선seniority, 長幼有序'인 한국에서 성장한 사업가는 아이들의 머리를 쓰다듬어주는 것이 아이에 대한 보편적인 관심과 사랑의 표현인 것처럼 생각했다. 캄보디아나 베트남 나아가 동남아시아의 많은 나라에서 머리의 의미는 '인간의 영혼이 들어 있는 신성한 곳'이다. 때문에 부모 외의 사람들은 머리를 만지지 않는 것이 불문율이다. 특히 캄보디아인은 사람의 머리를 만지는 것을 중대한 죄악으로 여긴다. 더불어 아무리 가난한 자라도 다른 사람이 살고 있는 방 밑에서는 절대로 살지 않는다. 그래서 가옥도 단층으로만 짓는다. 심지어 죄수조차 마루 밑의 방에는 넣지 않는다. 말레이시아나 인도네시아에서도 이와 같은 금기가 있다. 자바를 여행한 사람의 보고에 의하면, "자바에서는 머리 위에 아무것도 쓰지 않고, 또 사용해서도 안 된다. 그리고 누군가 손을 머리 위에 얹으면 그들은 그를 죽일 것이다"라고 되어 있다. 위의 사례 외에도 현지인의 머리를 잘못 만지거나 몸을 잘못 건드려 봉변을 당한 안타까운 사례들은 지구촌 곳곳에서 심심치 않게 발생하고 있다.

세 번째 사례는 아프리카나 폴리네시아 원시 사회에서 추장이나 왕에 대한 '격절隔絶'을 나타낸다. 이들은 추장과 왕을 접촉하면 폭발하는 신비하고 영적인 힘으로 충전된 자로 간주하므로 그들을 사회의 위험한 계급으로 넣고 엄격한 제한을 가한다. 예를 들어 식사를 할 때 음식물에 자신의 손을 댈 수 없다. 다른 사람이 먹여주어야만 한다. 그들의 식기, 의류, 그 밖의 모든 소지품 일체를 타인이 접촉해서는 안 되고, 이 금기를 어기면 질병이나 죽음이 닥쳤다. 한국도 예외는 아니었다. 과거 왕조시대에는 왕의 손을 아무도 접촉할 수 없었다. 그리고 만일 왕이 한 신하에게 황송하게도 손을 접촉했다면 그 손이 닿은 곳은 신성시됐고, 이러한 명예를 얻는 사람은 눈에 띄는 어떤 표시(보통 붉은 명주실)를 남은 생애 동안 지녀야 했다. 조선의 정조 대왕은 등에 난 종양으로 죽었다. 파침破鍼,곪은 데를 째는 침을 쓰면 생명을 구할 수도 있었지만 누구 하나 그것을 쓰려는 사람이 없었다. 어떤 왕이 입술의 종기로 괴로워하고 있었는데 그의 시의侍醫는 광대를 불러들였다. 광대는 농담을 걸어서 왕을 크게 웃겨 그 종기를 터뜨렸다는 일화가 있다.

《비즈니스를 성공으로 이끄는 비언어적 의사소통》이란 책에서 켄 쿠퍼Ken Cooper는 나라별로 신체를 접촉하는 횟수에 대해 조사를 했다. 라틴아메리카의 푸에르토리코 사람들이 시간당 180회, 프랑스 파리 사람들이 110회, 미국 플로리다 사람들이 2회, 그리고 영국 런던 사람들은 한 번도 접촉하지 않았다. 한국이나 일본 사람들은 조사의 대상에 포함시키지 않았지만 두말할 나위 없이 이들 두 나라는 위에서 언급한 나라들보다 공개적인 신체 접촉에 대해 더 보수적이거나 부정적이다. 얼마 전만 하더라도 한국의 일반인들은 미국 사람들의 공개적인 포옹이나 프랑스 사람들의 프렌치 키스에 대해 '상스럽다' 혹은 '천박하다'는 표현을 서슴지 않았다. 하지만 지금은 서울 시청 한복판에서 키스를 하는 대범한 젊은이들을 어렵지 않게 볼 수 있다. 이렇게 문화적인 전이가 빠른 민족은 지구상에서 찾아보기 힘들다.

원칙에 살고 원칙에 죽는 독일 역시 신체 접촉과 관련해서는 한국과 비슷하다. 독일에서는 인사를 할 때 이웃 나라인 프랑스처럼 부둥켜안기보다는 정중한 목례와 더불어 악수를 하는 것이 상례이다. 독일인의 인사는 윗몸을 구부리는 한국, 일본과는 달리 목 부분만 간단히 구부리는 그야말로 목례이다. '디너Diener'로 불리는 독일인의 목례는 '나는 당신의 하인입니다'라는 뜻으로 상대방에 대한 공경의 표시다. 나이가 든 독일인들은 여전히 이 '디너'로 인사를 하지만, 젊은 사람들은 평등하지 않다고 여겨 간

단히 고개를 끄덕이는 수준으로 그친다. 독일 총리였던 헬무트 콜Helmut Kohl
이 미국의 부시George H. W. Bush 전 대통령을 접견할 때 보여준 '디너'에 대해
독일 국민과 언론들은 굴욕적인 제스처라고 비아냥거리기도 했다.

이런 독일이나 한국과는 대조적으로 신체 접촉이 이성 간에는 엄격하나
동성 간에는 일반화되어 있는 중동과 중남미 그리고 아프리카나 지중해
권 나라에서는 우리가 보기 민망할 정도로 신체 접촉이 자연스럽다. 아프
리카의 남자들은 거리를 걸을 때 남자끼리 손을 잡는 것이 자연스러우며
중동 사람들은 남자들끼리도 볼에 키스를 한다. 러시아 사람들은 양팔로
상대방의 몸까지 감싸는 뜨거운 포옹을 한다. 이들은 비즈니스 활동을 할
때도 상대방의 어깨를 툭툭 건드리거나 무릎을 치거나 팔을 만진다.

지금은 고인이 된 이집트의 사다트Anwar el-Sādāt 대통령은 영국 대처
Margaret Thatcher 수상과의 TV 인터뷰에서 흥분한 나머지 대처 수상의 무릎
을 때렸다. 예의와 전통을 대표하는 대처는 사다트의 이런 무의식적인 행
동을 오해 없이 수용했다. 최근 미국의 영부인 미셸 오바마Michelle Obama가
영국 방문 시 엘리자베스 여왕 주최의 리셉션에서 여왕의 어깨 부위에 손
을 얹은 것을 보고 외교적 결례를 범했다고 떠들썩했던 적이 있었다. 여왕
의 몸에는 손을 댈 수 없다는 게 이유였으나 정작 여왕은 친근함의 표시로
간주했다. 하지만 이런 사건은 이번이 처음이 아니다. 1992년 영국 여왕
이 오스트레일리아를 방문했을 때도 폴 키팅Paul Keating 수상이 여왕의 허
리를 감싸 곤혹을 치른 일이 있었다. 당시에 영국 신문들은 오스트레일리
아 수상을 '오즈의 도마뱀Lizard of Oz'으로 조롱했다. 오즈는 오스트레일리
아를, 도마뱀은 오스트레일리아의 사막 지대를 상징한다. 당시에 이 사건

은 국제 분쟁을 일으킬 만한 사건이었지만, 이들의 신체 접촉은 고의로 상대방을 제압하거나 이성 간의 애정을 표현하기 위한 목적이 아니었기 때문에 원만히 해결될 수 있었다. 비즈니스를 수행할 때 사소하거나 무의식적인 신체 접촉에 촉각을 세울 필요는 없다. 그런 접촉의 행위를 제한하지 말고 오히려 인간관계 형성을 위한 도구로 삼아 역이용하는 지혜가 필요하다.

뉴질랜드의 마오리Maori족은 인사를 할 때 소리를 지르며 코를 비빈다. 이런 인사를 홍기hongi라 하며 한국어로는 '코 인사' 정도로 이해할 수 있다. 홍기는 신체를 접촉해서 서로에 대한 개방적이고도 우호적인 마음을 교환하는 상견례이다. 이들은 신체의 가장 민감한 부분 중 하나인 코를 서로 비벼 상대방의 체취를 가슴속 아니 영혼 속까지 간직하려는 순수한 발상을 가지고 있다. 하지만 이런 접촉 역시 같은 종족 사이에 국한된 것이지 결코 타 부족까지 확대되지는 않는다.

문화마다 신체 접촉에 대한 관점이 다르지만, 보편적인 관점에서 신체의 접촉 없이는 관계의 발전도 없다. 아무리 문화적으로 신체 접촉에 대해 부정적이라 할지라도 초기의 서먹서먹한 분위기에서 친밀한 단계로 발전하기 위해서는 시의적절한 신체 접촉이 필요하다.

미국의 한 심리학자가 한 레스토랑에서 재미있는 실험을 했다. 그는 식당의 남녀 종업원들이 손님을 응대할 때 어깨를 가볍게 두드리고, 잔돈을 건넬 때에는 손님의 손바닥을 가볍게 만지라고 주문했다. 그러자 많은 손님들이 호의적인 반응을 보였고, 아울러 신체를 접촉한 종업원들에게 더 많은 팁을 주었다. 놀랄 만한 것은 웃으면서 친절하게 손님을 대했던 종업원들보다 팁의 금액이 훨씬 많았다는 것이다.

심리학에서 '상대방의 신체와 접촉하면 좋은 인상을 줄 수 있다'는 주장은 낯설지 않다. 비단 서비스업뿐만 아니라 일상생활에서도 접촉은 상대방에게 자신의 이미지를 각인시키고 신뢰를 구축하는 데 공신 역할을 한다. 물론 의사가 환자를 접촉하는 것 자체도 주저하도록 만든 '성희롱 방지법'이 세계적으로 보편화되면서 낯선 이성 혹은 동성 간의 접촉이 위축될 수도 있으나 접촉 없이 관계의 발전은 없다는 것을 인정해야 한다. 심리학자 서머헤이스Diana L. Summerhayes와 서크너Robert W. Suchner는 상대방에게 먼저 접촉을 시도하는 쪽이 관계의 기득권을 잡고, 상대적인 우위에 선다고 말했다. 특히 비즈니스 세계에서의 접촉은 상대방에게 자신의 이미지를 각인시키고 신뢰를 구축하는 데 도움이 된다. APEC이나 NAFTA 등 세계 정상 회담에서 국가 원수들이 서로 악수를 하고 동시에 한쪽 손으로 상대방의 어깨나 팔뚝을 잡는 것은 상호 우의를 다짐하는 고의적인 접촉행위이다.

말없이 통하는 의사소통의 한 수단인 신체 접촉은 말보다 훨씬 강하다. 적극적인 관심의 표현인 접촉은 어제의 적을 오늘의 친구로도 만들 수 있다. 접촉의 문화적인 차이에는 민감하되, 그렇다고 접촉 행위 자체를 두려워하지는 말라. 먼저 상대방에게 손을 내밀어 잡고, 몸마저 부둥켜안을 때 국가와 인종 그리고 문화적 오만과 편견을 넘어 화합과 평화가 실현된다. 미셸 오바마의 무례한 신체 접촉에 대해 엘리자베스 여왕도 같이 상대방의 허리를 감싼 것은, 옛날 같았으면 둘 중의 하나가 단두대에 오를 초유의 사태이지만, 오늘날에는 서로에 대한 호의와 우정으로까지 발전을 했다.

굳이 족보를 따지는 왕 출신과 노예 출신도 그러했다면 우리와 같은 평민들끼리 무슨 거리낌이 필요할까. 사소한 접촉으로 하나가 될 수만 있다면…….

13 | 침묵은 금_金인가, 똥_銅인가?

침묵

귀족 출신의 한 인도네시아 사업가가 가족들의 현장 방문에 대해서 다음과 같이 회상했다.

우리는 그렇게 앉아 있었지만 아무도 말을 하지 않았다. 이런 침묵을 당혹스러워하는 사람도 없었다. 침묵 때문에 안절부절하는 사람도 없었다. 가끔 이런저런 생각과 새로운 소식을 교환했다. 그러나 이것이 정말 필요한 것은 아니었다. 우리는 함께 있다는 것, 서로를 다시 볼 수 있다는 것만으로도 즐거웠다. 새로운 소식을 처음 교환한 후, 나머지 대화들은 순전히 중복되는 것들이었다. 할 이야기가 없다고 상투적인 이야기를 늘어놓을 필요는 없었다. 한 시간가량 지난 뒤 우리들은 떠나겠다고 말했다. 우리는 서로 만족스러운 느낌으로 헤어졌다. 자바 섬 안 작은 도시에서의 생활은 아직도 이런 식이다.

–헤이르트 호프스테더의 《세계의 문화와 조직》 중에서

오스트레일리아에서 의료 활동을 하던 미국인 여의사 모건 Marlo Morgan 이

'참사람 부족'이라는 현지의 원주민들과 도보 여행을 하면서 느낀 점을 담은 책, 《그곳에선 나 혼자만 이상한 사람이었다》에는 다음과 같은 내용이 있다.

> 나는 미국의 고향 집에서 1만 6천 킬로미터나 떨어진 곳에 와 있었지만 내 사고방식은 조금도 바뀌지 않고 있었다. 내가 살던 곳은 좌뇌의 세계에 속해 있었다. 나는 논리, 판단, 읽기, 쓰기, 수학, 인과관계 등을 배우며 자랐다. 그런데 지금 나는 우뇌를 써야만 하는 상황이다. 교육의 개념을 모르고, 문명의 필수품을 전혀 사용하지 않는 사람들과 함께 있었다. 그들은 창조성, 상상력, 직관력, 그리고 영적인 개념을 능숙하게 사용하는 우뇌의 대가들이었다. 그들은 꼭 말을 통해 의사소통을 할 필요가 없었고, 생각과 기도와 명상, 그 무엇으로도 자신의 의사를 전달할 수 있었다.

미국의 저술가 겸 철학자인 헨리 데이비드 소로Henry David Thoreau는 "인간의 모든 비극은 말로 인한 오해가 아니라 침묵을 잘못 이해하는 데에서 온다"라고 했다. 직접적인 의사소통 수단인 말에 비해 온몸을 이용해 간접적으로 전달되는 침묵은 함축적이고 다의적이다. 인간사의 희로애락이 침묵이라는 무언의 언어로 전달될 수 있다는 것이 놀랍지 않은가? 미국의 철학자 랠프 월도 에머슨Ralph Waldo Emerson이 그의 우상인 영국 작가 토머스 칼라일Thomas Carlyle과 나눈 침묵의 대화는 유명하다. 에머슨은 유럽 여행 중 영국을 방문해 칼라일과 만났다. 몇 시간의 만남 가운데 그들은 단 한 마디의 말도 하지 않고, 서로의 심정을 이해하고 서로의 우정을 나누고 축복하며 헤어졌다는 일화다.

침묵의 심오함은 여기서 그치지 않는다. 기원전 500년대에 단 한 마디의 말도 없이 연꽃과 미소만으로 깨달음을 주고받는 석가와 제자 가섭의 침묵의 대화는 침묵이 단순히 희로애락의 표현뿐만 아니라 진리까지 전달할 수 있는 위대한 의사소통 수단임을 단적으로 보여준다.

이런 침묵의 위대함도 나라와 문화에 따라서 180도 달리 해석된다. 지구의 한편에서는 진리까지 통할 수 있는 침묵의 고귀한 가치가 다른 한편에서는 인간관계에서 '똥銅'만도 못한 가치로 전락하는 것이다. 유럽 지중해권의 나라들이나 스페인과 포르투갈의 식민지였던 중남미 사람들은 대화 시 3초 이상 침묵하면 정상이 아닌 것으로 취급받는다. 상대방의 말이 채 끝나기도 전에 치고 들어오는 것을 대화의 활력과 관심의 정도로 간주하는 이들은 상대방과의 대화 도중 끼어드는 것을 자연스럽게 여길뿐더러 도리어 끼어들어야 대화에 성실히 임하는 셈이 된다. 이들과의 대화에서 잠자코 있는 것은 '나'라는 존재를 포기하는 셈이다. 스페인어나 포르투갈어의 억양이 마치 노래하는 것처럼 느껴지는 건 이들 나라 말의 속도와 중첩 정도가 타 문화권에 비해 더 심하기 때문이다.

브라질 사람 로베르토가 기업의 초청으로 한국을 찾았다. 기업 임원들과의 저녁 자리에서 그는 한국 측 최고 임원의 인사말이 끝나기도 전에 자기가 말을 가로채 분위기를 서먹서먹하게 만들었다. 한국에서의 연속된 회의 내내 그는 상대방의 나이와 지위에 상관없이 상대방의 말을 끊고 자기말만 하는 것으로 일관했다. 결국 향후 관계 형성에 치명타를 입었다. 로베르토는 한국의 유교적 관점에서는 무례했으나 말로 살고 말로 죽는 자기

나라에서는 지극히 평범한 수준의 대화자에 불과했다.

말을 하다 보면 정신이 쏙 빠지는 중남미와 멕시코를 거쳐 북미의 미국과 캐나다로 올라오면 그 중첩의 정도가 다소 약화된다. 이 두 나라의 주류를 형성하고 있는 유럽계 앵글로·색슨족들은 중남미의 '완전한 반反침묵적인 정서'에 비할 바는 못 되지만 이들 역시 구어 중심의 문화를 갖고 있어 대화 시 화제가 끊기거나 침묵이 흐르면 불안해한다. 상대방의 말이 끝나기 바로 전에 치고 들어와야 한다. 어느 심리학자의 말을 빌리자면, 이들의 대화 간격이 어느 경우는 5만분의 1초 미만이라고 한다. 이렇게 빠른 시간에 상대방의 말을 받고 나오는 것은 과히 예술이라 하지 않을 수 없다. 이들은 상대방의 침묵에 대해 직접적으로 면박을 주지는 않으나 그렇다고 침묵에 대해 이해심이 많은 것도 아니다. 이들에게 침묵은 결국 상호 관계를 불편하게 하는 요소가 되며, 심지어 침묵은 대화에 기여하지 않는 부정적인 태도로까지 발전한다.

북미나 영어권에 거주하는 한국 학생들 본연의 '수줍음'과 '부끄러움'이 침묵의 형태로 나타나는 것에 대한 현지 학교 측의 평가는 굳이 학점으로 평가하면 'D' 정도밖에 안 된다. 표현되지 않은 것에 대한 배려를 이들 나라에서는 기대할 수 없다. 이들 나라에서는 '얌전하다'는 것이 가장 '자신감이 없는' 표현이다. 아울러 상대방의 침묵을 인정해주는 것이 프라이버시의 존중이라고 생각하기 때문에 상대방이 말을 꺼내기 전까지는 하라는 말을 하지 않는다. 하지만 평가는 가혹하다. 기여하지 않았다는 것이다. 하물며 촉각을 다투는 비즈니스 세계에서는 어떨까? 한국의 유학생들이 유수한 미국의 명문 MBA를 졸업해도 현지에서 취직하기가 어렵고, 한다고

136 │ 크로스 컬처
Cross Culture

해도 앉아서 자리를 지키는 회계 담당에 머무는 것은 동양의 존경받던 침묵 정서가 현지의 구두 정서에 밀려 찬밥 신세가 됐기 때문이다. 이런 구강 중심의 문화에서 살아남으려면, 어떤 대화이건 상대방의 말이 끝났을 때 곧바로 말을 이어 대화의 간격을 줄여주거나 혹은 어느 자리이건 자신의 존재를 말로 표현하고 확인해주어야 한다. 그런데 이게 하루아침에 될까? 기다려야 한다는 한국적 인정을 접을 때 비로소 말문이 터진다.

유럽의 경우는 침묵에 대해 다양한 양상을 보인다. 동양과 서양의 중간 정도에 속한, 뻣뻣한 윗입술을 가지고 있다는 평판을 받는 영국인과는 달리 프랑스나 지중해권의 나라들은 알든 모르든 떠들어야 직성이 풀린다. 그나마 북유럽의 사람들이 침묵과 더 친근하다. 이들은 입도 벙긋하지 않고, 다른 사람들과 함께 있는 것만으로도 흐뭇해한다. 날이 춥고 해가 일찍 지니 말하는 시간도 당연히 줄어들었을 것이다. 이들과 이야기하는 외국인들은 오해를 하기 십상이다. 상대방이 말도 안 하고, 주목하지도 않으며,

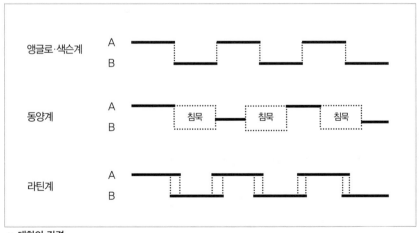

:: 대화의 간격

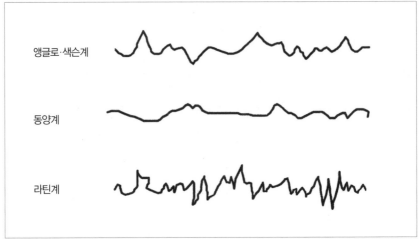

:: **목소리의 톤**

대화에 관심이 전혀 없다는 인상을 주니 말이다.

　침묵에 대해 나라별 다양성을 내포하고 있는 유럽에 비해 한국, 일본, 중국을 위시한 동양인에게 침묵은 단순히 의사소통의 수단일 뿐만 아니라 권위의 상징으로까지 승화된다. 이들은 대화 시 '함께 있다'는 사실만으로도 충분하기에 할 말이 없으면 굳이 말을 하지 않으며 또한 말을 하지 않더라도 답답해하거나 조급해하지 않는다. 일생일대의 순간인 청혼에 대한 응낙의 표현조차 말 없는 침묵으로 'Yes'를 대신하는 게 이들 나라다. 말로 다 하는 라틴아메리카와 말이 법이 되는 북미에서는 어림도 없는 경우다. 동양에서는 도리어 말을 많이 하는 사람을 불신하며 상대방의 말을 끊고 이야기하면 버릇이 없다고 말한다. 특히 연장자와의 대화에서 연하자가 침묵의 간격을 두지 않고 자신의 의사를 즉각적으로 표현하는 것은 성급함과 무례함의 상징이다. 반대로 연장자나 조직의 보스는 말을 아끼는 것이 권위의 상징으로 되어 있다. 이들은 직접적인 언어 표현보다는 침묵의 언어로 의사 전달을 한다. 침묵은 이들에게 금이다.

침묵에 대한 이러한 광범위하고 보편적인 인식은 비즈니스에서도 예외가 아니다. 침묵은 협상의 주요한 전략으로까지 이어진다. 상대방이 강경하면 침묵으로 일관함으로써 상대방을 교란시켜 이유극강以柔克剛 부분적인 승낙을 얻어낸다 승락쟁취承諾爭取.

이런 동양인들의 침묵에 버금가는 민족이 있다. '말 많은 새는 집을 짓지 못한다'라고 믿는 바로 아메리카 원주민들이다. 이들은 침묵을 위대한 사람의 표징으로 삼는다. 이들은 그 사람의 성격과 자기 조절 능력 그리고 용기와 인내, 위엄이 침묵에서 나온다고 믿는다. 침묵의 능력을 아는 사람만이 이들의 리더인 추장의 자격을 갖게 된다. 말없이 통솔하고 말없이 평화를 추구하는 이들의 느긋한 모습은 단 1분도 말하지 않으면 입이 근질거리고, 단 1분이라도 움직이지 않으면 좀이 쑤시는 21세기에서 상상도 못할 먼 옛날의 신화로 남아 있다. 여러분은 마지막으로 말을 한 게 언제인가? '쉿!'

14 | 표현 방식
'꿍'하거나 '토'하거나

중동 요르단 기업과 합작을 추진 중인 프랑스 회사의 매니저인 프레드 브루넬이 암만에 있는 아유브 라바의 사무실을 방문하고 있다. 그들은 아직 비즈니스의 초기 단계로 서로를 알기 위한 노력과 함께 알게 모르게 '힘겨루기'를 하고 있다. 프레드가 아유브의 사무실에 앉아 있는 동안 아유브에게 여러 통의 전화가 걸려온다. 한 통은 외국 투자 관련 정부 부서의 친구로부터 오늘 저녁 프레드와의 저녁 만찬을 확인하기 위해서, 다른 한 통은 은행원인 학교 동창이 외국인 투자에 대한 조언을 하기 위해서, 마지막으로 다른 한 통은 회사의 회장으로부터의 격려 전화다. 지극히 개인적인 그의 통화 내용들은 한마디로 그가 어떤 사람인지를 단적으로 대변해준다. 옆에서 통화 내용을 듣고 있던 프레드는 아유브의 인맥과 추진력에 대해 감동받는다. 아유브은 요르단에서 사업을 할 때 인맥 동원이 얼마나 중요한지 간접적으로 보여준다. 의도적인 통화 내용의 공개를 통해 아유브는 프레드에게 암묵적인 사인을 보낸다. '우린 준비됐으니 너만 들어오면 돼!' 하지만 이런 신호를 '말로만 들어온' 프레드가 과연 알아차릴 수 있을까?

사회 생활을 하다 보면 다양한 사람들과의 우여곡절을 피할 수 없다. 싸워도 보고 달래도 보고 술 먹고 취해도 보고 원망이나 후회도 해본다. 대부분 일보다는 인간관계에서 파생된 부작용들이거나 그로 인한 후유증들이다. 어떤 이와는 일주일 뒤에 원상태로 회복되기도 하고, 어떤 이와는 영영 보지 않는 사이로 치닫는다. 자신이 겪은 상처나 갈등에 대해 객관적으로 표현하거나 치밀어 오르는 분憤이나 성을 조금만 자제했더라면 훨씬 더 좋은 관계로 발전할 수도 있는데 대부분 자신의 주관적인 판단과 일방적인 감정 폭발로 관계를 망쳐버리기 일쑤다. 대부분의 한국 사람은 직접적이기보다는 간접적인 의사 표현을 선호한다. 말보다는 얼굴 표정만으로 자신의 의사를 전달하고, 목소리의 톤만으로 자신의 감정을 표현한다.

일본인들의 표현 방식도 예외는 아니다. 김영삼 대통령 시절 일본 총리였던 하시모토 류타로橋本龍太郎는 목소리와 표정만으로 자신의 감정을 고의적으로 드러냈다. 기자회견장에서 기자에게 '……데스(입니다)' 혹은 '……마스(합니다)'와 같은 경어를 자주 쓰면 불쾌함이 극에 달한 것이고, 대화 시 '다카라(때문에)'가 자주 등장해도 역시 불쾌하다는 표시였다. 또한 입장이 곤란하거나 거북할 때는 "보도를 통해 알고는 있다"라는 대답으로 슬쩍 넘어갔다. 일본인들은 아는 사람끼리만 이야기하면 문제가 없다고 생각해 애매한 표현이나 모가 나지 않는 표현을 즐겨 쓴다. 일본에서도 장사꾼에게 알맞다고 하는 오사카 말씨는 '슬슬', '여간해서', '크게', '생각해두지' 등과 같이 상황에 따라 달리 해석될 수 있는 어휘를 많이 가지고 있다. 이런 말들이 낯선 사람들과의 대화에 갑자기 등장하게 되면 소통상의 문제가 발생하지 않을 수 없다.

그 예로 일본에서 '당신이 말씀하신 것에 흥미를 가지고 있다'는 것은 칭찬의 말이나 영국인에게는 '결국은 반대합니다'의 의미로 받아들여진다. 일본에서는 '생각해보겠다'는 말이 반대 의사 표현이다. 이런 일본인들의 간접적인 의사소통법에 정통한 전 영국 주일 대사의 일화는 유명하다. 그가 1980~1984년까지 주일 대사를 지낼 당시 입버릇처럼 하던 말이 있다. 일본 외교관이나 정치인을 만날 때마다 첫마디를 일본어로 "난 '다테마에建前, 겉마음, 대외적인 겉치레' 표현에 약하니 '혼네本音, 속마음'로 이야기해주세요"로 시작했다고 한다. 직설법에 익숙한 서구인에게 일본인의 간접적인 언어 구사는 답답할 수밖에 없고, "그래서 어쨌다는 거야"라고 말하며 짜증을 유발하는 경우가 많았을 것이다.

일본의 직장에서는 상사가 구체적으로 또는 명료하게 업무 지시나 명령을 하기보다는 대강 전달하고 하급자가 알아서 처리하기를 기대한다. 직급이 높아질수록 이러한 현상은 더 심각하다. 아랫사람에게 더 많은 권한을 주기 위해 지시를 구체적으로 하지 않는다고는 하나 실제로 일이 잘못됐을 때 자신들의 책임을 회피하기 위한 목적도 숨어 있다. 불명확하고 부정확한 의사소통으로 인한 비효율은 유교적 정서의 기업들이 경험한 어제 오늘의 일이 아니다. 특히 정치인들은 이러한 간접 의사 표현의 수단을 자신의 정치 상황과 연계해 난처한 상황을 탈피하려는 술수로도 이용한다. 말을 할 때의 의미와 나중에 해석할 때의 차이를 염두에 두고 의도적으로 가장하는 화법을 돈 주고 배우거나 그런 화법에 능통한 사람을 고용하기도 한다.

암묵적이고 간접적인 의사소통을 선호하는 한국에서 원만한 인간관계를 유지하려면 '척 하면 삼천리'식의 눈치가 빨라야 한다. 직장 용어로 '알아서 기는' 감각이 필요하다. 말이 많거나 유창하거나 혹은 자신을 논리 정연하게 말로 표현하는 사람을 부담스러워하는 분위기 속에서 상사나 윗사람 나아가 상대방이 대충 한 말을 유추 해석해야만 하는 암묵과 추정의 파도를 타며 살아가고 있는 우리이다. 눈치가 없는 사람이 출세했다는 말을 아직 들어본 적이 없다. 그렇다. 눈치는 능력이다. '눈치 빠르다'를 한국을 비롯한 유교권의 나라에서는 '약삭빠르다' 또는 '기회주의적이다'라는 말과 결합시켰다. 상황에 따라 그때그때 행동하는 이기주의적 발상이라는 말도 있지만, 정확히 표현해 눈치는 곧 '상대방의 감정을 읽을 수 있는 능력'이다. 《경영과 문화》의 저자인 하야시 슈지 교수는 이런 눈치를 '알아차림의 윤리'라는 표현을 써서 서양인과 일본인의 의사소통 차이를 설명하기도 했다.

부산 총각 처녀가 결혼을 해서 해운대 앞바다의 호텔에서 신혼 첫날을 맞았다. 마침 보름달이 휘영청 밝아 신부가 신랑에게 해변을 걷자고 제안한다. 수줍음이 많은 신부는 신랑에게 "사랑한다"라는 말을 직접 입으로 듣고 싶어 옆구리를 쿡쿡 찌르며, "달이 참 밝지예?"라고 묻는다. 신랑은 아무 말도 하지 않고 묵묵히 걷기만 한다. 신부가 재차 묻는다. "달이 참 밝지예?" 신랑이 뭐라 했을까? "보름달 아이가!" 사랑을 세 치 혀로 직접 확인하고 싶은 신부와 굳이 말로 할 필요가 없다고 생각하는 신랑은 분명 다른 행성에서 온 것만은 확실하다. 둘 중의 하나라도 눈치가 빠르다면야 이들의 사랑 전선은 '이상 무'일 것이다.

어느 날 국제결혼을 한 부부가 나를 찾아왔다. 남자는 한국인이고 여자는 미국인이었다. 문화적 차이와 의사소통 문제 때문에 지난 5년 동안 다툼이 끊이지 않았다는 부부. 남편이 먼저 말문을 열었다.

"이 사람은 아직도 내가 뭘 좋아하는지 몰라요. 심지어 커피 한잔을 타줘도 매번 설탕 몇 스푼? 크림 몇 스푼? 사람 무시하는 것도 아니고 매사가 그런 식이니 짜증이 안 나겠어요?"

그러자 옆에 있던 아내가 비교적 유창한 한국어로 기가 막힌다는 듯이 말했다.

"아니, 사람이 때에 따라 마시고 싶은 커피가 다를 텐데, 말을 안 하면 내가 그걸 어떻게 알겠어요? 블랙으로 마시고 싶을 때도 있고, 조금 달게 마시고 싶을 때도 있잖아요?"

사랑하는 사람들이 어느 순간 서로에게 내뱉는 말.

"그걸 꼭 말로 해야 하나?" 그렇다. 정답은 "네, 꼬옥 말로 해주세요"다. 눈치는 만국 공통어가 아니기 때문이다.

반면 유럽이나 미주의 나라들은 암묵적으로 인정받기보다는 외현적인 의사 표현을 통해 인간관계를 형성한다. 즉 말로 표현하지 않는 것은 사실로 인정하지 않는 것이다. 나의 아이들이 다녔던 미국 시골의 어느 초등학교 강당에 걸려 있는 '솔직하게 표현할 것'이란 교훈에서 알 수 있듯이 이들 나라에서는 직접적으로 솔직하게 표현하도록 어려서부터 훈련된다는 것을 확인할 수 있다. 'Yes'나 'No'와 같은 단정적인 의사 표현에서부터 상대방에 대한 자신의 감정을 있는 그대로 전달하는 '어서티브니스Assertiveness'는 이들 나라에서 의사소통을 하는 데 꼭 필요한 핵심 원칙이다. 기분이 좋고 나쁘고, 화가 났고 안 났고, 흥분했고 안 했고, 싫고 좋고,

사랑하고 안 하고 등의 직접적인 표현만이 서로의 오해를 사전에 차단하는 최선의 소통 수단으로 강조되고 교육된다. 이런 서양인들에게 '정'에 근거한 한국식 암묵이나 침묵 또는 간접적인 표현들은 불가의 선문답과 같이 오리무중이 된다. 이들은 정확히 받은 말만큼 믿고, 준 말만큼만 행동한다.

한국에서 남편을 따라 미국 동부 지역에 온 지 얼마 안 된 모 아주머니가 치아를 다쳐 인근의 치과를 찾았다. 미국인 치과 의사는 의사소통에 문제가 있었음에도 불구하고 동양의 한 중년 여성을 친절하게 치료해주었다. 치료가 끝난 후 아주머니는 의사의 친절함에 대한 감사 표시로 한국식 다과를 만들어 선물했다. 맛에 감탄한 의사는 본인이 주최하는 파티를 위해 한국식 다과 200개를 만들어달라고 그 아주머니에게 부탁했다. 비용은 나중에 지불하겠다고 했다. 흔쾌히 수락한 아주머니는 날짜에 맞춰 정성껏 다과를 준비해 전달했다. 의사는 보기 좋게 담겨 있는 다과를 보고 첫눈에 반했다. 비용이 얼마나 들었는지 물어보는 의사에게 아주머니는 머뭇머뭇하며, "뭘요, 얼마 들지 않았는데……"라며 말꼬리를 흐렸다. 다소 놀란 표정을 지은 의사는 "그래요, 정말 고맙습니다"라고 감사의 표시를 한 후 다과를 들고 안으로 들어가버렸다. 그 아주머니는 상대방이 알아서 챙겨주기를 기다렸지만 돌아오는 것은 공허한 '말로만' 감사였다.

말을 안 하고 '꿍' 하고 있거나 말로 '토' 해버리거나 그 어느 하나 문화의 영향에서 벗어나는 것은 없다. 안타까운 것은 자신들의 문화적 영향에 구속되어서, 말을 해야 되는 상황임에도 말을 하지 못해 불이익을 당하는 것이나 말수를 줄여야 함에도 불구하고 터지는 대로 말을 해 역시 망신을 당하는 경우가 지구의 곳곳에서 왕왕 일어나고 있다는 사실이다. 문화를 아는 자는 때와 장소 그리고 경우에 맞는 적절한 의사 표현 방법을 알고 있다. 말은 부족하더라도 최소한 그들과 대화를 이어갈 수 있는 눈치를 통해 대화를 주도해나갈 수 있다. 이젠 외국 공항에서 다음 비행기로 바로 갈아탈 때 줄이 길어 기다리다 비행기를 놓치는 어리석을 정도로 과묵한 여행객은 없기를 바란다. 이런 경우는 세관원에게 바로 말해 정당한 새치기를 해야 한다. 마찬가지로 말을 아끼는 한국과 일본에서 쉴 새 없이 떠들다 도저히 신뢰할 수 없는 사람으로 낙인찍히는 외국인들도 역시 없어지길 바란다. 때와 장소와 경우에 따라 '꿍'할 때와 '토'할 때를 아는 자가 바로 세계인이다.

15 | 색상
색 밝히는 문화

미국 동부 지역의 한 시골 초등학교로 전학 온 현지 한국인 가정의 준이는 겨울 학기 즈음에 지난 학기 성적표를 받았다. 자상하기로 소문난 담임 선생님 폴은 새로 전학을 와 고생하고 있는 준이의 일거수일투족을 상세히 기록했다. 준이의 아버지는 성적표를 받아 들고 깜짝 놀랐다. 담임 선생님 폴이 성적표에 있는 준이의 이름부터 내용까지 붉은색 펜을 주로 사용했기 때문이다. 준이의 아버지뿐만 아니라 그 반에 있던 한국인 부모들은 모두 불쾌감을 감추지 못했다. 붉은 잉크 사건이 한국 학생들의 가족들에게 파장을 일으킨 것이다.

미국인 사비네는 사업차 중국 베이징을 방문했다. 중국을 처음 방문한 사비네는 일도 일이지만 그 나라의 문화에 대한 호기심을 많이 가지고 있었다. 공항에 마중 나온 중국 측 파트너들과의 간단한 상견례를 마치고 그들은 사비네가 묵을 호텔로 바로 이동했다. 호텔 로비 라운지에서 일정을 다시 한 번 확인한 중국 측 파트너는 사비네에게 붉은 봉투를 내밀었다. 무엇이냐고 물어봐도 그 중국인은 그냥 열어보라고 했다. 그 봉투 안에는 중국 돈 500위안(한국 돈 7만 5천 원 정도)이 들어 있었다. 사비네가 생각한 중국인의 의도— '나하고 한번 할래요?' —에 대해 불쾌한 감정을 표시하며 그 돈을 다시 돌려주었다. 돈을 받아 든 그 중국인은 더 황당해했다.

아르메니아 문화권에서 노란색의 꽃을 선사하는 것은 '난 당신이 보고 싶었어요'라는 것을 의미한다. 아르메니아 출신인 아니드는 이란 친구인 로힐라의 어머니에게 노란 꽃을 들고 찾아갔다. 로힐라의 어머니는 딸의 친구를 반갑게 맞아들였다. 아니드는 정성 들여 준비한 꽃을 전달했다. 하지만 꽃을 받아 든 그녀는 감사하다고 말하기는커녕 안색을 바꾸면서 차를 끓이겠다고 부엌으로 들어가버리는 것이 아닌가. 잠시 후 아니드는 그녀를 도와주러 부엌으로 들어갔다가 자신이 가지고 온 꽃이 부엌 쓰레기통에 있는 것을 발견했다. 옆에 서 있는 로힐라의 어머니는 아니드에게 퉁명스럽게, "네가 날 그렇게 싫어하는 줄 몰랐다"라고 말했다.

캐나다로 어학 연수를 온 일본 학생 마나미는 캐나다인 가정에서 홈스테이를 시작했다. 나이가 지긋한 캐나다인 부부는 마나미를 딸같이 생각해 친절하게 대해주었다. 어느 날 일본에서 마나미의 부모가 방문했다. 마나미의 부모는 그동안 딸을 잘 돌봐준 것에 대한 감사의 표시로 캐나다인 부부를 저녁 자리에 초대했다. 캐나다인 부부는 식당에 도착하자마자 정성스럽게 마련한 선물을 마나미의 부모에게 전달했다. 그 선물을 받아 든 마나미의 부모는 행복한 표정을 짓지 않았다. 선물을 싼 흰색 포장지가 영 마음에 들지 않았기 때문이었다.

색 역시 말과 제스처와 더불어 중요한 의사소통의 수단이다. 인간의 희로애락이 색으로 모두 표현된다. 예술가가 색채를 통해 감정을 전달하듯 우리 역시 알게 모르게 색을 통해 자신의 문화를 표출한다. 어느 색을 주로 사용하고 어느 색을 기피하는가에 따라 개인과 기업 나아가 나라의 문화를 가늠할 수 있다. 나라마다 인종마다 색은 다른 의미를 가지고 있다. 한 곳에서는 길조의 의미가 다른 곳에서는 흉조의 의미로 반전될 수 있다. 한 곳에서는 축복의 의미가 다른 곳에서는 저주의 의미로 반전될 수도 있다.

한국인들, 그중에서도 불교도인 사람들은 붉은색을 죽음의 상징으로 간주한다. 따라서 사람의 이름을 붉은색으로 쓴다는 것은 용납할 수 없는 실수가 된다. 한국 외 대부분의 아시아권 사람들도 붉은색으로 이름을 쓰는 것을 좋아하지 않는다. 붉은색을 좋아하는 중국인이라 할지라도 이름만은 붉은색으로 쓰지 않는다. 반면 유럽이나 북미는 붉은색에 대한 거부감이 없다. 유럽계 백인인 준이의 담임 선생님 폴은 별 의미 없이 붉은색 펜을 사용한 것에 대해 한국 부모들의 집단 항의를 접하곤 곤혹스러워했다. 이 사건은 폴이 한국인 부모들에게 정식으로 사과하는 것으로 일단락됐다. 한국인들의 붉은색 혐오증은 사회 전반에 확산되어 있다. 일단 거리의 자동차의 색만 보더라도 붉은색은 거의 없지 않은가.

1990년대 초 독일에서 귀국한 나는 독일에서 타던 차의 색깔이 붉은색이어서 동색의 차량을 구입하고자 했었다. 한국은 세계 10위권 안에 드는 자동차의 나라이지만 한국에서는 유럽에서의 극히 평범한, 내가 원하는 붉은색 차량을 구입하지 못했다. 결국 한국의 대표 색 흰색 차량으로 구입하고 말았다. 거리는 온통 무채색의 차들로 가득 차 있었다.

2002한일월드컵 개최 전, 색깔 분쟁이 잊혀지지 않는다. 어느 날 신문 지상을 통해 전국의 입간판에 붉은색이 들어가 있으면 철수해야 한다는 정부의 지시가 공표됐다. 붉은색은 가장 반反한국적이며 흥분을 유발하니 금지하겠다는 것이었다. 뜬금없는 색 규제에 가장 피해를 볼 회사가 모 정유 회사였다. 붉은색을 회사 로고 색으로 사용하고 있던 이 회사는 로 고를 다른 색으로 바꿀 경우 엄청난 돈이 소요될 판이었다. 정부의 이런 황당한 발표에 그 누구도 반문하거나 이의를 제기하지 않았었다. 이윽고 월드컵이 개최되고 온 국민이 히딩크의 제스처에 흥분할 때 우리나라를 상징하는 색은 흰색이 아닌 붉은색으로 뒤바뀌었다. 'Be the reds'를 가슴 에 새겨놓은 온 국민들의 붉은색 물결은 이전 백의민족의 상징인 흰색을 무색하게 만들었고, 피와 같이 선명하고 자극적인 분기탱천으로 4강 입 구까지 진입하게 됐다. 결과가 좋았으니 망정이지 그렇지 않았다면 붉은 색을 주장한 자들은 종적을 감췄을 것이고, 예전의 흰색이 다시 판치게 됐 을 것이다.

반면 중국에서는 붉은색이 길조다. 중국의 상징인 붉은색 저녁노을과 풍 요로 일렁이는 수수밭을 배경으로 중국인의 정신을 보여주는 장이머우張藝 謀 감독의 데뷔 작품, 〈붉은 수수밭〉은 붉은색의 진수이다. 붉은색은 복과 번영을 염원한다. 중국은 새해가 되면 붉은색 봉투에 돈을 넣어 선물한다. 새해뿐만 아니라 경사慶事에는 반드시 붉은색 봉투를 사용한다. 조사弔事에 는 흰색을 사용한다. 이런 중국 풍습에 무지했던 사비네는 한 번의 경험으 로 중국인들의 붉은색 선호 사상을 확실히 알게 됐다. 다시 미국으로 돌아 올 때 사비네는 붉은색 명주로 짠 중국의 치파오旗袍, 청나라 시절부터 유래되어온 중국 인들의 전통 복장를 선물로 가져오게 됐다.

서양에서 파란색은 신들의 상징으로, 제우스나 북유럽의 주신 오딘은 모두 파란 옷을 입고 있다. 또한 파란색은 불안한 마음을 안정시키는 편안한 색으로 사람들을 일상에서 도피하게 하거나 어린 시절의 추억을 되살리게 한다. 파란색을 좋아하는 사람은 내향적이며 감수성이 예민하지만 독단적인 경향이 있어 쉽게 자신의 뜻을 굽히지 않는다. 프랑스 여인의 자기 발견을 그린 영화 〈블루〉는 프랑스 국기의 첫 번째 색이자 자유의 상징인 파란색이 중심을 이루고 있다.

아랍인들은 녹색을 사랑한다. 아랍에미리트의 아부다비 국제공항 터미널에 발을 들여놓으면 녹색 돔의 선명한 타일 모양에 넋을 잃게 된다. 이것은 사막에 없는 녹색에 대한 동경의 표현으로 추측할 수 있다. 아부다비 시가 녹화 운동에 연간 수천억 원 이상의 투자를 하는 것도 녹색에 대한 동경과 연관되어 있을 것이다. 하지만 더 엄격히 말하자면 이는 이들의 종교인 이슬람과 무관하지 않다. 이슬람 세계에서는 성스러운 색깔로 녹색을 사용한다. 성지순례 철에는 녹색의 깃발을 나부끼면서 자동차를 타고 메카로 향하는 무리를 자주 볼 수 있다. 하지만 이런 녹색이 홍콩에 오게 되면 의미가 달라진다. 이들은 비취색의 녹색이면 장수나 길조를 의미하나 '녹색 모자'라는 단어로 합성되면, 아내가 바람난 남편을 가리키는 말로 둔갑한다.

이란 문화권에서는 노란색 꽃이 상대방에 대한 혐오를 나타낸다. 좀 더 확대하면 상대방이 죽기까지 바란다는 의미도 내포하고 있다. 남미의 페루인도 노란색 꽃을 부정적으로 생각하기 때문에 다른 사람에게 선물하지 않는다. 멕시코인들도 노란색 꽃은 죽음과 관련된 의미로 받아들여 장례식이나 추도식에 빠지지 않는다. 예전의 프랑스인들은 반역자의 집 문에 노란 페인트로 줄을 그었다. 유대인들은 성경에 나오는 유다를 노란색으로 그렸다. 독일 나치는 유대인들에게 노란 별표를 달게 했다. 스페인의 사형 집행인의 옷 색깔 역시 노란색이었다.

한국과 일본 그리고 중국을 비롯한 대부분의 아시아 국가에서 흰색은 죽음을 상징한다. 서구 문명이 급물살을 타고 들어오면서 검은색으로 죽음의 색이 대체되는 경향이 있으나 여전히 흰색은 죽음의 의미를 잃지 않고 있다. 인도인들은 결혼식에서 흰색 옷을 입지 않는다. 흰색 옷을 입으면 결혼한 신혼부부에게 액운이 닥친다고 믿기 때문이다. 중국에서는 장례식 전야에 고인의 가족들이 조문객들에게 단것을 사 먹으라며 흰 봉투에 동전을 넣어준다. 고인의 명복을 빌어준 데 대한 감사의 뜻과 더불어 행운을 비는 마음을 전하는 것이다.

이렇듯 천양지차인 색의 기호 속에서 어느 색을 어느 시기에 사용할 것인가는 그 문화와 어울릴 수 있는 하나의 지식이다. 빨주노초파남보의 색깔 선택과 더불어 간과하지 말아야 할 것은 색의 기호 역시 변한다는 것이다. 문화가 흐르듯이 색 역시 세월과 더불어 금기가 기호가 되기도 한다. 19세기 캘리포니아의 스페인 신부들은 검은색 웨딩드레스를 입고 결혼 서약을 했었다. 1990년대 들어 검은색은 몇몇 대담한 신부들이 선택하는 패션이 됐다. 핼러윈 데이에 거행된 어느 결혼식에는 모든 하객들이 검은색을 입어야 했다. 백의민족의 나라 한국에서 2002년 월드컵을 맞아 붉은색이 온 나라에 넘실거릴 줄 어찌 가늠이나 했겠는가. 색을 잘 쓰는 사람은 색의 선택도 중요하지만 색의 변화에도 민감해야 한다. 오늘은 무슨 색으로?

16 | 웃어도 죄가 되는 문화

웃음

만일 당신이 애매모호한 제스처로 당황스러운 상황에 직면한다면 '최후의 제스처'로 위기를 모면하라!

첫째, '최후의 제스처'는 어디에서나 통용된다.

둘째, '최후의 제스처'를 이해하지 못하는 국가는 거의 없다. 원시 부족조차 이것을 사용하고 이해한다.

셋째, 과학자들은 '최후의 제스처'가 행복감을 일으키는 화학적 작용을 한다고 주장한다.

넷째, 당신이 세계 일주를 한다면 '최후의 제스처'가 어려운 상황을 모면하게 도와줄 것이다.

웃음을 사랑하는 이 세상의 어느 낙천주의자가 위와 같은 원칙을 퍼뜨려 '웃음'이라는 언어의 세계화에 일조했다는 것은 인정한다. 하지만 문화적으로 웃음이라고 해서 나라마다 다 같은 의미가 아니라고 토를 달고 싶다. 즉 웃음이라고 다 호의적으로 해석되는 것이 아니라는 말이다. 한곳에서는 관계 형성의 촉매가 될 수 있지만 다른 곳에서는 관계 파괴의 독소가 될 수도 있다.

　미국의 한 사진관에 일본인으로 보이는 회사원이 증명사진을 찍으러 들어왔다. 사진사가 모든 장비 확인을 마친 후에 "준비되셨지요? 웃으세요!"라고 말하자 의자에 앉아 있는 일본인의 얼굴이 굳어져버린다. '왜 증명사진을 웃으면서 찍으라고 그러지?'

　인도 사람들을 만날 때 눈웃음을 치면서 '안녕하세요?'를 해보라. 이 세상에서 가장 안됐다는 표정을 지으며 위로의 말을 하리라.

　독일에서의 첫 크리스마스. 음악의 고장 본Bonn 시의 한 성당에서 열리는 헨델Georg Händel의 〈메시아〉 공연에 참석했다. 마지막 곡인 〈할렐루야〉가 끝나자 한두 사람씩 일어나 기립 박수를 치기 시작했다. 그런데 이들의 표정은 전혀 감동적이지 않았다. 그들은 이 세상에서 가장 심각한 표정을 지으면서 건조한 박수를 치고 있었다. '할렐루야!'

　아프리카 부시족의 웃음은 더위를 먹는다. 이들의 웃음은 길지 않고 소리도 크지 않다. 피식피식(남자), 혹은 키득키득(여자). 40도를 웃도는 더위에 이빨을 드러내고 웃고 다니는 이가 있다면 그는 필경 귀신에 씌었거나 그 지방을 처음 방문한 외국 방문객일 것이다.

　에스키모들의 웃음은 추위를 탄다. 이들의 웃음 역시 호탕하지도 않고 길지도 않다. 추운 날씨에 입가가 찢어지거나 웃다가 입이 얼어붙게 할 이유가 하나도 없다. 핀란드, 노르웨이 등 북유럽인들 역시 웃음의 사이즈나 볼륨은 다르나 표정은 역시 심상치 않다.

　동양적인 관점에서 웃음의 의미는 긍정적이기보다 부정적이다. 다시 말해 웃음이 많으면 곧 표정이 다양한 것으로 인식되고, 나아가 표정이

다양한 것은 '진실함'의 결핍으로 비친다. 따라서 웃음을 비롯해 되도록 입을 덜 벌리고 얼굴 표정을 자제하는 것이 대인 관계의 안전장치가 되어 버렸다. 아직까지 웃음이 많은 사람을 보면 '실없다', '속없다' 또는 '가볍다'라는 편견의 꼬리표를 붙여버리곤 한다. 전통적인 일본 교육에서 증명사진의 의미는 '본래의 얼굴'이어야만 한다. 즉 웃지 않는 엄숙한 얼굴이 진짜라는 말이다. 그렇다면 웃는 얼굴은 천연이 아닌 가공의 얼굴이란 말인가? 그렇다는 것이 지배적이다. 그나마 미국인에 비해서는 순진하다고 평가받는 캐나다인조차 증명사진을 찍을 때 웃으면 안 된다는 법적 조항이 붙는다. 혹 잘못 찍으면 사진을 찍은 사진관이 책임을 지도록 되어 있다.

한국도 예외는 아니다. 웃음도 출신과 성분을 가렸다. 민속 탈춤에서 표현되는 각양각색의 표정들에는 격식과 규율에 얽매여 웃음 한번 표정 한번 마음 편히 짓지 못하는 양반들에 대한 서민들의 조롱이 담겨 있다. 몇 년 전 영화 〈왕의 남자〉에서 광해군의 연기가 돋보였던 것은 그의 역할을 한 중견 배우의 '웃음소리' 때문이었다. 일상에서는 듣기 힘든 아주 간사한 웃음을 연기하며 광해군의 예측 불가능하고 잔인한 인간성을 표현했다. 조선 시대 이후 본분과 체면의 한국 유교는 자연스런 표정과 표현조차 함부로 노출해서는 안 되는 구속과 절제의 문화를 양산했다. 그러한 무표정의 문화가 일제의 통치와 전쟁, 사회 정치적인 격변의 시기를 거치면서 그대로 굳어져 그 옛날 자유롭던 우리 서민들의 표정조차 항상 엄숙하고 딱딱하고 때론 살벌하게 변했다.

외국에서 살다 귀국한 중년의 회사원이 같은 아파트 이웃에게 웃으면서

"안녕하세요?"를 했다가 바보 취급을 당했다는 해프닝은 여전히 우리들 바로 옆집 이야기다. 한국인들의 이런 무표정을 외국에서는 스틸 타입Steel Type 또는 뉴트럴 타입Neutral Type이라 부르며, 속내를 알 수 없는 사람들이라고도 한다.

반면 서양 사람들과 대화를 하다 보면 한국인들에 비해 상대적으로 감정 표현이 풍부하고 자연스럽다는 것을 느낀다. 하지만 그러한 자유로운 표정에 대한 우리들의 신뢰 역시 전무하다. 표정이 많으니 믿음이 안 가는 것이다.

2000년 초 미국 유학 시절 마지막 수업 시간이었다. 담당 교수가 자신이 경험한 일화를 소개하면서 갑자기 할머니 생각이 난다며 펑펑 울어 학생들을 당황하게 만들었다. 수업 시간에 선생이 제자들 앞에서 우는 나라가 또 어디 있을까? 한 그룹 활동 시간에는 유년 시절 인종 문제로 난처함에 처했던 한 흑인 여학생이 감정에 북받쳐 울자 다른 그룹 학생들도 따라 울기 시작했다. 캐나다 노스밴쿠버 시의 자문 회의 도중 정년 퇴임한 노교수가 자기 의견이 무시됐다고 화를 내며 중간에 퇴장해버려 동석한 의원들을 무안하게 만들었다. 그러고는 2분 뒤 다시 웃으며 들어와 사과를 하고 언제 그랬냐는 듯이 자리에 앉았다. 표정만으로는 정말 판단이 불가능한 족속들이었다.

감정과 표정의 상관관계에 대한 세계적인 권위자인 미국 심리학자 폴 에크먼Paul Ekman 교수의 연구 결과를 보면, 눈으로 확인할 수 있는 얼굴 형상이 1만 가지가 넘고 그중 의미 있는 것처럼 보이는 표정만 골라낸다면 약 3천 가지 정도가 된다고 한다.

같은 백인이지만 독일인들은 표정에 변화가 없는 사람들로 통한다. 최첨단의 '하이테크'보다는 '미디엄테크(가전제품이나 자동차 같은 실용품을 중심으로 한번 구입하면 영구히 쓸 정도로 견고함을 추구하는 경향)'를 추구하며 원칙대로 사는 독일 사람들에게 감정의 높낮이를 표현하는 융통성이나 유연함이 자리 잡을 틈이 없다. 그들이 사용하는 언어 표현들도 반드시 준 만큼 받고 받은 만큼 주어야 할 정도로 건조하다(정확하다고 봐야 할까?). '감사합니다'를 '괜찮습니다'로, '대단히 감사합니다'를 '대단히 괜찮습니다'로 응대한다. 이때 감사하는 독일인들의 얼굴 표정은 전혀 감사한 표정이 아니다. 만약 실례를 범하고 언어적인 표현으로 화답하지 않으면 바로 대중의 눈총을 받게 된다. 이들에게는 감사도 계약이고 표정도 계약이다. 정말 살벌한 족속들이다.

라틴아메리카인들은 한결같이 표정에 살고 표정에 죽는 족속들이다. 그들과는 언제 어디서건 금방 친구도 형제도 아니 적도 될 수 있다. 진실인지 표면적인지 분간하기 어려울 정도로 그들의 표정은 변화무쌍하다. 이들은 대수롭지도 않은 농담에 배를 잡고 웃기도 하며 대수롭지도 않은 일에 언성을 높이기도 한다. '울고불고하고, 붙고 풀고, 떠들고 그리고 아주 가끔 다물고'가 일련의 대화 중에 시리즈로 나타난다. 분간하기 힘든 높낮이와 정신 없이 빠른 언어 속도가 한층 그들의 표정을 상승시킨다. '띠라따따 따 따 따따~' 유럽에서 사귀었던 그리스의 알렉산더라는 친구는 '다혈질'의 수준을 넘어 감당하기 힘들 정도로 자신의 감정 표현에 충실했다. 극단적으로 술에 취하면 자해까지 시도하는 그리스인들도 있다. 이탈리아의 안토니오라는 친구는 다른 친구들과 식사를 하는 도중 브라질에서 온 여자 동료가 맘에 안 드는 말을 했다면서 뺨을 때릴 정도로 감정의 폭이 천당과 지옥을 넘나들었다. 정말 뭐가 진정이고 뭐가 가식인지조차 파악이 안 되는 족속들이었다.

21세기가 분명 '표정의 세상'이라는 데 이의를 달 수는 없다. 세상 어느 곳에 가도 최후의 제스처가 통하지 않는 곳은 없는 듯하다. 영화 〈덤 앤 더머〉의 짐 캐리 Jim Carrey와 같은 거침없는 웃음이 세상을 살아가는 데 도움이 된다면 굳이 안 웃을 이유는 없다. 그렇다고 오래전부터 웃음을 아끼고 살아온 사람들에게 이 세상의 시민이 되기 위해서는 비벌리힐스에서 만난 고상한 미국 할머니처럼 입가를 위로 올리고, 목을 세우며, 천연 덕스럽고 태연하게 웃으라고 강요하는 것은 결코 진정한 국제화가 아니다. 현지화 없는 국제화가 의미 없듯이 지역 사람들의 웃음 하나, 표정 하나라도 그대로 봐주고, 타 문화권의 표정에 기죽지 않고 살도록 권장하는 것이 인류를 보존하는 작은 첫걸음이다. 표정도 문화이기 때문이다. 이 세상 모든 사람들이 다 똑같은 표정을 짓고 있다면, 그것도 만나는 사람들마다 모두 하얀 치아를 드러내고 비실비실 웃고 있다면, 그건 살맛 나는 세상이 아니라 의미 없는 지옥일 것이다. 일본 영화 〈철도원〉을 보면서 국적을 불문한 관객들이 감동을 받은 이유가, 이야기의 구성도 구성이지만 철도원인 주인공 오토마쓰의 시종 변함없는 일본식 무표정에 있었다면 지나친 억측일까? 그리고 그 무뚝뚝한 무표정이 변화무쌍한 환경을 이긴다면? 그러니 웃음을 억지로 만들려고 노력할 필요는 없다. 아침 TV 특강에 나오는 아름다운 미녀 강사의 미소 만들기 속전속결 1, 2, 3단계를 넋 놓고 따라 할 필요도 없다. 태초부터 가지고 나온 가장 자연스런 웃음이 가장 민족적이고 문화적인 것이다. 그저 웃기면 웃는 것이다. 나이 들어 주름살이 늘고 치아가 빠져도 그 모습 그대로 우러나오는 모습이 한국적인 웃음이다. 그리고 가장 한국적인 웃음을 사랑하고 권장하는 것이 가장 세계적인 것이다.

17 | 냄새 냄새로 통_通하다

필리핀 엄마인 로즈는 아기를 두고 일터에 나갈 때 자신이 방금 벗은 옷 가지 하나를 아기가 자고 있는 요람 속에 남겨놓는다. 로즈가 조상 대대로 배운 이런 방법을 자신의 아기에게 적용하는 것은 아이가 깨어났을 때 엄마의 체취를 맡게 함으로써 안심을 시키려는 의도이다. 실제로 아기가 깨어났을 때 단 한 번의 울음도 터뜨리지 않는다. 다른 한 필리핀 여성은 고향에 내려가면 그녀의 할머니가 맨 처음 하는 일이 자신의 몸에 코를 대고 냄새를 맡는 것이었다고 말한다. 처음에는 불쾌했지만 할머니의 의도를 알고 난 후로는 이해할 수 있었다고 한다. 그 할머니는 손녀의 건강과 위생 상태를 냄새로 확인했다. 필리핀의 젊은 남녀는 사랑의 표시로 자신의 옷 가지 중의 일부를 교환하기도 한다.

브라질의 보로로Bororo족과 세네갈의 뉴트Ndut족은 자신들의 정체성을 냄새로 구분한다. 보로로족은 몸의 체취는 그 사람의 생활력과 입 냄새는 영혼과 관련되어 있다고 믿는다. 뉴트족의 관점에서 각 개인은 다른 두 개의 냄새—물리적인 냄새와 영혼의 냄새에 의해 살아 있게 된다고 믿는다.

물리적인 냄새는 몸과 입 냄새를 말하며, 영혼의 냄새는 개인이 죽을 때 다음 후손에게 전달되어 환생하기 위해서라고 주장한다. 뉴트족은 태어난 아이의 냄새와 죽은 자의 냄새를 인식해 그 아이가 누구의 환생인지를 분별한다.

인도에서는 반가운 사람을 만나면 서구식으로 포옹을 하고 키스를 하거나 손을 잡는 대신 상대방 머리에 입을 대고 냄새를 맡는다. 고대 인도의 문헌에서는 이런 행위를 가장 위대한 사랑의 표현이라고 말하고 있다. 발리, 미얀마, 사모아, 몽고 사람들은 인사를 할 때 상대방의 체취를 깊이 들이마신다. 아랍 문화권에서도 비슷한 관습을 가지고 있는데 이들은 말할 때 상대방의 체취를 맡는 것이 우정과 안녕을 의미한다. 하지만 입 냄새를 잘못 풍기면 상대방을 거절하는 것으로 간주된다.

킁킁대며 냄새를 맡는 것이 단순히 생물학적인 반응만은 아니다. 때에 따라서는 다분히 사회 문화적인 행동으로까지 발전하는 것이 '냄새 맡기'다. 그럼에도 불구하고 냄새 맡기는 언어 중심의 표현 문화가 발달한 서구에서 가장 별 볼 일 없는 의사소통의 한 수단으로 평가 절하가 되어왔다. 18, 19세기 서구의 철학자나 지식인들은 보는 것과 듣는 것이 모든 감각 중 최우선이라고 주장했다. 일차원적이고 원시적인 감각인 냄새로 상대방을 판단하고 평가한다는 것은 논리와 이성에 반하는 것으로 치부됐던 것이다.

냄새에 대한 이들의 관점은 언어에 직접적으로 반영된다. 코를 뜻하는 'nose'의 속어적인 표현은 전부 경멸의 의미를 내포한다. 눈에 드러날 정도로 큰 코는 추함의 대명사이기도 하다(동양 철학의 관점에서는 남자의 성기를 뜻하기도 한다). 반면 다른 감각들에 대해서는 긍정적이거나 칭찬하는 표현이 많다. 시각과 관련해서는 'visionary(예지력 있는)', 'keen-eyed(혜안의)', 청각과 관련해서는 'having a good ear(잘 듣는)' 등이 있고, 손동작 혹은 촉각과 관련해서는 'dexterity(손재주)', 'a near touch(구사일생)', 미각과 관련해서는 'good taste(미각)' 하지만 후각(smell)의 능력에 대해서는 이렇다 할 표현이 없다. 그나마 하나 있는 'nosy'란 단어는 '코가 큰', '냄새가 고약한', '참견을 잘하는' 등의 부정적인 의미로 사용된다.

자연 향에 대해 가장 말이 많은 이들이 서구 사람들이다. 이들은 몸에서 나는 냄새를 가장 불쾌하게 생각한다. 이들은 타인에게 자신의 몸에서 나는 체취나 실내의 냄새가 다른 사람에 전달되는 것을 혐오해 냄새를 희석시키기 위한 방취제나 방향제 그리고 향수를 사용한다. 미국의 한 학회에 참가하기 위해 미국인 친구와 같이 여행을 했던 적이 있다. 그 친구는 나의 코에 해가 되지 않기 위해 주야로 겨드랑이에 데오도란트deodorant라는 방취제를 사용했다. 한번은 이란 부부가 미국 비행기를 탔다가 쫓겨난 적도 있었다. 냄새가 많이 난다는 단순한 이유에서였다.

미국인들보다 방취제나 향수의 사용에 있어 한술 더 뜨는 민족이 있다. 자신들의 몸 냄새를 향수로 대체하는 유럽 사람들의 향수 취향은 지독하고도 집요하다. 상대방의 몸에서 나는 자연 체취에 대해서는 인색한 이들이 동식물을 죽여 만든 인공 향수에 대해서는 지극히 관대하다. 예를 들어 크리스티앙 디오르의 프와종Poison이란 향수는 향에 익숙하지 않은 사람들이 맡으면 머리가 아플 정도로 독하다. 향수는 원래 고대 이집트의 제사 의식에서 사용됐던 식물성 향료가 지역의 경계선을 넘고, 세대와 세대를 거치면서 본래의 뜻에서 이탈해 중세에는 신분과 계급을 구분 짓는 데 사용 되기도 했다. 그리고 오늘날에 이르러서 개인의 개성을 대변하는 화장품 으로까지 승격됐다. 아무튼 몸 냄새를 싫어하는 서구인들에게 향수는 이 제 기호품이 아닌 필수품이 되어버렸다.

하지만 지독히 인체 냄새 혐오증에 사로잡힌 서구 외의 다른 나라에서는 도리어 냄새가 일상의 한 부분으로 자리매김했다. 극히 자연스러운 냄새 에 대해 둘째가라 하면 서러운 민족이 인도와 태국 사이 인도양에 위치한 안다만Andaman 섬의 옹게Onge족이다. 옹게족은 모든 것을 냄새로 구분한다. 그들의 달력은 매월 만발하는 꽃의 향에 기초해서 만들어진다. 각 계절 역 시 특별한 힘을 지닌 천연 향에 따라 이름이 붙여진다. 각 개인의 정체성 역시 냄새로 구분 짓는데, 이들은 자기 자신을 밝힐 때 말보다는 자신들의 코끝에 손을 살짝 댄다. 자신과 자신의 냄새를 의미하는 손짓인 것이다. 서 로 인사할 때도 이들은 "안녕하세요?"보다는 "코는 잘 있나요?"라고 말한 다. 현지어로는 "코뉴네 오노랑게-탕카Konyne onorange-tanka"이다. 이러한 인 사에도 에티켓이 필요하다. 상대방이 너무 많은 냄새를 풍기면 자신은 상 대방의 냄새를 깊게 들이마셔 상대방의 냄새를 줄여주고, 반대로 상대방 의 냄새가 부족하면 자신의 냄새를 상대방에게 불어넣어주는 것이다. 냄 새로 공동체 의식을 불어넣어준다. 상상할 수 있는가?

이처럼 냄새를 자신들의 중요한 가치 중 하나로 인식하고 있는 부족들에 게도 냄새가 섞이는 것에 대한 엄격한 규율이 있다. 아마존의 데사나Desana 족은 전부 비슷한 냄새를 공유한다. 결혼은 다른 냄새를 가진 부족과 가능 하다. 선물을 교환할 때에도 한쪽에서 고기를 주면 다른 쪽은 생선을 주며

'냄새'를 교환한다. 어떤 의식에서는 다른 냄새가 나는 개미를 교환하기도 한다.

말레이 반도의 바텍 네그리토Batek Negrito 부족도 비슷한 금기를 가지고 있다. 이들은 같은 냄새를 가진 친척들끼리 성행위는 물론이고 오랜 시간 같이 앉는 것조차 금기시한다. 이들은 같이 앉게 되면 냄새가 섞이고 질병을 유발한다고 믿는다. 말레이 반도의 테미아르Temiar 부족은 냄새가 섞이는 것에 대해 극도로 예민하다. 이들은 자신들의 '영혼의 냄새'가 등 뒤에 붙어 있다고 믿어 혹 다른 사람이 자신의 뒤쪽에 접근하면 영혼의 냄새가 교란되어 병을 유발한다고 믿는다. 따라서 질병을 예방하는 차원에서 타인이 접근하면 "냄새여! 냄새여!"라고 외친다.

서아프리카 말리Mali의 도곤Dogon 부족은 공기를 통해 전달된다는 점에서 냄새와 소리가 밀접한 관련이 있다고 믿는다. 이들은 듣는 것을 냄새 맡는 것으로 말한다. 말하는 것은 냄새를 풍기는 것과 같다고 한다. 말을 잘하면 냄새가 좋다고 하고 말을 못하면 냄새가 고약하다고 표현한다. 예를 들어 어린아이가 말할 때 문법과 발음이 올바르지 못하면 귀를 뚫어 교정한다. 서구의 의학적인 관점에서 이러한 토속 의식은 어떻게 평가될까?

지금은 냄새로 사람을 고치고, 냄새로 의사소통을 하는 시대이지 않은가? 예전에는 외국에 나갈 때 된장 냄새, 마늘 냄새, 그리고 김치 냄새 등 한국의 토속적인 냄새들을 없애라는 충고를 자주 들었다. 이제는 서구 사람들이 양약에 마늘을 사용하고, 음식에 된장을 가미하며, 김치를 맛보기 위해 한국 음식점을 찾는다. 예전처럼 외국 사람을 집에 초대할 때 그러한 냄새를 막기 위해 이곳저곳에 커피 가루를 뿌려놓고, 된장 대신 일본식 미소시루로 대접하란 말은 이미 설득력을 잃었다. 서구인들이 상업적으로, 자문화 중심적으로 만들어놓은 냄새의 비하 성향에 종속될 필요는 없다. 문화는 주체적인 것이다. 문화가 죄가 없듯이 냄새 역시 죄가 없다. 단, 냄새를 맡는 사람들의 판단만이 유죄일 뿐이다. 냄새는 문화적 정체성을 상징하는 하나의 요소가 될 수 있다. 때문에 가장 한국적인 냄새를 보존해야 한다. 마찬가지로 타 문화권의 토속 냄새를 존중해줄 때 세상은 각각 고유하며 어울려 살 가치가 있게 된다. 물론 모든 냄새가 섞인다면 그 냄새는 향기보다는 악취일 가능성이 높다는 것을 부정하진 않겠다. 한국의 된장찌개 냄새, 스위스의 치즈 냄새와 중국의 샹차이香菜 냄새 그리고 인도의 카레 냄새와 독일의 사우어크라우트절인 양배추 냄새가 한데 섞인 테이블에서, 식사를 즐기는 것이 유쾌하지만은 않을 것이다. 하지만 어디를 가나 미국식 햄버거 냄새가 나고, 어디를 가나 일본식 미소시루 냄새가 나고, 어디를 가나 영국식 생선 튀김 냄새가 난다면, 우리의 김치 코는 더 이상 코일 수 있는 가치가 없지 않을까? 냄새의 다양성을 인정할 때 우리의 코도 세계화된다.

18 | 공간 언어

공간이 말을 한다. 인간은 누구나 좋으면 가까이 가고, 싫으면 거리를 둔다. 기쁘면 뛰고, 슬프면 움츠린다. '썰렁' 하면 기분이 으스스해지고, '횡' 하면 마음이 울적해진다. 인간의 감정 소통은 단어의 배열로만 가능한 것이 아니다. 희로애락은 무언의 공간 연출로도 표출될 수 있다. 하지만 대부분의 사람들은 공간에 대한 개념이 없다. 왜냐하면 이미 무의식적으로 혹은 본능적으로 적정한 거리를 둘 줄 알기 때문이다. 하다못해 짐승들도 상대가 적군이냐 아군이냐에 따라 거리를 두기도 하고 가까워지기도 할 정도이니 말이다. 따라서 인간끼리의 소통에서 공간에 대한 개념, 특히 개인 간에 언제, 얼마나 떨어지고 가까워야 하는지를 아는 것은 대단히 자연적인 학습의 일환이다. 어려서부터 경험과 교육 및 강화의 프로세스를 통해 사람과의 공간이나 거리를 유지할 때 어떤 것이 옳고 그른지, 얼마나 떨어져야 안전하고 위험한지 체득한다. 국적을 떠나 모든 사람들은 공간에 대해 배우는 방식이 같다. 문제는, 한국에서는 편안한 대인 거리가 아랍에서는 불편한 거리가 되고, 아랍에서는 친근한 대인 거리가 미국에서는 공격적으로 비친다는 것이다. 문화마다 공간에 대한 인식이 다르기 때문이다.

　미국 보스턴대학교의 교환 교수인 하야시 교수는 플로리다의 학회에 참석할 예정이었다. 미국인 교수들은 모두 비행기 편을 이용하는데 그만 유독 기차를 이용하겠다고 했다. 이동하면서 미국의 곳곳을 보고 싶다는 이유에서였다. 하야시 교수의 친구인 브라이언 교수는 기차는 매우 붐비고 좁으니 가능하면 비행기를 이용하라고 충고했다. 하지만 브라이언 교수는 나중에 하야시 교수가 즐긴 기차 여행에 대한 이야기를 듣고는 놀랐다. "브라이언, 내가 탄 기차는 매우 호적하고 공간도 넓더군요."

　섬나라에 사는 일본인들과 광활한 대륙에 사는 미국인들의 공간 개념은 차이가 많다. 말을 타고 자신의 땅을 '찜'했던 미국인들에 비해 일본인의 공간 개념은 넓지 않다. 일본인들은 아담한 크기의 화장실에 들어가야 안락한 밀폐감을 느끼는 반면 미국처럼 안방만 한 화장실에 들어가면 도리어 불안해한다. 사면이 바다로 둘러싸인 섬나라라는 자연환경적 폐쇄성이 일본의 정신적 공간 영역을 확대, 발전시킬 수가 없었던 것이다. 이들은 대안을 '물리적 침략'에서 찾았다. 제2차 세계 대전에서 패배한 후 더 이상 힘에 의한 공간 확장이 불가능해지자, 한정된 공간에서 최대한의 효과를 내는 것을 그들의 실용 논리로 발전시켰다. 전후 일본은 1940년 말에 미국의 쇼클리William Shockley가 개발해놓은 트랜지스터를 일상의 필수품인 소형 라디오에 응용해 1955년 처음으로 트랜지스터 라디오를 개발했고, 1965년에는 소니가 트랜지스터 TV 1호를 시판하는 개가를 올렸다. 이때 미국은, 세상이 진공관을 대신하는 트랜지스터 시대로 접어들자 이것을 우주나 군사적인 목적으로 이용하는 데 전념하고 있었다.

도쿄의 지하철은 또 어떤가? 현재 지구의 교통망 중 가장 복잡한 건, 한정된 대지에 동선을 가장 효과적으로 살린 도쿄의 지하철이다. 도쿄의 복잡한 지하철 노선에 익숙해지기까지는 많은 시간과 노력이 필요하다. 사실 도쿄 지하철의 진풍경은 아침 출근길에 등장하는 푸시맨의 활약상이다. 각 구간마다 배치된 푸시맨은 한 사람이라도 더 태우기 위해 열차 안으로 사람들을 밀어 넣는다. 이때 프라이버시를 앞세울 개인 공간은 전혀 존재하지 않는다. 누가 누구인지도 중요하지 않다. 한 배에 탔다는, 그리고 같이 간다는 '전체'가 더 중요하게 된다. 이런 비좁은 지하철 외에 일본은 집도 작고, 아파트도 작고, 길도 좁고, 책도 작다. 또한 좁은 도로에 맞추기 위해 차의 폭까지 줄였다. 이런 면에서 일본인들은 지구상에서 공간 환경에 가장 민감하고 인공적이다. 다른 말로는 가장 문화적이라고 볼 수 있다. 문화는 유전된 게 아니라 경작된 것이기 때문이다.

공간에 대한 문화적 차이는 크게 사적 공간, 대인 공간, 그리고 사회적 공간의 차이로 나눌 수 있다. 그중 첫 번째는 두 걸음 이내의 사적 공간이다. 사적 공간은 프라이버시에 대한 문화적 차이를 반영한다.

일하는 엄마 유대인 제시카는 자신의 아들 헨리를 돌볼 유모를 고용했다. 멕시코 출신의 그 유모는 낯선 제시카의 집에서 헨리만을 돌보기보다는 자신의 집으로 아이를 데려가 자신의 아이들과 어울리게 했다. 그 유모네 집에는 할머니, 할아버지를 비롯해 많은 식구들이 대가족을 이루며 살고 있었는데 그들은 제시카의 아들 헨리를 그들의 언어 스페인어로 산토라 부르며 무척 귀여워했다. 제시카는 자신의 아이를 산토라 부르는 것이 탐탁지 않았으나 좋은 의미라 생각해 묵과했다. 하지만 어느 날 자신의 아이가 유모의 어머니와 한 침대에서 자고 있는 것을 보고는 도저히 참을 수 없어 아이를 데려와버렸다. 그리고 유모와의 관계를 끊었다.

위의 사례는 '침대를 공유하느냐 아니냐'라는 사적 공간에 대한 문화적 차이를 말해주고 있다. 한국인들은 방을 같이 쓰는 것이 자연스러운 반면 미주나 유럽인들은 방을 각각 따로 쓴다. 보통 한국 가정의 안방은 문턱이 낮아 누구나 들락날락하는 반면 서구의 안방은 훔쳐보기조차 쉽지 않다. 아프리카 라이베리아Liberia에서는 편안한 개인 간의 친밀 거리가 미국에서는 상대방의 프라이버시를 침해하는 것으로 오해받을 수 있다. 아시아와 중동 그리고 라틴아메리카와 같은 집단주의 문화권에서는 가족끼리 침대를 공유하는 것을 친밀감의 척도로 간주한다(일본은 가장 귀한 손님을 안방에서 재우고, 목욕을 할 때 가장 먼저 탕에 들어가게 한다).

라틴아메리카 사람들은 친척에게 몸을 기댈 때 느끼는 편안함을 '아우구스토Augusto'라고 말한다. 아우구스토 상태가 되는 것은 긴장이 완전히 풀리는 것이다. 반면 미국과 같이 극단적인 개인주의 나라에서는 개인의 공간에 대한 프라이버시를 존중해 각자 침대를 사용한다. 어디 침대만인가? 하다못해 햄버거 가게에 가더라도 식구 수대로 대형 사이즈의 콜라를 주문하고, 가족끼리 영화관을 가도 식구 수대로 장바구니만 한 팝콘을 각각 주문한다. 미국 아이가 할머니, 할아버지와 같이 침대를 쓰는 것은 아주 이례적인 경우에 해당된다(아메리카 원주민들은 그렇지 않다). 하다못해 미국의 공용 엘리베이터에서부터 화장실 그리고 주차 공간에 이르기까지 동양과는 상대가 안 될 정도로 규모가 큰 것은 개인의 사적 공간에 대한 개인주의적 사고가 반영되어 있기 때문이다. 이런 나라에서 허락 없이 개인의 영역을 침범하면 관계를 불편하게 만들뿐더러 대단히 신경질적인 반응을 감수해야 한다. 극단적인 경우 가운데 손가락을 추켜올리는 기분 나쁜 선물까지 받게 된다. 한국인들에게 '프라이버시'라는 말은 집단의 조화에 반하는 부정적인 의미를 수반한다. 한국인들에게 여전히 가장 큰 욕이 '이기적'이라는 말 아닌가. 내부 고발자가 가장 대우 못 받는 나라가 한국이기도 하다. 이기적이기 때문이다. 윤리적인 이유는 그다음이다.

사적 공간의 범주를 넘어 두 걸음에서 네 걸음까지 확대하면 개인 간의 거리, 즉 대인 공간이 된다. 각 문화마다 안전하다고 생각하는 대인 거리는 다르다.

1990년 초 1차 걸프전에서 미국 장교와 사우디아라비아 장교 사이에서 일어난 일화다. 적의 공격에 대비한 작전 회의를 하는데 사우디아라비아 장교가 미국 장교의 얼굴에 자신의 머리를 계속 들이밀며 가까이 다가오는 것이었다. 미국 장교는 뒤로 계속 물러나다가 급기야 불쾌한 감정을 드러냈다. "도대체, 왜 머리를 들이미는 거야! 내가 뭘 잘못했소?"

위의 사례에서 주책없이 다가가는 사우디아라비아 장교에 비해 미국 장교는 개인 간의 거리를 유지하고 싶어 한다는 것을 알 수 있다. 미국에서 백주 대낮에 남성끼리 가까운 거리 안에서 속삭인다면 그건 동성애자의 표시이다. 대단히 종교적인 사우디아라비아 장교는 상대의 외면보다는 내면을 보고자, 둘 사이의 간격을 최소화해 상대방의 눈을 마주 보고 접촉하며 함께 숨쉬려 한다. 반면 미국 장교는 일정한 간격을 유지해야 편안함을 느낀다. 만약 두 장교 사이에 이런 문화적인 차이가 극복되지 않았다면 둘 중의 하나는 권총을 집어 들었을 것이다. 어떤 사람이 눈을 게슴츠레 뜨고 해독이 안 되는 표정으로 가까이 접근할 때 '좋아 좋아'라고 말할 사람은 이 세상에 없다.

개인 간 소통 시 거리 차가 가장 큰 나라는 한국, 중국, 일본 등의 동북아시아(50~80센티미터)다. 상대방의 머리가 한 팔 이내로 들어오면 이들은 불편함을 호소한다. 이어 독일 그다음이 영국 및 북유럽 순이다. 미국과 캐나다 등의 북아메리카가 그다음이고, 열정의 나라들이 그다음을 잇는다. 프랑스, 아랍, 라틴아메리카(좋게 말하면 열정이고, 나쁘게 말하면 종잡을 수 없다는 뜻이다). 이들 나라 사람들의 일반적인 대화는 50센티미터 이내에서 이루어진다. 앞사람이 졸기라도 하면 바로 머리에 찰과상을 입을 수 있는 거리다. 어두운 장소에서는 입술이 부딪칠 수도 있다.

공공장소에서 줄을 서는 것도 대인 공간의 차이를 반영한다. 줄을 잘 서는 민족과 안 서는 민족. 줄 간격을 유지하는 민족과 줄 간격이 없는 민족. 영국과 중국의 차이 정도로 말할 수 있겠다. 하지만 줄 간격을 안 지키는 것은 사실 보편적 특성이다. 빨리 안 가고 싶은 사람은 없다. 내가 살아본 유럽, 북미, 한국 모두 인내심의 차이는 다소 있으나 앞사람에게 바짝 붙기는 마찬가지였다. 단, 서자마자 바로 붙느냐, 어느 정도 인내하고 붙느냐의 차이일 뿐이다.

마지막으로 네 걸음 이상 가장 먼 거리를 유지하는 것을 사회적 공간이라고 한다. 무대 공간이라고도 한다. 선생과 학생 간의 거리라고도 할 수 있다. 눈앞의 관객을 대상으로 '생生'으로 전달하는 연극인들의 연기는 과장되어야 되레 실감이 나고, 브라운관이라는 한정된 매체를 통해 나오는 TV 스타들의 연기는 자연스러워야 보기에 부담 없는 것도 공간의 차이 때문이다. 넓은 장소에서 크게 말하는 웅변과 둘이서 속삭이는 밀담의 차이도 마찬가지 이유에서이다. 사적 공간에서는 가까이 갈수록 친밀감이 생기나 사회적 공간은 멀어질수록 편안해진다. 참 아이러니하다.

이처럼 공간에 대한 다양한 문화적인 해석을 하게 되면, 인간이 단순히 공간에 의해 영향을 받는 수동적 차원을 넘어 도리어 공간의 조작—달리 말하면 문화의 개입—을 통해 의사소통을 진작하고, 나아가 비즈니스 차원에서 효율성을 제고할 수 있게 된다. 조직에서 위계가 중요하면 피라미드식으로 자리 배치를 하고, 평등이 중요하면 각각 자리 배치를 할 수 있다. 집단의 팀워크가 중요하면 가까이 자리 배치를 하고, 개인 역량이 중요하면 심지어 캡슐까지 만들어 외부로부터 완전히 차단할 수도 있다. 창의적인 사고가 중요하면 창의적인 레이아웃을 할 것이고, 전투적인 분위기가 필요하면 또 그에 맞는 공간 창출을 할 것이다. 사장실을 따로 만들 수도 있고 임원실의 벽을 허물 수도 있다. 공간 배치가 업무 효율에 얼마나 중요한지는 굳이 설명할 필요가 없다. 업무의 성격과 시장의 환경에 맞춰 그때그때 공간 연출을 하는 것이 유연한 기업 문화를 만들어가는 방법일 것이다. 그러니 기업체 사무실의 레이아웃은 그 조직 문화의 단면이다.

공간을 언어화하는 것은 건축학자들만의 영역이 아니다. 매일매일 삶 속에서 가장 효과적으로 소통하기를 원하는 사람들, 주어진 공간을 최대한 활용해서 생산성을 향상하고자 하는 기업들, 국경 없는 21세기에 많은 국가를 동시에 뛰어다니면서 활동하는 글로벌 비즈니스맨들에게 공간에 대한 예민함은 또 하나의 새로운 역량이 될 수 있을 것이다.

BEYOND

문화 뛰어넘기

문화에 대한 인식을 갖고 소통하기 시작했다면
이제는 문화 간의 차이를 뛰어넘어야 한다.
이 세상 어디에서도 문화 충격을 최소화할 수 있는 수준이
되어야 세계인이라 말할 수 있다.
문화를 뛰어넘기 위한 전제는 수용과 적응이다.

CULTURE

태국의 한 공장에서 벌어진 일이다. 현지 공장의 시설 관리자로 파견된
한국의 김 씨와 장 씨는 어느 날 공장 앞마당에 공장 설립 시 기념식수로 심
은 나무가 쓰러져 있는 것을 발견했다. 무엇인가에 받친 흔적이 확실히 남
아 있어 간밤의 야간 당직자들을 불러 추궁을 했으나 모두들 모른다고 발뺌
을 해 그냥 돌려보냈다. 조금 뒤 그중 한 현지인이 찾아와 자신이 봤다고 자
초지종을 알렸다. 지게차 운전기사가 후진을 하다가 실수로 나무를 부러뜨
렸다는 것이다. 재발을 방지하는 차원에서 그 기사를 불러 진위를 묻자 본
인이 한 일을 부인했다. 벌을 주기 위한 것이 아니라고 완곡히 말해도 그 기
사는 말문을 열지 않았다. 어쩔 수 없이 경비원과 대질을 시켰지만 그 경비
원은 태도를 360도 바꿔 자신은 그런 말을 한 적이 없다고 시치미를 뗀다.

인도네시아로 파견된 네덜란드의 한 선교사는 자기 교구의 인도네시아
인들이 성경 구절을 자신들의 문화적인 관점으로 재해석한 것을 발견했다.

한 사람이 두 아들이 있는데 맏아들에게 가서 이르되 얘 오늘 포도원에 가서

일하라 하니 대답하여 가로되 아버지여 가겠소이다 하더니 가지 아니하고 둘째 아들에게 가서 또 이같이 말하니 대답하여 가로되 싫소이다 하더니 그 후에 뉘우치고 갔으니 그 둘 중에 누가 아비의 뜻대로 하였느뇨?

—마태복음 21:28~31

성경의 관점에서 착한 아들은 둘째 아들이나 조화를 중시하는 인도네이시아인들의 관점에서는 맏아들이었다. 그들은 '갔냐, 안 갔냐'의 결과보다는 당장 앞에서 순종하는 태도에 가치를 두었다.

미국의 어느 사설 연수원에서 화재가 발생, 장애 아동 한 명이 목욕탕에서 빠져나오지 못해 죽는 사고가 발생했다. 같은 건물에서 잠을 자고 있던 그 아이의 아버지는 간신히 빠져나와 목숨을 건졌으나 그의 아이는 걷지 못해 죽은 것이다. 화재가 진압된 후 사후 조사에서 그 아이의 아버지는 사고를 방임해 자식을 죽였다는 혐의로 구속이 됐다. 영어에 익숙하지 못한 그는 사고 직후 흔히 한국 부모가 자식을 잃었을 때 말할 수 있는 "내가 그 아이를 죽였다"라고 고백했다. 미국이 한국과 같이 인정이나 정황을 감안하기보다는 내뱉은 말 그 자체를 사실로 인정하는 사회이기 때문에 그 아버지가 한 말은 자신의 죄를 사실 그대로 인정하는 것으로 간주되어 자식을 잃고 복역하는 비극으로까지 이어졌다.

'미안해', '죄송합니다'에 익숙한 동양인들이 서양에서 운전할 때 잊지 말아야 할 원칙이 하나 있다. 한국인의 정서에는 어울리지 않지만 '절대로 잘못했다고 인정하지 마라'이다. 상대방이 운전자이든 경찰이든 본인이 말로 시인하게 되면 모든 책임을 물게 되기 때문이다. 캐나다로 이민 온 한국인 김철수 씨는 얼마 지나지 않아 차량 사고를 당했다. 사거리에서 교통신호를 받아 서 있는데 뒤차가 뜬금없이 받은 것이다. 목이 뻐근하기는 했으나 별다른 상처는 없었다. 범퍼가 손상되어 사고 처리를 위해 ICBC라는 사고 처리 기관을 찾았다. 담당자는 사고 경위를 확인한 후 다친 데가 없냐고 물었다. 김철수 씨는 목이 조금 불편하기는 했으나 괜찮을 것 같다고 말했다. 그 직원은 정 불안하면 인근의 의사를 찾아가보라고 권유했다. 김철수 씨는 인근의 병원에서 진단을 받고 물리 치료를 시작했고, 당연히 치료비는 ICBC에서 지불할 줄 알았다. 자신의 돈으로 먼저 치료비를 지불하고 나중에 영수증을 모아 ICBC에 청구했으나 거절당했다. 이유는 간단했다. 사고 처리 당시 김철수 자신이 괜찮다고 말했기 때문이었다. 말을 바꾸는 것은 인정이 되지 않았다.

언행이 다른 경우를 속어로 '호박씨 깐다'라고 한다. 서양 사람들의 관점에서 동양 사람들은 대단한 호박씨들이다. 앞에서는 웃는데 뒤로 가서는 울고, 앞에서는 말하지 않고 뒤로 가서 말하기 때문이다. 좋아해도 좋아한다고 말하지 않고 싫어해도 싫다는 표정을 짓지 않는다. 모든 것은 상대적이라 같은 동양인이라도 한국 사람은 일본 사람에게 호박씨의 대가라는 꼬리표를 붙인다. 집단주의와 조화 그리고 체면 중시의 맥락에서 설명되는 호박씨 성향은 단순히 한 개인의 인간성으로 국한할 것이 아니라 문화의 한 단면으로 보아야 한다. 위의 사례에서 아시아의 호박씨 문화와 대놓고 드러내는 미국과 캐나다 그리고 독일의 '되바라진 문화'는 확연히 대조가 된다. 개인주의와 개성 그리고 실리 중시의 맥락에서 설명되는 이들 나라에서는 사실을 있는 그대로 털어놓고 표현할 때 대접을 받는다. 반면 아시아에서—가장 덜 아시아적인 싱가포르는 제외하자—서구식 되바라진 문화는 당돌하고 건방지고 뻔뻔한 것으로 치부된다. 말하는 상대방이 누 군지, 어떤 환경인지에 대한 분별 없이 자신의 입장만을 내세우는 것은 전 체의 조화에 반하는 것이기 때문에 사회적으로 지탄받게 된다. 결과가 어 떠하든지 당시 상황에 충실하면 인정받고 사랑받게 된다. 서구의 관점에 서 이런 호박씨 문화를 '상황주의'라고 한다. 상황주의는 상황에 따라 태 도를 달리한다는 것이고 이런 태도에 그들은 불신임의 딱지를 붙인다. 하 지만 반대의 입장에서 상황주의는 아주 합리적이며 유연하고 현실적인 태도 이다.

반포대교 밑에 군사적인 목적으로 잠수교가 세워졌다. 바로 밑에서 강물 이 흘러가는 모습을 볼 수 있는 다리가 놓인 것이다. 그리고 한 달도 안 되 어 한강에 유람선을 띄운다는 발표가 나왔다. 다리 밑으로 유람선이 통과 해야 한다는 문제가 발생했다. 다리를 건축한 설계 회사는 곧바로 설계 도 면을 바꿔 다리 가운데를 거북이 등처럼 높였다. 유람선은 아무 문제 없이 통과했다. 이를 보고 한국 언론은 근시안적인 한국의 척박한 문화를 한탄 했지만, 서양 언론은 도리어 한국인의 융통성을 치하했다. 상황주의에 대 한 상반된 두 시각을 여기서 본다.

아시아를 대표하는 호박씨 문화의 최고봉은 단연 일본이다. 쇼토쿠聖德 태자에 의해 604년에 반포된 일본 최초의 헌법 1조에 '와和, 사이좋게 밥을 나누어 먹는다는 의미'의 존중을 포함시킬 정도로 '와'는 일본의 건국 이념이요, 일본 정신문화의 정수라고 볼 수 있다.

독일 체류 중 일본 친구들과의 술자리에서 알게 된 그들의 호박씨 근성은 아무리 음식이 맛없어도 맛없다는 의사를 밝히지 않고, 아무리 술을 잘 마셔도 잘 마신다는 이야기를 하지 않고, 아무리 상대방이 싫어도 싫다는 내색을 하지 않는 것이었다. 상대방이 말하기 전에 알아서 신경을 써주는 '기쿠바리氣配'도 속과 겉을 달리하며 '와'를 우선시하는 일본인들의 속성을 대변해주고 있다. 초등학교 시절부터 사귀어온 친구 사이인데도 불구하고 자신들의 속내를 드러내 보이지 않는 그들은 정말 호박씨의 원조라 아니 말할 수 없다.

하지만 이런 호박씨 문화도 바다를 건너고 대륙을 건너면 본래의 성격이 바뀐다. 중남미에서는 좀처럼 'Sorry'란 말을 듣기 힘들다. 계층에 상관없이 자신의 죄를 인정하고, 용서를 비는 일이 없다. 만일 누군가가 접시를 닦다가 바로 앞에서 실수로 접시를 깼다고 해도 결코 잘못을 인정하지 않는다. "갑자기 바람이 불어 접시가 날아갔다"거나 "나는 꽉 잡았는데 접시가 저절로 떨어졌다"라는 등 한마디로 말도 안 되는 변명을 늘어놓기 일쑤다. 하다못해 목욕탕의 물을 틀어놓고 잠그지 않아 온 방 안을 물바다로 만들어도, "급히 물이 나와서 수압이 높아졌거나 제멋대로 수도꼭지가 열렸다"라고 말을 한다. 하지만 이런 실수를 호통이나 질책으로 맞받아칠 경우, "어째서 이런 사소한 일에 큰소리를 치고 화를 내는가, 성급하고 어른답지 못한 사람이다"라고 되레 비난한다. 이걸 긍지로 인정해줘야 할지 비상식으로 치부해야 할지 헷갈릴 지경이다.

유럽의 그리스도 비슷하다. 이들 역시 절대로 자신의 실수를 인정하지 않는다. 뒤차가 앞차를 받아도 절대로 사과하지 않는다. 차가 지나가면서 인도의 행인에게 흙탕물을 뿌리고 지나가도 절대로 미안해하지 않는다.

그리스에서는 기다리는 사람이 바보가 되는 경우가 왕왕 있다. 약속 시간에 맞춰 나가는 것이 그들에게는 상대방을 무안하게 만드는 행위로 치부되기도 한다. 아무리 화가 나도 상대방에게 표현을 해서는 안 되고 즐겁게 기다렸다는 사인을 보내줘야 한다. 따라서 약속 장소에 도착했을 때 아무도 없으면 주위를 빙빙 돌다가 다른 사람들이 나타날 때쯤에 나가는 용의주도함이 있어야 한다. 하지만 비즈니스 상황에서는 그렇지 않다는 점을 밝혀둔다.

버스 차장—1970년대만 하더라도 승객에게 운임을 받기 위한 차장들이 있었다—이 돈을 받고 승객을 버스에 태웠던 시절 그 차장들의 수난은 이루 말할 수 없었다. 버스가 종점에 들어오자마자 차장은 운임료를 입금하게 되는데 이때 보통 단순한 입금 절차와 더불어 차장 몸수색이 실시된다. 서울의 경우 주로 여자 차장들이 대부분이었다. 그들에 대한 몸수색이 정도를 넘어 알몸 수색으로까지 실행되면서 사회 문제가 되기도 했다. 차장들이 돈을 빼돌릴 수 있다는 것이 알몸 수색의 명분이었다. 외국의 한국 식당을 다니다 보면 주로 돈을 받는 카운터에는 주인이 있다. 이유는 간단하다. 종업원을 못 믿기 때문이다. 이게 어느 세상 이야기인가?

호박씨 문화의 원조 일본, 그에 못 미치지만 한국의 호박씨 문화가 원래의 의미처럼 서로를 존중해주고 위해주는 '화和' 또는 '조화調和'의 범위를 벗어나지만 않는다면 그보다 더 좋을 수는 없을 것이다. 호박씨 문화가 허세와 위선 그리고 불신과 부조리로 변질되지 않는다면 말이다. 한때 한국인의 행동을 규정지었던 《소학》이나 《내훈》의, "비록 비어 있되 찬 것처럼 행동하며, 사람이 없되 있는 것처럼 하라. 방에 들기 전에 반드시 건기침을 하라. 문밖에 신 두 켤레가 있는데 말소리가 없으면 결코 들어가서는 안 된다" 등과 같은 원조 호박씨 문화가 자신을 위한 변명이나 거짓말로 비화되지 말아야 한다. 대신 타인을 존중하고 배려하기 위한 촉매의 역할을 할 때 사회가 성숙해지고 문화가 발달하게 된다. 호박씨는 '잘' 까야 한다.

20 | 타 문화권에서 성공하는 사람들의 특성 하나
애매모호함과의 전쟁

 미국인의 가정에 초대받았을 때 가장 많이 듣는 말이 "알아서 드세요Help yourself!"이다. 손님과 주인의 역할이 분명한 문화에서 자란 한국인들에게 '알아서 먹으라'고 말하는 것은 도리어 손님을 당황하게 만드는 처사이다. 도대체 무엇을 알아서 먹으라는 것인지! 한국인들에게 자유로운 미국식 파티는 황당하고 애매모호하다.

 미국으로 어학연수를 간 일본의 한 유학생은 핼러윈 축제 때 온갖 분장을 하고 친구 집을 찾던 중 실수로 다른 집으로 들어갔다. 놀란 집주인이 "Freeze꼼짝 마!"를 외치자 일본 학생은 'Freeze'를 'Please'로 착각해 집 안으로 계속 들어가다가 총에 맞아 죽은 안타까운 사건이 발생했다. 이로 인해 '총기 사용이 정당방위냐 과잉 방어냐'에 대한 양국 국민 간의 첨예한 감정싸움이 시작됐다. 영어의 'p'와 'f'의 애매모호한 발음의 차이가 두 나라를 흔들었다.

 사우디아라비아 현지의 공장 건설을 총지휘하는 덴마크인 매니저 마크는, 현장 건설 책임자인 사우디아라비아인 압둘이, "신의 뜻이라면 공장은 제때 준공될 겁니다"라고 보고했을 때 '인샬라inshallah'는 자신만의 편협한 시각으로 일이 정상적으로 수행되지 않는 데 대한 사우디아라비아인들의 일상적인 변명이라고 생각했다. 모슬렘Moslem, 이슬람교도과의 대화에서, 가장 애매모호한 표현이 '인샬라'라는 것을 마크는 한참 후에나 깨달았다.

18세기 초 일본 막부 장군 계승을 경축하기 위해 일본에 파견된 조선통신사 신유한의 《해유록》에는 "일본은 백성의 풍속에 거짓과 경박함이 있어서 속임수를 잘 쓴다"라고 말하고 있다. 일본인은 언제나 외국인과 교섭할 때 애매한 말로 말꼬리를 피하는 신뢰할 수 없는 인간으로 비치고 있다. 16세기 일본에 왔던 선교사 프로이스Luis Prois는 그의 저서 《일구日歐 문화 비교》에서 "우리들 사이에서 사람을 바로 쳐다보면서 상대방을 거짓말쟁이라고 하는 것은 모욕이지만, 일본인은 그것을 웃으면서 애교로 받아 들인다. 우리들은 말을 명료하게 하고, 애매한 말은 피하지만 일본에서는 애매한 말이야말로 가장 훌륭한 말이며 대단히 존중된다"라고 말하고 있다.

한국 사람이 미국에 가서 이온 음료인 'Gatorade'를 한국식 발음 '게토레이'로 또박또박 발음하면 미국 사람들이 고개를 갸우뚱하며 애매함을 표시한다. 프랑스 사람이 한국에 와 포크를 사용하지 않고 젓가락을 사용하고, 헤어질 때는 자기네식으로 포옹을 나누려고 하면 한국 사람들은 되레 머쓱해하며 모호함을 표현한다. 한국 사람이 도쿄 뒷골목의 식당에서 영어 한마디 못 하는 일본 점원을 만나면 애매해지고, 반대로 일본 사람이 한국에 와 식당 아주머니의 유창한 일본어를 들으면 감정이 모호해진다. 미국과 유럽에서 살다 캐나다에 와서 가장 적응하기 힘들 때가 운전을 할 때다. 독일은 운전자 중심으로 신호 체계가 되어 있어 길을 어디서 잃든 찾기가 쉽다. 미국은 이보다는 못하지만 그래도 운전자 중심으로 신호등 체계가 갖춰져 있다. 캐나다는 도로 형태와 신호 체계가 들쑥날쑥해(상대적으로는 유연성이 좋다고 한다) 어느 도로에서든 바짝 긴장해야 한다. 독일의 도로와 교통 표지판은 완벽히 표준화되어 있으나 복합 문화 사회인 캐나다는 그렇지 않다.

미국 유학 시절, 미국 학생들과의 그룹 미팅 시간이었다. 다섯 명의 학생이 다음 주에 있을 프레젠테이션에 대해 의견을 주고받던 중 내 차례가 다가왔다. 어순도 맞지 않고, 단어도 생각이 나지 않아 손짓 발짓을 써가며 어린아이 수준의 의사 전달을 했다. 낯선 동양인의 말문에 처음에는 관심을 가지고 주시하던 미국 학생들이 알아듣기 힘든 애매한 상황이 계속되자 서서히 눈의 초점들이 흐려지고 조바심을 나타냈다. 급기야 자기들끼리 눈치를 주고받으면서 이 어색한 시간이 빨리 끝나기만을 기다리는 듯했다. 그럴수록 나의 말은 더욱 빨라지고 등에는 식은땀이 흘렀다.

'애매모호함에 대한 인내' 없이 타 문화권에 연착륙하기를 바랄 수는 없다. 상대방 문화에 대한 사전 지식이 충분하지 않은 한, 혹은 충분하다 해도 외국 땅을 밟으면서부터 애매모호함과의 전쟁은 피할 수 없다. 태어나서 엄마 젖을 먹고 죽어 땅에 묻히는 방법에 이르기까지, 모국의 문화와 비교할 때 모든 것이 다 애매모호하기 때문이다. 이런 현상적인 애매모호함에 대한 문화 간 수용의 정도는 다양하다. 어느 문화에서는 애매모호함을 못 참아 다툼이 발생하고 살인을 저지른다. 반면 어느 문화는 아무리 애매모호해도 느긋하게 참고 조바심을 드러내지 않는다. 어느 문화는 애매모호함을 줄이기 위해 밥을 먹은 뒤 이쑤시개 사용 개수까지 원칙으로 명시

해놓지만, 어느 문화는 아무리 중요한 사건이나 사고도 정해진 법이나 원칙 없이 당사자들끼리 해결하도록 내버려둔다.

호프스테더는, 1980년에 발표한《문화의 결과》라는 책에서 '애매모호함에 대한 인내 정도'를 '불확실성에 대한 회피와 수용'의 차이로 구분했다. 그는 애매모호함을 잘 참는 문화, 즉 불확실함을 수용하는 문화를 가진 국가로 그리스, 포르투갈을 포함한 지중해 연안의 국가들과 한국, 일본 그리고 페루, 칠레 등을 들었다. 반면 애매모호함을 잘 참지 못하는 문화, 즉 불확실함을 회피하는 문화를 가진 국가로 싱가포르와 덴마크, 스웨덴, 네덜란드, 영국을 비롯한 유럽 국가 그리고 미국, 캐나다, 오스트레일리아 등을 들었다. 주로 영국령에 속해 있던 나라들이다.

먼저 애매모호함을 죽기보다 싫어하는 아시아의 싱가포르를 보자. 인구 중 77.7퍼센트를 차지하는 중국계를 중심으로 다인종 사회를 형성하고 있는 싱가포르는 인종 간의 문화적 애매모호함을 방지하기 위해 법 제도를 강화했다. 싱가포르 법질서의 엄중함은 세계적이다. 성문화된 제도와 지정학적인 위치 덕분에 싱가포르는, 아시아에 속해 있지만 사회 문화적으로 가장 서양과 가까운 나라가 됐다. 가장 강력한 유교적 도덕주의를 지향하는 이곳에서 마약 거래를 하면 강제적 사형을 당한다. 사람들이 모여 있는 공공장소에서 흡연은 법으로 금지되어 있다. 'Clean Green' 정책을 표방하고 있어 만에 하나 거리에 담배꽁초나 쓰레기를 버리게 되면 500싱가포르 달러(한화 약 40만 원 상당)의 벌금을 내게 된다. 길가에 담배를 자주 버리는 유럽 사람들은 싱가포르에서 살면 안 된다(물론 유럽에는 청소세가 있어 자신이 버린 담배에 대한 청소비를 지불하고 있다고 봐야 한다. 그러니 유럽에서는 길가에 담배꽁초를 버리는 것이 정당한 행위다). 또한 기물 파손 및 훼손, 장물 보관, 강간 등 파렴치한 행위에 대해서는 강제적 태형(곤장) 제도를 엄격히 집행한다. 1994년 4월 미국인 학생 마이클 페이 Michael Fay가 이 죄목으로 적발되어 태형을 당하기도 했다. 이외에도 싱가포르는 벌금 제도가 일반화되어 있어 직접 적발되지 않아도 목격한 다른 사람의 신고에 의해서 벌금이 부과되는 경우가 왕왕 있다. 서구인들이 싱가포르에서 사는 데 불편함이 없는 것은 동양적인 애매모호함이 없기 때문이다. 또한 싱가포르에서는 애매모호함에 대해서는 참지 말라고 어려서부터 교육을 받는다. 모든 것이 사전에 계획되어야만 안심을 할 수 있도록 훈련을 받아온 것이다.

아시아의 싱가포르만큼 애매모호함에 대해 참을성이 없는 민족이 독일 사람들이다. 독일 사람들 역시 사회 질서의 우선순위를 법 준수에 둔다. 이들은 지구상의 민족 중에서 가장 원칙적이고 구조적이고 조직적이다. 대부분의 독일 사람들은 분명한 절차와 원칙을 가지고 행동하며, 불확실한 상태에서 일하는 것을 가장 싫어한다. 이들의 '확실함' 노이로제는 생활 전반에서 관찰된다. 아파트인 경우 다른 이웃들에게 피해를 주지 않기 위해 시간대별로 소음을 규제하는 지침이 있고, 하다못해 사우나를 가더라도 옷을 벗고 타올을 지참하고 땀을 닦는 데까지 분명한 지침이 있다. 독일에서 가장 빠른 고속철도인 ICE를 비롯해 도로의 승합차에 이르기까지 모든 대중교통은 철저히 정해진 스케줄대로 움직이며 단 1분이라도 늦는 경우가 없다. 만에 하나 늦어진다면 차내 방송을 통해 비참한 표정과 슬픈 목소리로 '사과의 말씀'을 전달하게 된다. 독일의 일반 도로에는 자전거 도로가 따로 만들어져 있는데 보행자가 이곳에서 자전거에 치이면 보행자 책임이 된다. 독일의 교통법은 한국이나 일본과는 달리 일방 책임주의를 채택하고 있다. 어떤 사고든 잘못한 쪽이 모든 책임을 지는 것이다. 애매모호함으로 인한 당사자 간의 다툼은 있을 수 없다. 하다못해 일반인들이 오가는 계단에조차 이런 안내판이 붙어 있다. "여기서 넘어지면 당신 책임이오." 이웃 간에도 어울려 사는 원칙이 정해져 있다. 저녁 9시 넘어서는 피아노를 칠 수 없고, 겨울철에 자동차를 예열하기 위해 시동을 걸어서도 안되고, 도로 주행 시 응급차가 오면 바로 비켜줘야 한다. 차가 많아 피할 수없으면 산으로라도 올라가야 하는 게 이들의 원칙이다. 이런 원칙을 위반하면 파렴치범으로 간주돼 과중한 벌금을 내게 된다. 독일에서는 모든 것이 정해진 대로 움직인다.

이런 유럽의 독일과 아시아의 싱가포르를 비웃는 나라가 남미의 브라질이다. 브라질 역시 과거 포르투갈의 식민지 시절 사탕수수 경작을 위해 유입된 흑인들과 19세기 초 커피 산업의 확산에 따른 유럽 이민자 그리고 기존의 원주민들 간의 혼혈 여파로 복합 문화 사회를 이루고 있다. 브라질은 국가 단위의 단일화된 시스템보다는 각 문화별 다양성에 비중을 더 많이 두기 때문에 국가적인 경쟁력은 높지 않다. 하지만 문화적인 융합으로 낙천적인 성격과 창의력 그리고 그들 특유의 느슨한 국민성을 창출했다. 이들의 애매모호함에 대한 높은 수준의 인내심은 이런 문화적 배경에서 탄생했다고 봐야 한다. 브라질 사람들은 아무리 불확실한 상황이라도 조바심을 드러내지 않는다. 반대로 아무리 확실한 계획이라도 별로 쓸모가 없는 경우가 허다하다. 따라서 이들은 일이 되어가는 대로 흘러가며, 정해진 시간

관리 계획대로 움직이는 것을 싫어한다. 시초 단위로 일의 능률과 효율을 따지는 미국인에게는 가장 많은 인내가 요구되는 나라다. 이들은 문자보다 말에 비중을 더 두기 때문에 서구의 관점에서 보면 모든 것이 애매모호하고 불명확하게 보이지만 그렇다고 일이 안 되는 것만은 아니다.

애매모호함의 인내 정도에 관한 한, 한국은 가장 확실한 싱가포르와 독일 그리고 가장 불확실한 브라질의 틈새에 끼어 있다. 한국인들의 애매모호함에 대한 인내 정도는, 여전히 유교 문화의 영향으로 그것을 잘 참는 편에 속한다. 한국 사람들의 가치 중심에는 뭐니 뭐니 해도 인간관계가 자리잡고 있기 때문에 애매모호함에 대한 인내가 곧 상대방의 체면을 살려주고, 나아가 관계 유지를 위한 필수 덕목이 된다. 시시콜콜 따지지 않는 태도는 인간적인 성숙도와 동일시된다. 또한 법 준수가 보편화된 서구의 나라들과는 달리, 한국 법 제도의 '융통성 혹은 특수성'은 한국인들이 애매모호함에 익숙하도록 혹은 자포자기하도록 부추겼다.

애매모호함에 대해 인내심이 가장 부족한 나라 중의 하나인 미국의 경우, 대기업 회장이라든가 하다못해 패리스 힐턴Paris Hilton과 같은 특정 계층들의 비리와 부정, 법 위반에 대해서는 더더욱 엄격하다. 만인에게 공평하게 적용되어야만 하는 사회적인 구속 장치로서의 법이 상황에 따라 고무줄 늘어나듯이 적용되는 한국 사회의 애매모호함은 엄격히 말해, 문화적인 소산이라기보다는 '천박함'의 소치로 보는 게 문화 전문가로서의 소견이다. 소위 '보편성'이라는 개념이 '상식'이라는 이름으로 한국 사회 전반에 정착되지 않는 한, 그래서 사회 문화적인 불확실성이 줄어들지 않는 한, 그리고 법 제도의 집행과 준수가 보편화되지 않는 한, 한국 국민들의 애매모호함은 계속될 수밖에 없다.

1990년대 후반 종교학자 최준식 교수가 집필한 《한국인에게 문화가 있는가》가 출간되어 한국 사회를 뜨겁게 달군 적이 있다. 한쪽에서는 한국 사회의 경박성을 통렬하게 비판했다고 찬사를 아끼지 않았고, 다른 한쪽에서는 '한국을 뭘로 보고' 문화가 있으니 없으니 평가한다고 맞받아쳤다. 이러는 사이 소신 있는 일본 저자 이케하라 마모루池愿衛는 《맞아 죽을 각오를 하고 쓴 한국, 한국인 비판》이란 책을 써서 한국의 문화 부재 여론에 기름을 부었다. 한 나라의 문화를 '있다, 없다'로 단정 짓는 것은 물론 무리가 있다. 한 나라의 역사가 자고 일어나면 생기는 것은 아니니 말이다. 그렇다고 문화가 있고 없고를 말할 수 없는 것은 또한 아니다. 어느 가정이나 어느 기업이나 문화가 있다 없다고 판단할 수 있는 것처럼 말이다. 어느 대기업의 문화 컨설팅을 하는 와중에 담당자가 '문화가 있다, 없다'를 무슨 잣대로 판단하느냐고 물었다. 긴 말을 아주 짧게 줄여 대답해준 것이 생각난다. '예측이 가능한가 가능하지 않은가'가 문화의 있고 없고의 판단 기준이다.

캐나다 사람들이 가장 좋아하고 존경하는 인물 리스트에 아이스하키 선수인 웨인 그레츠키Wayne Gretzky가 있는 이유는 그의 예측 능력 때문이다. 아이스하키 선수는 무슨 예측이 필요할까? 그의 말을 들어보자.

"나의 아버지는 항상 퍽이 있는 곳으로 가지 말고, 퍽이 가게 될 곳으로 가라고 끊임없이 말했습니다. 항상 내 앞에 펼쳐질 상황에 대해 생각하고, 퍽을 가지고 있는 사람이 어떻게 할지를 생각하라고 했습니다. 처음에는 그게 무슨 말인지 알 수 없었습니다. 다른 아이들처럼 나도 퍽이 있는 데로 가서 퍽을 가지고 싶었습니다. 하지만 아버지는 계속해서 일러주었습니다. 어떤 일이 일어날 것인지 예측하고 행동하라고." 이후 그는 퍽이 어디로 튈지 아는 뛰어난 예측 능력을 키워나갔다.

최근 한국의 많은 변화에 대해서 외국의 언론들이 한국 사회를 '혼란스럽다'고 평한 것은 한국인과 한국 사회의 불확실성에 대한 완곡한 표현이지만 결론은 한국에 문화가 없다는 것을 간접적으로 지적하고 있다. 문화가 없다는 것은 사거리에서 신호등이 고장났을 때 차들이 좌충우돌하는 것과 같다(소위 선진국이라고 하는 서구에서는 각 방향의 차들이 한 번에 한 대씩 질서 정연하게 움직인다). "한국 사회가 예측 가능한가"라는 질문에 대해서 쉽게 "예"라고 말한다면 한국에는 문화가 있다고 단정하겠다. 문화는 예측할 수 있을 때 사람들에게 안정감을 준다. 동네의 교회를 가보자. 이 교회를 가나 저 교회를 가나 큰 불편 없이 예배를 볼 수 있는 것은 교회 문화가 소통되고 있기 때문이다. 이번엔 병원의 수술실로 가보자. 촌각을 다투는 아주 긴박한 순간들이 연출되지 않는가? 수술을 집도하는 의사가 손만 내밀면 적절한 메스가 손에 쥐어진다. 말없이도 진행할 수 있는 게 수술이라면 수술은 대단히 문화적인 행위다. 상호 간에 예측이 가능하기 때문이다. 이러한 예측이 어긋나면 사고가 난다. 간혹 신문 지상을 뜨겁게 달구는, 어느 환자의 배 속에 가위가 들어 있다는 보도는 문화가 자리 잡지 못하고, 예측 선상을 벗어났을 때 발생하는 사고다. 한국의 수많은 인재人災들은 기술의 부족이 아니라 문화의 부재로 발생한 것이다. 사회적으로 애매모호함이 사라져야 예측이 가능하게 된다.

나는 우리 한국 국민들의 애매모호함에 대한 인내심이 완전히 바닥나게 되길 바란다. 그래야 원칙을 세우고, 있는 그대로 따르게 될 테니 말이다. 그래야 세워지고 지켜진 원칙들이 다음 세대로 유전되어 문화로 자리매김 될 테니 말이다. 영국의 위대한 보수주의 사상가 에드먼드 버크Edmund Burke 가 말했듯이 상식이 참된 지혜와 윤리에 근접하게 되어, 한국이 문화적인 이상 국가로 진입하는 것을 보는 게 문화 전문가로서, 세계주의자로서 나의 꿈이다.

21

가정 금지 Assume Nothing

가정 1

미국의 잘나가는 작가 맬컴 글래드웰Malcolm Gladwell의 《블링크》에서 소개
된 미국 역사상 최악의 대통령이 있다. 29대 워런 하딩Warren Harding. 그는
변변찮은 업적 하나 없이, 3일에 한 번씩 백악관에서 포커 판을 벌이고, 금
주법 시대에 술을 즐겼으며, 국가의 요직에 친구들을 앉히는 무분별한 인
사로 나라의 혼란을 가져왔다. 잘못된 정책이나 판단 실수가 아닌 대통령
의 자질 그 자체에 결격이 있었다는 게 문제였다. 결국 하딩은 재임 2년여
만에 사망했다. 그런 그를 미국 국민들은 무엇 때문에 대통령으로 뽑았을
까? 잘생겨서? 그리고 그 잘생긴 얼굴이 믿을 만해서? 과연?

가정 2

캐나다 서부를 자동차로 여행하던 중에 라디오에서 아름다운 선율의 노래
가 흘러나왔다. 제목은 '섬웨어 오버 더 레인보Somewhere Over the Rainbow.'
대한민국의 자랑인 조수미의 목소리로만 듣다가 서양 남성이 부르는 이 노

래를 듣고 첫 순간에 반했다. 노래를 이렇게 편안하게 부를 수 있다니! 노래 제목을 수첩에 적어두었다가 CD를 구입하기 위해 서점에 갔다. 이 노래를 부른 미국인은, 백인이 아닌, 달콤한 목소리를 가진 미모의 청년도 아닌, 몸무게가 200킬로그램이 넘는 하와이 원주민이자, 만성 비만과 호흡 곤란으로 37세의 나이로 사망한 하와이 독립 주창자였다. 그 몸에서 어떻게 그런 목소리가?

가정 3

영국의 인기 프로그램 〈브리튼스 갓 탤런트〉의 예선전. 무대 뒤에서 초조하게 순서를 기다리는 폴 포츠Paul Potts. 허름한 정장에 불룩하게 튀어나온 배, 부러진 앞니, 자신감 없어 보이는 표정은 보는 사람마저 김새게 만들 정도로 형편없었다. 그런 그가 무대에 올라서자 세 명의 심사 위원이 심드렁한 표정을 짓는다. 심사 위원 중에는 혹평으로 유명한 〈아메리칸 아이돌〉의 사이먼 코웰Simon Cowell도 포함되어 있었다. 여자 심사 위원인 아만다 홀든Amanda Holden이 "무슨 노래를 준비해 오셨나요?"라고 묻자 폴 포츠는 "오페라를 부르겠다"라고 짧게 답한다. '오호~ 그러시냐'는 표정으로 팔짱을 낀 심사 위원들을 뒤로하고, 폴 포츠의 노래가 시작된다. 푸치니 Giacomo Puccini의 오페라 《투란도트》의 아리아 〈공주는 잠 못 이루고〉였다. 그에게서 전혀 상상치 못했던 목소리가 흘러나왔다. 울림이 깊은 감성적인 목소리. 멀뚱하게 앉아 있던 심사 위원들이 자세를 고쳐 앉았고, 관객석이 술렁거리기 시작했다. 폴 포츠는 서서히 무대를 장악했다. 고음으로 올라갈수록 객석에서는 놀라움의 박수와 탄성이 쏟아졌고, 심사위원 아만다는 감격스럽다는 표정으로, 사이먼은 믿을 수 없다는 표정으로 그를 바라봤다. 급기야 마지막 곡의 하이라이트에서 폴 포츠가 안정적으로 고음을 뿜어내자 모든 관객이 일제히 기립 박수를 치며 그에게 열광했다. 자신감 없는 표정과 어눌한 말투, 잔뜩 긴장해 뻣뻣하게 경직된 36세의 영국 휴대전화 세일즈맨에게서 그런 목소리가 터져 나오리라고는 그 누구도 상상할 수 없었다. 그는 결국 우승했다.

가정 4

1986년 1월, 우주 왕복선 챌린저호는 겨울의 추운 날씨와 강풍으로 네 차례나 발사가 연기됐다. 추운 날씨는 우주 왕복선의 안전한 비행에 매우 위험했기 때문이다. 이 우주 왕복선은 예산을 줄이기 위해 유인 우주선으로는 처음으로 고체 연료 로켓을 사용했다. 고체 추진제 로켓은 연료가 채워진 몸통으로 이뤄진 매우 간단한 구조로 되어 있다. 따라서 연료 통과 펌프, 로켓 엔진 등 여러 부속품으로 구성된 액체 추진제 로켓에 비해 제작 비용이 훨씬 적게 든다. 특히 우주 왕복선에 딸린 고체 추진제 로켓은 그 규모가 커서 몇 개의 몸통을 연결해 만든다. 이 때문에 연결 부위가 약한 게 흠인데, 몸통 연결 부분의 틈에는 뜨거운 추진제 연소 가스가 빠져나오지 않도록 속에 고무링을 끼웠다. 문제는, 날씨가 추워지면 바로 이 고무링이 딱딱해져 제 기능을 발휘하지 못할 위험이 있다는 것이다. 로켓을 만든 미국의 티오콜Thiokol은 이처럼 추운 날씨에 우주 왕복선을 발사하는 것은 매우 위험한 일이라고 NASA에 통보다. 그러나 온 국민의 관심이 쏠린 우주 비행을 연기할 수는 없었다. 결국 1986년 1월 28일 미국의 많은 국민이 지켜보는 가운데 일곱 명의 우주인을 태운 챌린저호는 발사됐고 73초 만에 폭발해 탑승자 전원이 사망했다. 이 폭발 사건으로 미국의 우주 방위 계획은 치명타를 입었다. NASA의 그 누구도 자신들이 만든 세계적인 우주 왕복선이 부품 하나 때문에 폭발하리라고는 상상도 하지 못했다.

가정 5

1941년 11월 23일 항공모함 6척, 전함 2척, 순양함 3척, 구축함 11척으로 이루어진 일본 함대는 나구모 주이치南雲忠— 중장의 지휘 아래 하와이 북쪽 440킬로미터 지점으로 항해해 나갔고, 이곳에서 모두 360대의 비행기를 출격시켰다. 1941년 12월 7일 진주만에 정박 중이던 미국 항공모함 애리조나호는 일본 폭격기의 완벽한 목표가 됐고, 일요일 아침이었기 때문에 병사들도 제대로 배치되어 있지 않았다(일본은 최대의 기습 효과를 위해 이때를 선택한 것이다). 마찬가지로 비행기도 비행장에 정렬돼 있었고, 몇 대만이 비행 중이었다. 당시 레이다 조종실에 근무했던 견습병이 이를 발견하고 상부에 보고하니 응답이 오기를 "그것은 아마 아군의 연습기일 것이니 염려할 것 없다"라고 했다. 몇 분 후 애리조나호는 격침되어 그 안에 타고 있던 1천 200명의 병사가 수장되고 말았다. 당시 그 누구도 일본과의 거리를 생각할 때, 일본 폭격기의 공습은 상상할 수 없었다.

가정 6

아프리카의 부시맨 하면 생각나는 것은? 하늘에서 우연히 콜라 병이 떨어진 것을 유심히 살펴보고 발로 밟기도 하는 아프리카의 부시맨을 생각하는

가? 현대의 문명과는 전혀 상관이 없을 것 같은 밀림의 부시맨. 여전히 맨발에, 걸친 것 하나 없지만 이들의 손에는 최신식 GPS가 쥐어져 있다. 그 누구보다도 동물들의 서식지에 대해 지식이 많은 이들이 서구의 학자들과 동물 보호를 위한 탐사에 한몫하고 있다. 밀림을 누비며 자연 보호 운동에 앞장서고 있는 것이다. 부시맨과 GPS. 도저히 상상할 수 없는 연결이다.

가정 7

베이징 올림픽과 비슷한 시기에 개봉된 〈적벽대전〉은 삼국 시대의 가장 큰 전쟁이다. 중국 역사상 가장 적은 인원으로 가장 많고 강한 적을 물리친 것으로 유명한 적벽대전은 천자를 끼고 제후들을 호령하던 조조를 손권, 유비, 제갈량, 주유의 연합군이 물리친 것으로 의의가 더 크다. 천하를 호령하던 백전노장의 조조가 적벽에서 20~30대의 젊은 적장들에게 참담하게 패한 이유에 대해서, 중국의 《삼국지》 전문가인 이중톈易中天 교수는 《조조평전》의 말을 빌어, "근본 원인은 바로 조조의 교만과 적에 대한 무시에 있다"라고 전한다.

가정 8

말레이시아의 화장실에는 대부분 휴지가 비치되어 있지 않고, 물을 이용 (별도의 수도에 호스를 연결하여)하여 문제를 해결하고 있다. 이런 현지의 화장실 문화에 대해 전해 들은 이야기가 있다. 한국의 한 주재원이 부임 초 출근길에 용변이 급하여 고속도로 휴게실에 차를 세웠다. 주차장 앞에 마침 남자 표시와 수라우Surau라는 간판이 있어 '이곳 언어로 화장실을 수라우라고 하는구나'라고 생각하며 자신 있게 문을 열어보니 손을 씻을 수 있는 세면대만 있고 아무것도 없었다. 고속도로 휴게실의 화장실에는 대변용은 없고 소변용만 있는 줄 알고 좌불안석이 된 그에게 마침 현지인이 들어와 웃으면서 물었다. "여기서 우리 종교 이슬람교를 믿는 당신 같은 외국사람을 만나 무척 기분이 좋으니 명함이나 한 장 달라"라고. "무슨 소리야!"라고 말하고 싶었지만 그 주재원은 대꾸도 하지 않고, 그곳을 나와 바로 앞에 있는 또 다른 화장실로 들어갔다. 드디어 일을 마치고 나와 다른 현지인에게 확인차 '수라우'의 뜻이 무엇이냐고 물었다. 그는 '수라우'는 '기도실'이라고 말했다. 한국의 그 주재원은 신성한 기도실을 화장실로 알고 용변을 보려고 했었던 것이다. 이슬람교의 경우 하루에 다섯 번의 기도를 해야 하기 때문에 회사 내에나 고속도로 톨게이트 휴게실 주변 혹은 공공건물 내에 기도실이 있다는 사실을 출근 후 현지인을 통하여 알게 됐다.

가정 9

한국 기업의 김 과장은 미국 LA로 파견되어 자신을 도와 사무소를 세우고 같이 일할 사람을 찾던 중 제임스 리를 만나게 됐다. 그는 한국의 다른 기업에서 일한 경험도 있고 업무 능력이 뛰어났다. 그리고 무엇보다도 유년시절 부모를 따라 미국에 와서 중·고등학교와 대학교를 다닌 재미 교포였다. 김 과장은 그가 영어뿐 아니라 한국어를 구사할 수 있기 때문에 사무실 내 업무를 주고받을 때나 한국 본사와 연락할 때도 유리하다고 생각했다. 결국 제임스는 김 과장과 같은 과장 직위를 가지고 일하게 됐다.

　김 과장은 제임스의 겉모습이 한국인이고 또한 한국어를 잘하기 때문에 매우 친근하게 느껴졌다. 그러나 시간이 지날수록 김 과장은 제임스에게서 미국적인 요소를 발견하게 됐고 거리감을 느끼게 됐다. 한국식과 미국식을 필요에 따라 적절히 택일하는 제임스의 이중적인 태도에 대해서 신뢰할 수 없었다. 얼마 후 김 과장은 그를 해고하기로 마음먹었다. 김 과장이 볼 때 제임스는 더 이상 한국인이 아니었던 것이다.

가정 10

1993년 여름. 미국 워싱턴 D. C.에 총 5천 명의 시위자들이 모였다. 폭력 범죄를 줄이기 위한 전국적인 시위에 참가하는 사람들이었다. 이들은 2개월 동안 2주 간격으로 미국의 수도 전역에서 집단 명상을 통해 범죄를 줄이려고 노력했다. 이 시위를 조직한 존 해글린 John Hagelin은 자신들의 노력으로 범죄율이 20퍼센트 감소될 것으로 예측했다. 기자 회견에서 그는 명상이 성공적이었으며 범죄율이 18퍼센트나 감소했다고 주장했다. 《워싱턴 포스트》의 기자가 '어떤 근거'로 그렇게 주장하는지 물었더니 시위 당시 그 도시에서 참가자들이 명상을 하지 않았다면 일어났을지도 모를 폭력 사건과 비교해볼 때 그렇다고 대답했다. "하지만 그걸 어떻게 알 수 있죠?"라며 그 기자는 의아해했다. 로버트 박의 《부두과학》이라는 책에서는, 시위가 진행되던 2개월 동안 살인 사건 발생률이 전례 없이 치솟았다고 전했다. 그들의 주장에 근거가 없다는 것이 밝혀진 것이다.

가정 11

파리의 상징인 에펠탑이 처음 만들어졌을 때 모든 프랑스인들은 흉물스러운 그 탑이 파리의 경관을 해친다며 싫어했고, 문화가 살아 숨 쉬는 파리에는 어울리지 않는 조형물이 만들어졌다고 비판했다. 에펠탑의 설치를 반대했던 한 유명한 작가는 에펠탑이 보이지 않는 곳을 찾다가 결국 에펠탑 중간에 위치해 있는 식당에서 식사를 하기도 했다. 에펠탑은 1889년 프랑스혁명 100주년을 기념하는 파리만국박람회를 위해 공모 과정을 거쳐 건립됐다. 당시 파리에 대리석으로 지은 성당과 건물이 대부분을 차지하고 있었다. 에펠탑은 300미터가 넘는 현대적인 철골 구조물이다. 그야말로 파격적이고 획기적이었다. 하지만 한 세기가 지난 지금 에펠탑은 파리 아니 프랑스의 상징이자 자부심이 됐다. 그때 반대했던 사람들은 지금 어떤 생각을 할까?

문화적인 현상이 드러나는 것은, 제2차 세계 대전의 원인보다 훨씬 더 복잡하다고 가정해야 한다. 문화적인 현상들은 단어 몇 개로, 맬컴 글래드웰의 《블링크》에서처럼 한눈에 척 봐서 판단하기에는 훨씬 더 다면적이고 심층적이다. 일본 사람들이 미소시루를 마시고, 한국 사람들이 냉수를 마신 다음 이쑤시개를 사용하고, 중국 사람들이(구체적으로 공산당이) 3T, 즉 톈안먼의 T, 타이완의 T, 티벳의 T에 강박 증세를 보이고, 아랍 사람들이 시간을 제멋대로 해석하고, 멕시코 사람들이 눈이 충혈되도록 밤새워 파티를 하고(다음 날에는 일도 안 나가고), 미국 사람들이 부자지간에도 식사비를 따로 내고, 독일 사람들이 프랑스 사람들을 싫어하면서도 불어를 사용하면 부러워하고, 영국 사람들이 술값을 각자 부담하지 않고 돌아가면서 내고(1차, 2차를 라운드라고 표현함), 인도 펀자브Punjab 지방 사람들이 수염

깎기를 죽기보다 싫어하고, 이란 사람들이 이라크 사람들과 혼동하면 기분 나빠하고……. 혹 외국에서 10년 이상을 살았다고 해도, 아무리 다양한 나라를 돌아다녔다고 해도, 최소한 미국의 인류학자 루스 베니딕트Ruth Benedict처럼 사명감을 가지고 현지의 문화에 대해서 집중적으로 파고들지 않았다면, 그래서 《국화와 칼》이라는 최고의 일본 문화 비평서를 출간할 수준이 아니라면 상대방의 문화적인 현상에 대해서 조심할 필요가 있다.

예전에 국내 어느 대기업 주관의 대학생들이 인도를 비롯한 해외 현장으로 나가 봉사 활동을 할 수 있는 사회 공헌 프로그램에 초대되어 문화특강을 한 적이 있었다. 시간은 약 한 시간 반. 대상은 선발된 국내 대학생. 시각은 현지로 출발하기 1주일 전. 인류학에서부터 사회학과 심리학을 아우르는 복잡다단한 '문화 이해'라는 제목으로 한정된 시간 안에 무엇을 전달하는 게 가장 긴요할까를 고민했었다. 상대는 대학생들이고, 외국 경험이 거의 없다는 전제하에서였다. 물론 일부는 해외 어학연수를 다녀온 적은 있었다. 하지만 그들의 언어 수준은 아직 유창하다고 말하기에는 부족해 보였다. 이 세상에 태어나 단 한 번도 이 넓디넓은 세상에서 어떻게 화합하며 생활할지를 구체적으로 배워본 적이 없는 젊은 친구들이었다. 주의를 끌기는 어려웠지만 아무튼 한 시간 반 동안 쉬지 않고 내용을 전달했다.

강의가 끝나고 건물 앞 주차장에서 만난 방금 전 교육에 참가한 학생 몇몇이 큰 소리로 외친다. "Assume Nothing!" 한 시간 반 동안 그들에게 전달해준 엄청난 문화적 안목과 지식의 핵심은 아주 간단하고 싱거운(?) 영어 문장 하나였다. "Assume Nothing!" 덧붙이자면, "해외에 나가면 그 어느 것도 가정하지 마라. 단정하지 마라. 미루어 짐작하지 마라. 이미 배운 지식은 묻어두고, 주위들은 지식일랑 잊어버려라. 그게 이원복의《먼나라 이웃나라》이건 새뮤얼 헌팅턴Samuel Huntington의《문명의 충돌》이건 간에 완전한 지식이 아니다(물론 읽고 있는 이 책도 대단히 편협하다). 섣부른 지식이 가정이나 단정을 조장한다. 매들린 L. 반 헤케Madeleíne L. Van Hecke가 지적한 바와 같이 이런 가정이나 단정들이 발전하면, 인식의 사각지대인 '블라인드 스팟Blind Spot'이 만들어진다."

불가에서 "무소의 뿔처럼 혼자서 가라"라고 했다면 문화 전문가로서 나는 이렇게 말하고 싶다. "문화를 알려면 가정하지 말고 가라. 자신의 렌즈를 내려놓고 가라. 그리고 있는 그대로 보고, 담고 와라. 그다음에 이야기하자. 문화는 겪고 난 다음에 이야기하는 것이지 미루어 짐작하고 그 틀 속에 집어넣는 것이 아니기 때문이다. 문화가 너희보다 크다. 가정이란 우상을 부셔버리지 않는 한 문화의 환영에서 자유로울 수 없다. 오직 너의 눈만 믿어라."

22 | 감정
성질 죽이기 vs 성질부리기

남성성, 여성성을 이야기할 때 인용됐지만 베네수엘라의 야노마모 부족은 세계에서 가장 공격적이다. 이들의 분노는 식을 줄을 모른다. 이들은 대인 관계에서의 분노와 공격성을 다른 어떤 형태의 행동이나 가치보다도 우선순위에 놓는다. 이들은 전쟁을 좋아하고, 부족의 숫자를 80명 이하로 유지하기 위해 자신들이 낳은 유아를 살해하기도 한다. 식량공급이 줄어들면 집단에 치열한 경쟁심과 좌절감이 형성되고, 이런 감정들을 다른 부족과의 전쟁을 통해 분출한다. 이들에게 과격한 분노의 발산은 극히 긍정적이며 자연스러운 삶의 일부다.

반면 라틴아메리카의 타히티Tahiti인들은 다르다. 이들은 분노의 표출을 꽤 부정적으로 받아들이고 있다. 타히티에서 공공연히 분노를 표출하게 되면 주민들의 지탄과 비난의 대상이 되고, 나아가 그들로부터 행동의 간섭까지 받는다. 이러한 문화적 배경으로 인해 타히티인들은 분노라는 감정에 대해 매우 민감하게 작용하고 주의한다. 그들은 설사 분노를 느끼더라도 그것을 쉽사리 드러내기보다는 웃음으로 포장하는 경우가 더 많다.

문화인류학자 로버트 레비 Robert Levy는 타히티인들이 분노를 다루는 방법에 대해 다음과 같이 정리했다.

> 분노와 폭력에 대한 그 민족의 문화적 정서는 분노에 대처하기 위한 세부적이고 구체적인 지침들을 만들었다. 당신 스스로 화나게 할 상황으로 들어가지 말라. 상황을 심각하게 받아들이지 말고 가능한 한 뒤로 물러나라. 만일 다른 사람이 화를 내면 그 화가 당신 내부에 쌓이지 않도록 하라. 지속적인 대화를 통해 화를 풀어라. 물리적인 수단을 이용해야 하는 극단적인 경우라도 사람의 신체에 손을 대선 안 되고 상징적인 행동만을 하라.

문화적인 정서와 사회적인 규범으로 인해 분노의 표출을 억제하는 데 익숙해진 타히티인들에 비해 북극에 사는 우트쿠 이누이트 Utku Innuit들은 분노에 대해 전혀 무감각하다. 문화인류학자 진 브리그스 Jean Briggs에 의하면 우트쿠족은 분노를 표현하기는커녕 느끼지도 않는다고 한다. 그의 말대로라면 이들에게 분노라는 감정은 외부적인 요인에 의해 규제된 것이 아니라 애초부터 존재하지 않는 것이다. 하지만 동의하기 어려운 것은, 사람들이 분노에 대해 표현하지 않는다고 분노라는 감정을 느끼지 않는 것은 아니라는 점이다. 어떤 문화에서는 분노가 외적인 과격함으로 나타나 쉽게 관찰이 가능하지만, 어떤 문화에서는 분노가 슬픔으로 뒤바뀌어 전혀 다른 형태로 표출되거나 은닉될 수 있기 때문이다.

문화는 인간의 감정까지 지배한다. 인간이 표현하는 분노, 선망, 질투, 불안, 죄책감, 수치심, 안도감, 슬픔과 우울, 행복감, 긍지, 사랑, 감사, 동정심

등 그 어떤 감정도 문화의 영향에서 벗어나는 경우는 없다. 문화는 무엇이 모욕이고 불쾌한지(분노의 감정), 위험인지(불안의 감정), 무엇이 도덕적인 범주를 침해한 것인지(죄책의 감정), 무엇이 우리 자신들의 정체성을 고양시키는지(긍지의 감정), 무엇이 자신의 기대에 맞추지 못하는 것인지(수치의 감정) 등에 대한 판단의 근거이다. 수많은 감정 중 분노의 표출만큼 문화적 차이를 극적으로 드러내는 것은 없다. 프로이트Sigmund Freud에 의하면 분노는 인간이 표출하는 두 개의 본능적 충동 중 하나이다. 다른 하나는 물론 섹스다(이 이야기를 하면 길어지니 여기서는 생략하겠다).

감정이 문화의 통제를 받는 좋은 예는 아일랜드계 미국인 가족들과 이탈리아계 미국인 가족들의 정신병에 관한 연구에서 찾아볼 수 있다. 이 연구는 남자 정신 분열증 환자들이 서로 다른 문화적 배경 때문에 보여주는 감정적 패턴의 차이에 초점을 맞추고 있다.

이 연구는 뉴욕의 한 정신 병원에 있는 60명의 남자 정신 분열증 환자들에 대한 관찰을 기초로 한 것이다. 이들의 연령은 18세에서 45세 사이로 두 문화 집단의 교육과 사회 경제적인 조건은 비슷했다. 두 집단 모두 가톨릭이었으며, 비슷한 시기에 입원했고, 1세대, 2세대, 3세대 미국인들로 이루어져 있었다. 단지 그들의 차이는 이탈리아 출신인지 아니면 아일랜드 출신인지의 문화적 배경이다. 연구를 할 당시에는 아일랜드 어머니들이 집안에서 지배적인 영향력을 행사하고 있었다. 아일랜드 사람들은 섹스가 출산에 국한됐고, 독신주의가 권장됐으며, 성적인 느낌들은 죄책감의 원천으로 간주됐다. 연애 기간은 길어야 했으며 직접적인 애정 표현은 자제됐다. 남자들의 결혼은, 아마 경제적인 이유에서였겠지만 많이 미루어졌다. 반면 아버지가 실세인 이탈리아 가족들은 성적인 매력이 건강한 남자의 상징이었고, 감정의 표현과 표출이 자연스럽게 받아들여졌다. 반면 아일랜드 가족은 감정 표현을 억제해왔다.

관찰 결과 아일랜드 남성은 이탈리아 남성보다 더 많은 정신적 압박에 시달렸으며 불안과 죄책감에 싸여 있었다. 또한, 아일랜드 남성은 이탈리아 남성보다 여성 가족 구성원에 대해 훨씬 더 큰 분노를 느끼고 있었으나 이러한 감정이 대체로 억제되고 있었다. 반면 이탈리아 남성들은 감정적인 표현이 훨씬 더 풍부했으며 때때로 화를 내기도 했다. 그들은 주로 아버지에게 화를 냈으며 여성 가족 구성원에게는 분노를 느끼지 않았다. 이 연구의 대상인 아일랜드 남성이나 이탈리아 남성 모두 똑같은 양의 분노를 표출했지만, 방식과 대상은 달랐다.

─리처드 래저러스의 《감정과 이성》 중에서

북미와 한국, 일본 등의 아시아 역시 분노의 표출 방식이 확연히 구분된다. 북미의 관점으로 분노는 반드시 표현해야 하는 자연스런 감정에 속한다. 이들 문화에서는 분노를 표출하지 않으면 감정이 쌓여 언젠가는 병이 되니 그때그때 표출하라고 가르친다. 남보다는 자신을 우선시하는 개인주의적 발상에서 유래된 이들의 분노 표출의 장려는 법적인 지지에 힘입었다. 홧김에 저지른 사고나 사건으로 수감된 죄인들에게 법관은 스스로 화를 다스리게 하기 위한 '화火 관리 Anger Management' 프로그램의 수강을 명령한다. 이 프로그램의 골자는 '꾹꾹 참지 말고 성질 잘 부리라'는 것이다.

분노의 표출이 자유로운 북미와는 달리 아시아에서는 성질을 아예 죽이라고 가르친다. 개인보다는 집단이 중요한 이들에게 화의 공적 표출은 집단의 화禍를 불러오는 부정적인 이미지로 각인된다. 성질 한번 잘못 부리다간 공공의 지탄을 받고, 심지어 사회에서 격리되기도 한다. 인도의 명상이나 요가, 일본의 선이나 중국의 파룬궁에 이르기까지 그 어느 것도 감정을 다스리기 위한 목적과 무관하지 않다. 베트남 출신의 세계적인 평화 지도자 틱낫한Thích Nhá Hạnh 스님의 마음 집중 수련은, 화는 피하는 것이지 응하지 말라는 동양적인 '화' 관리의 진수이다.

> 우리는 분노를 만든 사람을 생각하는 일은 피하고, 분노가 지속되는 동안 어떤 것도 말하거나 행동하지 말아야 한다. 온 마음을 다해 분노를 관찰한다면 나중에 후회할 일은 하지 않을 것이다.
>
> —틱낫한의 《이른 아침 나를 기억하라》 중에서

공자가 살아 숨 쉬는 한국 역시 화를 피하고 참는 데는 일가견이 있다. 이들의 얼굴 표정이 말해주듯 대부분의 한국인들은 무덤덤하게 살아가는 데 익숙하다. 그렇다고 이들이 타히티 부족이나 이누이트처럼 분노를 삭이는 데 천부적인 재능을 갖고 있지는 않다. 쉽게 화내고 쉽게 잊는 북미인들과는 달리 한국인들의 화는 오래가고 깊이 남는다. 안에서 곪고 터지는 한이 있더라도 직접적인 표출을 자제할 뿐, 설령 그게 '오기'가 되고 '한恨'이 될지언정 꾹꾹 참는다. 그러나 한번 터지면 한국인들의 분노는 격분, 광분으로 돌변하고 만다. 내면의 질서가 외면의 무질서로 둔갑한다. 이 정도까지 되면 그 어떤 미국식 화 관리 프로그램으로도 치료가 어렵게 된다.

얼마 전까지 대한민국을 끈질기게 태웠던, 그리고 여전히 소소히 타고 있는 '촛불'은 이러한 한국인들의 분노 표출 문화의 단면으로 봐야 한다. 참다 참다 터진 것이니 이때는 약이 없다. 21세기의 허준이라도 한국 국민들의 마음에서 생긴 울화병을 규율과 통제라는 양약으로 다스릴 수는 없을 것이다. 촛불이 저절로 꺼질 때까지 놔두는 것 이상의 순리적이고 문화적인 처방은 없다. '프로크루스테스 고대 그리스 전설에 나오는 강도로서 나그네를 집으로 유인해 침대에서 자게 한다. 키가 침대보다 작을 때는 키를 잡아당겨 늘리고, 침대보다 클 때는 밖으로 나온 부분을 잘라버렸다의 침대'처럼 극단적인 제약으로 다른 것을 잘라낸다는 생각은 어리석은 행위다. 폭력은 폭력을 낳고 제약은 제약을 낳는다. 21세기 대한민국 정치 코드가 통제가 아니라 문화적이어야 한다는 것을 새삼 일깨워주는 촛불이었다. 문화적이라는 것은 가장 비통제적인 것이다. 타율보다는 자율을 먹고 자라야 문화의 백신이 강해지고 문화의 텃밭이 기름지게 된다.

물론 이런 나의 생각은 유럽의 마키아벨리 Niccolò Machiavelli가 지도자들에게 한 말과 결코 무관하지 않다.

공화국 안이든 밖이든, 내부적 이유든 외부적 이유든 문제가 발생했을 때 그 문제가 모든 사람이 두려워할 정도로 크다면 그것을 없애기보다 그대로 두는 것이 가장 안전하다. 왜냐하면 그것을 없애려다가 더 강하게 되고, 피해를 더욱 가속화할 수 있기 때문이다.

23 | _{정情} 인정_{人情}의 세계화

캐나다 이민자인 박 씨는 마을 앞 도로에서 운전을 하다가 한 노인이 무단 횡단하는 모습을 발견했다. 워낙 연로한 노인이라 차를 세우고 빨리 지나가라는 손짓을 했다. 길을 건너던 그 노인은 마주 오던 차에 치여 부상을 입었다. 누구의 잘못인지를 가리는 법정에서는 지나가라고 손짓을 했던 박 씨에게 유죄를 선고했다. 인정적 선의로 지나가라고 한 것이 원칙을 위반해 악의로 판명되는 순간이었다.

한국에서 대학을 마치고 미국의 경영대학원을 졸업하자마자 미국 회사에 취업된 스콧 김은 언어는 조금 부족했으나 업무 파악 능력과 리더십을 인정받아 한 판매 부서의 팀장이 됐다. 월말에 판매가 집중됨에 따라 본인은 실적 보고서를 쓰느라 바쁘고, 다른 직원들은 전부 현장에 파견되어 전화 받을 사람이 없어 평소 옆 부서의 친한 미국인 여직원에게 단 몇 시간만 전화 받는 것을 부탁했다. 그녀는 얼굴색을 확 바꾸며, "미안하지만 제가 도와드릴 수가 없군요. 정말 급하다면 저의 상사와 상의하세요!"라고 했다. 무안해진 스콧은 그런 일로 옆 부서의 장까지 만나 공식적인 도움을 청한다는 것이 귀찮았고, 동시에 그 여직원이 야박하기도 했다.

한국에 체류 중인 한 독일인이 자기 취향에 맞춰 집 안의 인테리어를 꾸미기 위해 구입할 가구들을 자신이 직접 디자인한 후 이웃에게 제작 구입을 문의했다. 그 이웃은 동네에서 일을 가장 잘한다는 목수에게 그 독일인의 가구 제작 요청서를 전달했다. 외국인의 요청이라 그 목수는 더욱 정성을 다해 만들었다. 그런데 뜻밖의 사고가 발생했다. 가구를 받은 그 독일인이 감사하다고 말하기는커녕 도리어 화를 낸 것이다. 내용인즉 원하는 대로 만들어주지 않았다는 것이다. 한국인 목수는 외국인이 전달한 디자인이 왠지 어설퍼 더 잘해주기 위해 일부를 변경해 업그레이드했던 것이다. 결국 그 가구는 원래 디자인대로 복귀됐다. 한국인 목수는 많은 시간을 한국적 '인정'에 근거해 가구 제작에 쏟아부었지만, 그 독일인은 인정보다는 자기가 주문한 대로의 원칙만을 원했다. 독일인은 원칙적 보편성을 선호했고, 한국인 목수는 때에 따라 적절히 행동하는 감정적 특수성에 익숙했다.

아버지와 같이 밥을 먹다가도 계산할 때가 되면 '각자 부담'을 외치는 서양 부자에게, 한국인들은 인정이라고는 털끝만큼도 없는 남만도 못한 가족이라고 폄하하지만, 역사 이래 각자 부담(더치페이)을 사회 존속의 미덕으로 고수해온 서구에서는 지극히 원칙에 충실한 건전한 부자로 간주된다. 서양 학교에서는 학생이 잘못한 횟수를 매번 기록해 처음에는 경고, 두 번째는 정학, 세 번째는 퇴학의 원칙을 한 치의 양보 없이 지킨다. 원칙 지키기를 사회 질서의 중심축으로 삼는 서양의 관점으로는 지극히 정상적이고 바람직한 처사라 그 누구도 토를 달지 않는다. 이들에게는 원칙을 어기는 유능한 인재 양성보다는 원칙에 순응하는 건전한 시민 만들기가 학교 교육의 근간이다.

운동 연습 시간을 어기면 아무리 잘하는 주전 선수라도 다음 경기는 빠지게 되어 있다. 독일의 주점에서 맥주를 시키면 어느 술잔이든지 눈금이 매겨져 있다. 정확한 수치를 객관적으로 확인할 수 있도록 한 법규 때문이다. 중국의 시장에 가면 한쪽 구석에 '공평 저울'이라는 게 있다. 상인들이 추를 달아 사용하는 전통 저울에 대해 의심이 가면 확인할 수 있는 저울이다. 아무도 다시 무게를 달아보는 사람은 없다. 그들에게는 많아도 그만이고 적어도 그만이다.

사전적인 의미로 '사람이면 누구나 가지는 보통의 마음'이 인지상정이라지만 이런 인정도 나라마다 정도와 차이가 있다. 이 세상의 모든 곳에서 인정이 통하지는 않는다. 한국에서의 미덕인 인정이 바다를 건너면서부터는 악덕으로 바뀌기도 한다. 그나마 여전히 인간 중심의 인정이 살아 숨 쉬는 세상이, 아시아와 동유럽 그리고 아프리카와 중남미다. 반대로 인정이 악덕시되고 있는 곳이 서구와 북유럽 그리고 북미의 캐나다와 미국이다. 재미있는 것은 대부분 못사는 나라일수록 인정이 많고, 잘사는 나라일수록 인정이 없다는 사실이다. 부자가 더 인색하다는 것은 통계와 부연이 필요 없는 사실이다.

프랑스의 신문기자인 베르나르 올리비에 Bernard Olliver 가 62세의 나이로 1만 2천 킬로미터의 전설의 길 실크로드를 이스탄불에서 중국 시안까지 도보로 여행할 수 있었던 것은, 대부분 '스탄' 자로 끝나는 중앙아시아의 가난한 나라 사람들의 인정과 호의 때문이었다고 해도 과언이 아니다. 아직 미국의 서부에서 동부까지 5천 킬로미터를 굶어 죽지 않고 걸었다는 어느 도보 여행자의 소식은 들어보지 못했다. 풍요로운 것과 베푸는 것과는 상관이 없다는 것인가? 이러한 구분에 대해 서구인들의 관점으로는, 못사는 나라일수록 인정을 중시하여 원칙이 없고 불안정하며, 잘사는 나라일수록 인정보다는 원칙을 중시하여 질서가 있어 안정적이라고 달리 평가할 수 있다. 그렇다면 못사는 것은 인정이 너무 많기 때문일까?

멕시코 사람들도 인정이 많은 것으로 알려졌다. 멕시코 사람들과 상담이 어려운 것도 이들의 인정 탓이다. 인정에 대한 그들의 표현은, 간접적으로 둘러 말하고 모호한 대답을 하는 것이다. 멕시코에서는 길을 물을 때도 몇 사람에게 동시에 물어보는 게 좋다. 엉터리라도 알려줘야 한다는 의무적인 인정이 앞서는 나라가 멕시코이기 때문이다. 심지어 함께 가는 두 사람에게 길을 물었을 때 두 사람이 동시에 반대 방향을 가리키는 경우도 있다. 브라질이라고 다르지는 않다. 택시를 타서 목적지를 말해도 엉뚱한 방향으로 가는 경우도 있다. 모르면 손님한테 물어봐야 하는데, 그들의 관점으로는 손님에게 물어본다는 자체가 예의에 어긋나는 것이다. 그래서 그냥 달린다.

미국의 커뮤니케이션 학자인 에드워드 T. 홀Edward T. Hall 은 '고맥락High Context', '저맥락Low Context'이라는 어려운 말을 만들어 동양의 인정주의와 서양의 원칙주의를 문화적으로 구분했다. '맥락'으로 문화를 구분하는 것이 한국인들에게는 생소할 수 있으나 말 그대로 맥락, 즉 사건을 둘러싼 정황 혹은 상황의 의존 여부에 따라 고저가 나뉜다는 것이다. 즉 이미 정해진 원칙이나 사실보다는 그때그때의 정황이나 상황에 따라 커뮤니케이션의 방식이나 태도가 많이 바뀌면 고맥락이요, 그렇지 않으면 저맥락이다. 시챗말로 필feel이 꽂히는 대로 행동하면 고맥락이요, 시나리오대로 행동하면 저맥락이다. 말보다 눈치로 알아서 하면 고맥락이요, 주어진 지시에 따라 하라는 대로 하면 저맥락이다. '계약'이라는 관점으로 보면, 계약의 내용이 상황에 따라 바뀔 수 있다고 생각하면 고맥락이요, 그렇지 않다고 생각하면 저맥락이다. 즉, 인간 중심이면 고맥락이고, 원칙 중심이면 저맥락이다. 홀의 기준에 의하면 한국이나 중국·일본은 가장 고맥락·정황주의적인 나라들이요, 독일이나 스위스 그리고 스웨덴 등 유럽의 나라들은 가장 저맥락·원칙적인 나라들이다. 물론 한·중·일 3개국 중 가장 원칙에 충실한 저맥락의 나라를 고르라면 오래전에 프랑스와 독일의 성문成文 제도를 답습한 일본을 들 수 있겠으나 그런 일본 역시 서양인들의 관점에서는 아주 상황적이고 관계 중심적인 나라로 치부된다.

1970년 일본과 오스트레일리아가 맺은 5년짜리 '설탕 계약'에서 설탕 가격이 폭락하자 일본은 상황이 바뀌었다고 계약 내용의 수정을 요구했고, 오스트레일리아는 단박에 거절했다. 계약은 상황에 따라 바뀔 수 있다고 생각하는 일본과 한번 맺은 계약은 변경이 불가능하다고 보는 오스트레일리아와의 문화적인 충돌이었다.

위의 홀과는 달리 네덜란드의 문화 전문가 트롬페나르스는 인정이나 원칙 지향 문화를 보편성과 특수성으로 나눠 설명한다. 그는 15년에 걸쳐 세계 50개국의 문화적 경향을 조사, 일곱 개 항목으로 정리했는데 그중 하나가 특수성 대 보편성의 문제였다. 특수성 대 보편성이라 함은 '예외성'을 얼마나 인정하는가와 '규칙 중심'이냐 혹은 '사람 중심'이냐에 초점을 맞춘다. 다시 말해 그 나라 그 사회에서 '예외 조항이 얼마나 인정되는가'의 여부로 그 사회가 '특수주의 성향이 짙다' 혹은 '보편주의 성향이 짙다'라고 평가하는 것이다. 당신의 문화적인 성향을 알고 싶은가? 그렇다면 아래의 질문에 답해보라.

사례 1

친한 친구가 운전하는 차를 타고 가는데 사고를 내어 보행자가 다쳤다. 제한 속도가 20킬로미터인데 친구가 적어도 35킬로미터로 운전했음을 당신은 알고 있다. 목격자는 하나도 없다. 그의 변호사는 당신이 20킬로미터로 달리고 있음을 증언한다면 그다지 심각한 결과를 낳지 않을 것이라고 조언한다.

내 친구는 나에게 친구로서 낮은 속도로 달렸다고 증언해주기를 바랄 권리가 있는가?

❶ 내 친구는 나에게 친구로서 낮은 속도로 달리고 있다고 증언해주기를 바랄 권리가 분명히 있다.

❷ 내 친구는 나에게 친구로서 낮은 속도로 달리고 있다고 증언해주기를 바랄 권리가 조금은 있다.

❸ 내 친구는 나에게 친구로서 낮은 속도로 달리고 있다고 증언해주기를 바랄 권리가 전혀 없다.

당신은 목격자로서 선서해야 할 의무와 친구에 대한 의무 사이에서 어떻게 행동하겠는가?

❹ 그가 시속 20킬로미터로 달리고 있었다고 증언한다.
❺ 그가 시속 20킬로미터로 달리고 있었다고 증언하지 않는다.

사례 2

당신은 매주 새로운 음식점을 소개하는 기자이다. 가까운 친구가 저축한
돈을 모두 투자해서 새 음식점을 차렸다. 당신은 거기에서 음식을 먹어보
고 정말 형편없다고 생각했다.

당신의 친구는 자기 음식점이 기사화되기를 바랄 권리가 있는가?

❶ 그녀는 친구로서 음식점이 기사화되기를 바랄 권리가 분명히 있다.
❷ 그녀는 친구로서 음식점이 기사화되기를 바랄 권리가 약간 있다.
❸ 그녀는 친구로서 음식점이 기사화되기를 바랄 권리가 전혀 없다.

당신은 기자의 양심과 친구에 대한 의무 사이에서 어떻게 행동하겠는가?

❹ 맛이 없지만 기사화한다.　　　❺ 맛이 없기 때문에 기사화할 수 없다.

사례 3

당신은 회사의 중역 회의를 막 끝내고 나오는 길이다. 당신에게는 가까운
친구가 있는데 만약 회의의 결과가 공표되기 전에 시장에서 손을 뗄 수 없

다면 그녀는 파멸할 것이다. 당신은 우연히 오늘 밤 그 친구의 집에서 저녁을 먹기로 했다.

그녀는 당신이 몰래 정보를 알려주기를 바랄 권리가 있는가?

❶ 그녀는 친구로서 정보를 몰래 알려주기를 바랄 권리가 분명히 있다.
❷ 그녀는 친구로서 정보를 몰래 알려주기를 바랄 권리가 약간 있다.
❸ 그녀는 친구로서 정보를 몰래 알려주기를 바랄 권리가 전혀 없다.

당신은 회사에 대한 의무와 친구에 대한 의무 사이에서 그녀에게 정보를 알려줄 것인가?

❹ 예.   ❺ 아니요.

위의 사례 1, 2, 3에서 각 첫 번째 문항 중 ❸을 택하고, 두 번째 문항에서 ❺를 택했다면 이는 보편성의 선호를 말한다. 이와 같은 보편성을 선호하는 나라들은 캐나다·미국·스위스·오스트레일리아·스웨덴 등이며 "특수한 상황에서 바랄 권리가 분명히 있다"라고 주장한 나라들은 한국·베네수엘라·러시아·인도네시아·중국 등이다. 다시 말해 미주나 서구의 청교도 문화권 나라들은 상대적으로 법 중심이고 원칙 중심인 반면 한국을 비롯한 아시아권과 중남미권의 나라들은 관계 중심적이고 특수주의적이다. 다른 말로는 전자의 나라들은 양심guilt에 좌우되는 문화이고, 후자의 나라들은 창피shame에 의해 좌우되는 문화라고도 할 수 있다. 양심주의자들은 외부의 시선에 상관없이 자신의 양심에 의해 행동하지만(기독교적인 영향이다) 창피주의자들은 관계가 중요하기 때문에 외부의 시선에 의해 행동한다(유교적인 영향이다). 양심은 보편성의 발로이고, 창피는 특수성의 발로가 된다.

미국과 같이 보편주의 문화권의 선봉에 선 나라의 경우 갈등을 조정하기 위한 수단으로 법정의 중재를 선호하며 한국과 같은 특수주의 문화권에서는 인간적인 화해와 절충을 선호한다. 인구당 변호사 비율이 가장 높은 미국에서는 진실을 지켜줄 기구가 훨씬 더 많이 필요할 수밖에 없다. 반면 러시아는 특수주의의 정중앙에 자리 잡고 있다. 대형 프로젝트 수주를 위하여 러시아로 출장을 간 국내 대기업의 간부가 러시아 관료들과의 미팅이 늦어져 한국행 러시아 비행기를 놓칠 것 같아 사정을 이야기했더니 러시아 정부는 미팅이 끝날 때까지 민간 비행기를 40분간이나 잡아놓았다고 한다. 러시아의 특수주의적 경향을 단적으로 보여주는 사례다. 이러한 러시아와 한국과는 문화적으로 얼마나 떨어져 있을까?

내가 얼마 전까지 살아온 캐나다는 인정적인 경향도 일부 가지고는 있지만 원칙주의 쪽으로 치우쳐 있는 나라다. 끈끈한 멕시코와 살벌한 미국의 중간 정도라 할까. 다문화주의를 표방하는 캐나다는 하나의 국가만을 강조하고 있는 미국에 비해 각각의 종교와 민족성을 인정하려는 태도가 더 온정적이고 상황적이다. 건설 현장에서 안전모를 쓰라고 해도, 수술 시 수염을 자르라고 해도 종교적인 이유로 거부할 수 있고(시크교), 수혈을 거부할 수도 있으며(여호와의 증인), 아내를 여럿 둘 수도 있다(전통 모르몬교). 캐나다의 대도시 횡단보도에는 "서서 차가 오는지 보라 Stop and Look"라는 표어가 쓰여 있다. 보행자의 권리인 횡단보도를 건너는데도 차가 오는지 확인하라는 말이다. 하지만 가끔 보행자가 횡단보도에서 죽었다는 소식을 들을 수 있다. 주로 백인 사회인 미국 동부 뉴잉글랜드 지방에서는 이와 같은 '말도 안 되는' 표시를 찾아보기 어렵다. 누구나 이미 다 알고 있는 원칙을 새삼 도로에 적어놓을 이유가 없기 때문이다. 독일과 스위스 등 가장 원칙적이고 고지식한 사람들에게 횡단보도를 건널 때 차가 오는지 보고 건너라고 하면, 오히려 주의를 주는 사람을 이상하게 생각한다. 독일 사람들은 바로 앞에서 차가 달려와도 보지 않고 건넌다. "횡단보도는 보행자의 권리인데 차가 오는지 왜 봐야 합니까?"라고 말한다. 독일의 횡단보도에서 사람이 치였다는 뉴스를 독일 체류 시 들어본 적이 없다.

　가장 원칙적인 나라가 독일과 스위스라면 이들 나라에서 추호도 기대할 수 없는 게 인정이다. 이들은 반드시 받은 만큼 준다. 오래전 스위스 국경의 독일 지역인 프라이부르크에서 머문 적이 있다. 검은 숲을 배경으로 빨간 전차가 중심을 가로지르는 아주 아름다운 도시였다. 피곤을 풀기 위해 인근의 사우나를 찾았다. 땀을 흠뻑 흘린 후 야외 탕으로 들어갔다. 물에 들어가 땀을 식히고 있는데 거구의 독일 아줌마가 손가락질을 하며 바로 나오라고 소리를 지르는 게 아닌가? 다른 사람들이 다 쳐다보고 있어 겸연쩍은 표정을 지으며 탕에서 나오니 "탕에 들어가려면 샤워를 하고 들어가야지 공중의 기본 원칙도 모르냐"라며 면박을 준다. 그 아줌마나 나는 둘 다 나체였다(독일의 목욕탕은 장소 불문 벗는다).

　뮌헨 근처에 살 때는 분리수거를 제대로 못했다는 이유로 2층의 할아버지께 꾸중을 듣자 손에 쥐고 있던 폐병까지 떨어뜨리는 사건도 있었다. 그 전말은 다음과 같다. 뮌헨 근처의 호수 도시 프리엔에서의 생활이 2주차로 접어들었을 때 이웃 할아버지와의 악연이 시작됐다. 분리수거용 컨테이너에 쓰레기를 버리고 있을 때였다. 갑자기 큰 소리가 콘도 2층에서 요동쳤다. 그 할아버지는 내가 쓰레기를 아무 데나 버린다고 지나가는 행인까지 세워가며 망신을 줬다. 내가 병을 아무 데나 버렸다는 것이다. 변명 같지만, 마침 그곳에는 병을 넣는 컨테이너가 없었다. 할 수 없이 다른 용도의 컨테이너 앞에 가져온 병을 세워놓을 수밖에 없었다. 이미 그곳에는 누군가 버린 몇 개의 병이 세워져 있었기 때문이었다. 바로 행동을 취하지 않는 나에게 더 화가 난 그 할아버지는 허스키한 목소리를 더욱 높여가며 당장 그 병들을 집어 다른 컨테이너에 갖다 놓으라고 했다. 홍당무가 된 나의 얼굴을 비웃기라도 하듯 지나가는 행인들은 실실 웃으며 더 혼나기 전에 그렇게 하라고 했다. 그 이후로 쓰레기를 버릴 때마다 할아버지가 살고 있던 2층집을 쳐다보는 버릇이 생겼다.

외국인에게 조금도 인정을 베풀지 않는(물론 내국인에게도 동일하다) 야박한 게르만 민족과의 악연은 독일 체류 1년 6개월 동안 지속됐다. 문화적으로 나와는 완전히 반대인 원칙주의자들에게, 독일은 가장 안전하고 예측적이며 개인의 사생활이 존중되는 이상 국가로 알려져 있다.

이런 답답하고 지독하고 원칙에 죽고 사는 독일의 반대편에 말랑말랑한 한국이 있다. 물론 경사마다 음식이 넘쳐나고, 이틀에 한 번꼴로 있는 경조사의 부조扶助로 허리가 휘는 옆 나라 중국의 인정주의도 한몫한다. 중국도 그렇지만 한국에서는 되는 것도 없고, 안 되는 것도 없다. 세상에 원칙주의자들이 점점 늘어나 삭막해져가는 21세기이지만 한국은 여전히 인정에 살고 인정에 죽는 지구상에 몇 안 남은 인정주의 국가이다. 아무리 잘못을 해도 울고불고 인정에 호소하면 감안이 된다. 군이 트롬페나르스의 조사에 의존하지 않더라도 한국이 특수주의 문화로, 사회 전반적으로 예외가 가장 많이 통용되고 있는 나라 중의 하나임을 부인할 한국인은 없을 것이다. 하다못해 동네 민원을 처리하려 해도 아는 사람을 불러내야 일이 제대로 진행될 정도로 한국은 좋게 말해 사람 중심이고 관계 중심이다. 반대로 원칙이 통하지 않는 나라요, 연줄과 배경이 있어야 무시당하지 않는 나라이기도 하다.

　교통 법칙을 위반해도 우선 싸워나 보고 혹은 상황에 따라 호소할 줄도 알아야 지혜롭다고(?) 인정되는 나라가 한국이다. 폭력과 부패를 조장하고도 부정父情과 경제적 공로(고용 가치)를 이용해 풀려나는 기업인들이 존재하는 나라가 한국이다. 이것은 외국과 비교할 가치도 없는 이야기이다. 병원 입원을 위해서는 순서대로 두 달을 기다려야 하지만 원무과를 통하면 바로 해결될 수 있는 나라가 한국이다. 외국에서는 기다리다 죽는 사고들이 빈번하다. 그 누구도 중간에 '치고 들어올 수' 없기 때문이다. 의료의 제공 속도를 볼 때 한국의 의료 제도는 결코 뒤쳐지지 않는다.

　이 세상 누구나 인정하는 한국적 인정의 진수는 음식 인심에 있다. 음식을 시켰을 때 반찬까지, 물까지 따라 나오는 나라는 한국밖에 없다. 주인과 사전 면面 지식이 있으면 반찬 외 보너스까지 나온다. 어떤 때는 주방장이 합석해 술자리를 펴기도 한다. 이런 인정은 계산상으로는 도저히 답이 나오지 않는다. 북미의 작가들과 오랜 기간 동안 교제를 해온 나의 경우, 단한 번도 그들로부터 선뜻 "이번은 내가 낼게"라는 말을 들어본 적이 없다. 딱 한 번 있었는데 그는 전통 그리스계 미국인이었다. 그리스인들의 인정도 한국에 결코 뒤지지 않는다. 한국의 이러한 음식 인심의 뒷면에는 가끔 음식 속에 섞여 나오는 머리카락이나 벌레 등 이물질에 대한 '그냥 넘어가기'가 전제되어 있다. 고상하게 말하면 관용이다. 얻어먹었으면 문제 된 음식에 대해서도 넘어가줘야 인지상정이 성립되기 때문이다. 외국에서는 그냥 얻어먹은 것에 대한 고마움과 비위생적인 음식을 제공한 것에 대한 고발 의식은 별개로 치부된다.

이런 인정주의의 한국에서 가장 대우받지 못하는 단어가 '원칙'이다. 사회적인 규범, 윤리, 도덕, 법 등을 원칙과 같은 카테고리에 넣어도 좋다. 단적인 예로, 경찰을 보고도 가장 무덤덤한 나라가 한국이다. 보통 서구에서는 경찰복, 경찰차만 봐도 옷매를 추스르게 된다. 경찰에 대한 존중은 곧 법 집행에 대한 국민적인 의식 수준을 반영한다. 어느 범죄자가 남긴 "무전유죄 유전무죄"라는 말이 한국 사회에서 불후의 명언으로 인정되고 있다는 것은, 원칙 없는 법 적용에 대한 불명예의 소치이다. 국민의 안전 및 기강과 직결되어 있는 법과 그 법의 집행과 준수 자체에 대한 국민적인 회의懷疑가 이처럼 일반화되어 있다면, 법 아래 강제 조항이 없는 '있어도 좋고 없어도 되는' 사회의 윤리와 도덕과 예의에 대한 존중은 기대하기 어렵다. 올림픽이나 월드컵 때나 펼쳐지는 유행성 캠페인도 화장실의 물리적 청결 상태는 개선했으나 화장실을 이용하는 한국인들의 태도를 바꾸지는 못했다. 한국 사회에서는 여전히 원칙을 지키려고 노력하는 사람들을 답답하고 고지식하다고 폄하한다. 반면 인정에 지나치게 치우쳐 원칙이나 방식이 자주 바뀌면 신뢰할 수 없는 사람으로 치부해버린다.

성수대교가 무너진 이후 끊임없이 이어지는 한국형 인재들의 중심에는,

고지식한 원칙의 적용과 준수보다는 그때그때의 상황에 따라 융통성(?) 있게 대처하고 적용하려던 인정 중심의 일 처리 관행이 있었다. 매번 사건 후의 진상 파악과 즉각적이고 가시적인 대책 마련만으로는 이런 인재의 재발을 방지할 수 없다. 어제 불탔던 집을 다시 세우고, 무너졌던 다리를 다시 세운다고 그런 참사가 잊혀질 리 만무하고, 다시 발생하지 않으리라고 장담하지 못한다.

대만의 장제스蔣介石 총통이 제2차 세계 대전 후 일본에게 '원한을 덕으로 갚는다'는 '이덕보원以德報怨 정책'을 발표한 것처럼 인정은 좋은 것이다. 그리고 인정은 가장 한국적이기도 하다. 서양인들의 입에 인정이라는 말은 평생 한 번이나 오를 정도로 귀한 미덕이다. 원칙에 충실하다는 이유로 가장 몰인정적인 서양에게 한국적 인정은 일과 원칙에 앞서 인간관계의 중요성을 일깨운다. 단, 우리가 살고 있는 21세기의 한국이, 한국적 과잉 인정에 질려 네덜란드인 하멜Hendrick Hamel이 이웃 나라 일본으로 도망갔듯이, 원칙을 지키는 사람이 천연기념물 취급받는 이런 인정만사人情萬事의 사고만 고집해서는 세계화가 되기 힘들다. 세상 사람들이 공히 지켜야 할 원칙을 세우고 존중하면서 한국적 인정이 덧입혀져야 한국의 문화적 이미지가 올라가고, 세상으로부터 주목과 존경을 받게 된다. 경영의 세계에서 글로벌 스탠더드는 서양에서 왔다. 하지만 문화적 글로벌 스탠더드는 인지상정의 미덕을 지켜온 한국에서 시작해야 한다. 문화 민족인 한국에서……

24 | 글로벌 기업 활동과 종교
종교와 문화

한국 A 기업의 영국 런던 현지 법인 인사 책임자인 박 부장은 큰 고민에 빠졌다. 고객 서비스 담당자로 채용한 현지 여직원 아즈미가 회사 출근 첫 날 이슬람 전통 복장을 입고 나타났기 때문이다. 크고 검은 두 눈을 제외하고 온몸을 검은색 차도르chador로 감아 두른 그녀를 보는 순간 박 부장은 머리털이 곤두서는 것 같았다. 하지만 업무 첫날부터 복장에 대해 지적할 수 없어 좀 더 두고 보기로 했다. 시간이 흘러가면서 영국인 소비자들의 항의가 빗발쳤다. '불쾌하다', '여성 차별이다' 등. 어느 날 박 부장은 아즈미를 조용히 불러 현재의 상황에 대해 설명하고, 복장에 대해 고려해달라고 요청했지만 그녀의 태도는 완고했다. 채용 당시 아즈미의 종교가 이슬람교인 것은 알고 있었으나, 영국에서 태어났고, 대학교까지 나온 인재였기 때문에 박 부장은 그녀를 합리적인 영국인으로 봤지 종교에 구속된 이슬람 근본주의자인 줄은 몰랐다. 이슬람에 대해서 무지했던 박 부장에게 이번 채용 건은 풀 수 없는 과제로 남아 있다. "바로 해고를 해야 하나 아니면 회사의 손해를 감수하면서 계속 근무케 해야 하나?"

한국 기업의 말레이시아 생산 공장에 사고가 터졌다. 현지 여직원이 생산 라인에서 발작을 일으킨 것이다. 그녀에 이어 옆의 다른 여사원 역시 괴성을 지르며 소리를 지르기 시작했다. 생산 라인의 책임자인 한국인 부장은 우선 이 둘을 귀가시키고, 인사 내용을 살펴봤으나 아무런 특이 사항도 발견할 수 없었다.

며칠 후 그중 한 여직원이 다시 문제를 일으켰다. 화장실을 다녀오는데 누군가가 어깨를 누른다는 것이다. 뒤를 보니 아무도 없었다고 한다.

무서워 벌벌 떨며 이 여사원은 울기 시작했다. 당일 저녁 다른 네 명의 사원이 같은 증세를 보여 인근의 병원에 입원시켜야 했다. 생산 부장은 왜 이런 일이 일어나는지 도무지 알 수가 없었다. 공장 건설 당시 한국식으로 돼지머리를 놓고 제사를 지낸 것까지 마음에 걸렸다. 며칠 후 열 명의 사원들이 집단 히스테리를 또 일으켰다. 이런 일이 조금 더 확대되면 생산 라인의 가동조차 멈출 것 같았다. 이 전형적인 이슬람교 국가에서 한국의 토종 미신이 싸우고 있는 것은 아닌지? 그렇다면 다시 한 번 한국식으로 푸닥거리를 해야 하는 건지? 아니면 이슬람교 지도자들을 불러 귀신을 쫓기 위한 종교적인 의식을 치러야 하는 건지, 생산 부장의 머리는 복잡해지기 시작했다.

인도네시아의 화학조미료 업체인 일본의 아지노모토가 이슬람교의 금기 식품인 돼지고기의 부산물로 조미료를 생산한 사실이 들통 나 시판 제품의 회수 조치 명령을 받은 데 이어 소비자 단체로부터 고발되는 등 파문이 일었다. 인도네시아 보건복지부는 조사 결과 백색 조미료의 주성분 글루탐산나트륨MSG을 만드는 과정에서 돼지고기 부산물을 사용한 것으로 드러난 아지노모토에 3주 이내에 시중에 출고된 모든 제품을 수거토록 지시했다. 인도네시아는 인구 2억 300만여 명 중 90퍼센트가 이슬람교도로 돼지고기의 식용을 엄격히 금하고 있다. 결국 아지노모토 측은 대국민 사과문을 통해 돼지고기에서 추출한 박토소이톤을 박테리아 배양의 촉매제로만 사용했기 때문에 조미료 성분에는 전혀 포함돼 있지 않다고 해명했다. 그 후, 소비자들의 우려를 해소하기 위해 시중에 유통 중인 모든 제품을 회수하고, 앞으로는 콩 추출물 마메노를 이용한 제품만 생산할 것이라고 약속했다.

인도네시아 발리 섬의 원주민들은 가족계획이 생명의 윤회를 파괴할 것이라고 생각하여 피임 기구의 사용을 거부했다. 가족계획을 추진하던 서구의 경영자들은 발리 사람들이 믿고 있는 생명이 여러 번에 걸쳐 다시 태어난다는 윤회설을 믿지 않았다. 발리인들이 피임 도구 사용을 거부하는 이유는 피임약을 이해하지 못하거나 단지 서양 문물을 두려워하기 때문이라고 생각했다.

돈만 있으면 달나라까지도 갈 다국적 기업들에게 '현지의 종교나 미신적인 행위 등을 어떤 관점으로 보고 수용할 건가'는 기업 활동의 큰 이슈가 된다. 자칫 사소한 문제로 치부해 간과할 수도 있으나 그 파장은 아무도 장담하지 못한다. 대개의 기업들은 현지의 종교적 관행이나 미신적 영향력을 원하지는 않지만 결국에는 수용하고 만다.

종교학의 창시자로 여겨지는 막스 뮐러 Max Müller는 "하나의 종교를 아는 사람은 아무 종교도 모른다"라고 말했다. 자기의 종교만 아는 사람은 자기 종교마저도 제대로 알지 못한다는 것이다. 종교는 인간의 문화 활동 중 가장 광범위하고 심오한 영향력을 가지고 있다. 인간의 가치와 신념을 결정하는 것이 종교이다. 국경을 초월한 경영 활동이 단순히 표면적 상행위가 아니라 문화적 활동의 연속이라면, 현지 종교에 대한 지식은 기업 활동에 직간접적인 영향을 미친다. 세계적인 기업 컨설턴트 짐 콜린스Jim Collins에 의하면, 현재 '영속하는 기업'으로 평가받고 있는 기업들은 가장 종교적인 기업들이다. 이들은 신성한 종교 행위에 세속이라는 옷을 입혀 경영에 적용하고 있다. 이들은 내부적인 조직 문화에서부터 외부적인 소비자의 상품 활동에 이르기까지 종교적인 문화 개입에 능숙하다.

종교가 기업이나 국가 활동에 결정적인 혹은 치명적인 영향을 미치게 된 경우로 미국의 9·11 사태를 빼놓을 수 없다. 9·11 사태를 통해 가시화된 기독교와 이슬람 근본주의의 대립으로 인해 비단 정치뿐만 아니라 경영의 세계에서도 종교의 영향은 무소불위가 됐다. 특히 미국과 미국식 기독교에 대해 피해 의식이 많은 이슬람은 일촉즉발의 상태이다. 유럽 역시 EU라는 이름으로 타민족들의 국가가 되어 어디든지 민간의 이동이 자유로워지면서 종교 간 마찰을 피할 수 없게 됐다. 종교 전쟁은 크기와 정도만 다를 뿐 세상의 저편에서 매일 일어난다고 봐도 과언이 아니다. 현대의 우리는 중세의 종교 전쟁을 매일 보고 있다.

다국적 기업들이 본격적인 궤도에 올라서기 전인 1980년대만 하더라도 종교는 경영의 논리로는 어느 정도 합의나 양해의 범주에 속했다. 국가 경제를 위해 종교가 양보하는 흉내라도 냈다. 타계한 교황 바오로 2세Joannes Paulus II의 종교 간 대화도 이런 화합의 분위기와 무관하지 않다. 하지만 이라크전의 발발과 함께 이제는 종교가 법 이상이 됐다. 어느 종교건 근본주의적인 성향을 노골화하고, 타협보다는 배타적인 자세로 일관하고 있다. 자신이 어느 나라에 살건, 어느 법 테두리에 노출되어 있건, 어느 회사에 다니건 자신의 종교에 대해서는 더욱 노골적이고 고립적이고 근본적으로 되어가고 있다.

미국 동부의 한 스타벅스는 이슬람 여성 직원의 복장 시비로 법적 소송까지 갔다. 이 여성은 종교의 자유를 내세워 머리부터 발끝까지 눈을 포함에 신체의 모든 부분을 가리는 부르카burka를 착용해 손님들의 발길을 끊게 만들었다. 결과는 종교가 이겼다. 독일 남부 바덴뷔르템베르크 주 대법원은 이슬람 여성 교사들이 학교에서 이슬람식 스카프를 착용하지 못하게 한 것은 잘못이라고 판결했다. 영국 리즈Leeds의 한 학교에서 이슬람 신도인 조교가 눈을 제외한 얼굴 전체를 가리는 니캅niqab의 착용 시비에 걸려 패소했다. 미국 플로리다의 감옥에는 종교적인 원칙이 하나 있다. 기독교인이 되겠다고 하면 대우를 달리해준다는 것이다. 플로리다는 부시George W. Bush 대통령의 동생이 주지사로 있던 곳이다.

특히 복장과 외모를 비롯해 각종 의식에 엄격한 근본주의 이슬람은 기업활동에 이미 커다란 걸림돌이 되고 있는 게 사실이다. 이슬람 여성들은, 현재 자신의 국적이 어디건 13세가 되면 기본적으로 베일을 써야 하며 머리부터 발끝까지 겉옷으로 가려야만 한다. 이들의 이러한 특수 복장에 대해 서구는 여성의 자유와 권리를 박탈한 차별이라 항의하고, 중동을 비롯한 이슬람 근본주의자들은 그러한 복장이 여성 자신의 신체를 신성시하고 뭇 남성들이 성욕을 일으키지 못하도록 한다고 믿는다. 이란 출신 작가 마르잔 사트라피Marjane Satrapi는 세계적인 주목을 끈 그녀의 만화책《페르세폴리스》에서 1970년대 말 이란, 이슬람 혁명 이전의 자유롭고 낭만적인 페르시아와 혁명 후 종교의 이름으로 피폐된 이란을 여성주의적인 관점으로 풍자했다. 페르세폴리스란 기원전 518년 다리우스Darius I 시대부터 150년간 페르시아 왕들이 계속 지어나간 궁전으로 역사적인 유물이자, 건축학적으로도 상당한 가치를 지니고 있는 세계 문화유산 중의 하나이다.

힌두교나 시크교도 마찬가지다. 캐나다 밴쿠버의 한 종합 병원의 간호사는 치료에 방해가 된다며 시크교도 환자의 수염을 허락 없이 잘랐다가 소송에 연루됐다. 환자의 목숨까지 종교의 자유에 굴복한 사례다. 공사장의 인부 역시 종교적인 이유로 안전모를 거부하고 터번을 쓴다. 경찰도 마찬가지다. 이들은 하다못해 사우나에서도 터번을 고수한다. 토론토의 연방 법원은 로비에 있는 기독교를 상징하는 장식물을 철거하기로 결정했다. 종교적인 중립을 위해 특정 종교의 상징물을 국가 청사에 두지 않겠다는 이유였다. 하지만 캐나다는 무슨 행사이건 기도로 시작하는 기독교 국가의 모습을 보인다(하지만 미국도 마찬가지인데, 기독교 국가라고 헌법에 언급되어 있지는 않다). 이슬람 국가 터키가 유럽에 편입되기 위해 공공의 장소에서 이슬람 종교 행위를 금지하고 있는 것도 종교가 국가 활동을 제약하고 있는 것이다. 종교의 입장에서는 그 반대일 것이다. 이러한 종교적인 제약들이 그 종교 자체에 대한 비판은 아니다. 오해 없으시길.

초국가적으로 기업 행위를 하는 다국적 기업들은 인종과 종교의 특수성을 이유로 채용 자체를 기피할 수는 없다. 하지만 업종과 업태를 불문하고 종교적인 이유를 앞세워 근무의 요강, 즉 문화조차 바꾸려는 추세는 기업의 입장에선 결코 양보할 수 없는 조직 운영의 마지노선이기도 하다. 종교가 인권과 경영 효율마저 능가하는 이 시대에, 종교적 영향을 염두에 두고 경영 활동을 해본 적이 없는 한국의 다국적 기업들에게는 새뮤얼 헌팅턴이 말한 '문명 아닌 종교의 충돌'을 효과적으로 피해 가는 지혜가 필요하다.

25 문화 충격과 적응
문화 충격을 돌파하라

말로만 듣던 독일의 젖줄, 유년 시절 부르던 노래 〈로렐라이〉의 고장, 산비탈을 깎아 질서 정연하게 재배되는 포도주의 본산 라인 강변의 보파르트.

내가 도착한 10월 그곳의 날씨는 하루 종일 을씨년스럽고 침침한 데다 줄곧 가랑비가 내리고, 오후 4시면 어두워져 거리에는 행인의 자취조차 찾을 수 없었다. 하늘의 회색과 바닥의 진흙 색이 혼합된 라인 강에는 색 바랜 화물선들만 말없이 자신들의 목적지로 오갈 뿐 나의 축축한 마음을 달래줄 사람들의 상쾌한 웃음과 따뜻한 표정은 찾아보기 힘들었다. 자취방 앞 교회의 종소리마저 울적한 나의 마음 상태를 더욱 처연하게 만들었다. 저녁 공부를 마치고 라인 강변의 호프에 들러 말동무를 찾으려 해도 독일 병정들은 쉽사리 동양의 이방인에 대해 마음을 열지 않았다. 자취방과 괴테문화원을 오가며 독일어 그리고 독일 사람들과 투쟁하는 데 어느덧 3개월이 흘렀다.

당초 계획대로 라인 강에서 스위스 접경의 프라이부르크로 옮겨 제2단계 독일어 수업을 시작했다. 환경이 바뀌면 기분 전환도 되리라 희망을 걸었건만 도리어 독일에 대한 나의 인내심이 슬슬 바닥으로 치닫고 있었다. 어학에 대한 열정도 식어갔다. 더군다나 한국 하면 베트남이 떠오른다던 독일어 선생이 나의 이름을 발음하기 어렵다며 '코미슈Komisch(웃기네!)'라고 말해 공개적으로 망신까지 주는 일이 발생했으니 독일에 대한 나의 애착은 점점 멀어져갈 수밖에 없었다(한국 사람에게 이름을 욕보이는 것은 조상에 대한 도전이므로 절대로 용서되지 않는다). 독일 사람들의 무뚝뚝하고 투박함에 질리기 시작했다. 어떤 날은 오후 내내 대학가 근처의 술집을 전전하며 독일식 맥주와 함께했으며, 어떤 날은 극장에서 말을 몰라도 이해할 수 있는 아널드 슈워제네거Arnold Schwarzenegger의 할리우드 블록버스터 영화에 몸을 기대고 있었다(독일은 어느 외화이건 더빙이 되어 있어 독일어를 모를 경우 화면에 의존할 수밖에 없다). 공부를 마치고 기숙사에 일찍 돌아올 때면 휘트니 휴스턴Whitney Houston의 〈아이 윌 올웨이즈 러브 유I will always love you〉를 기숙사가 떠내려가듯 부르기도 했다. 창가로 보이는 알프스의 흰색 산자락과 도시를 가로지르는 빨간색의 전차는 기가 막힌 대조를 이루며 한국으로 돌아갈 수 없는 아기 아빠(며칠 후에 큰아이는 아빠 없이 태어났다), 독일에서 투쟁하고 있는 고달픈 어학연수생, 한때는 잘나갔던 무역 회사사원의 소금기 없는 눈물을 꾸역꾸역 자아내고 있었다. 이제 남은 선택은 딱 하나, '한국으로 돌아갈까 말까?', '남들이 부러워하는 지역 전문가 교육을 그만둘까 말까?'

드디어 주말이 되어 기숙사에 덩그러니 남게 되면 머리가 아프고 목이 뻣뻣해지고 목이 메였다. 술에 의지해도 소용없고, 친구에게 의지해도 순간뿐, 신앙에 의지하려 해도 집중이 되지 않았다. 한 가지 할 수 있는 것은 전화통을 붙잡고 가족에게 아니 회사의 동료에게 정신적 외로움을 호소하는 것. 하지만 그것만은 자존심이 허락하지 않았다. '어떻게 이 난국을 헤쳐나가야 하나?'가 하루하루의 고민이었다.

외국과의 거리가 좁아지면서 많은 사람들이 외국으로 나간다. 공항에 나가면 조기 유학생들부터 비즈니스맨에 이르기까지 온갖 사람들로 북적거린다. 외국으로 나가는 사람들은 짧게는 여행 목적으로, 아니면 비즈니스 출장에서부터 장기 체류 목적에 이르기까지 체류나 방문의 목적도 다양하다. 단기간의 여행자들은 흥분이 채 가라앉기도 전에 귀국하지만, 장기 체류자들은 단기 방문자들이 겪지 못할 각종 심리적, 정신적 압박을 경험하게 되는데 이것을 '문화 충격culture shock'이라 한다. 문화 충격을 겪게 되면, 위에서 내가 느꼈듯이 평상시에는 느끼지 못한 여러 증상들을 경험한다. 고독과 좌절감을 느낀다든지, 신경이 예민해지고 극도로 피곤해진다든지, 심한 향수병에 걸린다든지, 아주 사소한 자극에도 심하게 화를 낸다든지, 체류하고 있는 국가에 대해 적대감을 갖게 된다든지, 현지의 지인들에게 지나치게 의존한다든지, 현지어를 사용하고 현지인들과 어울리는 것 자체를 싫어하고 기피하게 된다.

한국의 많은 기업들은(혹은 수많은 조기 유학생 부모들은) 이런 문화 충격을 개인적인 경험 정도로 치부해 사전 교육에 중점을 두지 않고 있다. 하지만 결국 매월 많은 체류 경비(생활비)를 지불해야 하는 기업(기러기 아빠)의 입장에서는 현지 파견 인력(아이나 엄마)이 조기에 적응하고 정착하는 것이 수익성 제고(교육 효과)에 직접적인 영향을 미친다는 사실을 알아야 한다. 극단적인 경우, 많은 공을 들여 파견된 인력(아이와 엄마)이 현지에 부적응해 역으로 귀국해버린다면 이 손실(영어도 못 배우고, 외국 물만 먹고 돌아왔을 때)은 누가 책임질 것인가? 영국 기업의 경우 일곱 명 중 한 명이 해외 적응에 실패하며, 미국 기업의 경우 이보다 많은 두세 명 선이다. 한국은 통계가 없으나, 한국인들의 언어 수준과 문화적인 유연성을 생각해보면 미국보다 좋으리란 가정을 할 수 없다. 실제 한국 기업의 외국 현장들을 돌아보면 그들의 일천한 문화 수준에 대해서 의구심을 가질 때가 많다. 이들이 현지에서 하루하루를 이겨내고 있는 게 기적으로까지 보일 때도 많다. 문화 충격은 개인차가 크다. 적응력이 좋은 카멜레온 같은 인력은 통상 5~10주 안에 현지에 완전히 적응하나 대부분의 경우 3~6개월 정도 혹은 그 이상의 절대적인 시간이 필요하다. 이 경우는 어른들을 말하는 것이고, 어린아이들의 경우에는 문화 충격을 아예 받지 않는 경우도 있다(사실 받지만 노출되지 않는 것과는 구분되어야 한다). 아이들의 문화 충격 없는 문화 적응을 '타잔 줄타기'라고 한다. 밀림의 왕자 타잔처럼 이쪽 나무(문화)에서 저쪽 나무(문화)로 거뜬하게 줄을 타고 왔다 갔다 할 수 있는 것이다. 타잔이 줄을 타다 떨어졌다는 이야기를 들어본 적이 없는 것과 같이 본성이든 타성이든 적응력이 훌륭한 아이들은 문화 충격을 받지 않고 현지 문화에 바로 연착륙한다. 어른과 아이들 사이의 이런 차이는 어디에서 연유하는 걸까? 늘 반복하는 말이지만 나는 '가정假定'의 차이라고 생각한다. 성경에도 천국에 가려면 어린아이와 같이 되라는 말씀이 있듯이, 타 문화권에 잘 적응하려면 어린아이 같아져야 한다. 아이들에게는 '가정'이나 '편견'이나 '선입견'이 없기 때문이다. 있는 그대로 받아들이는 것처럼 좋은 문화 적응의 태도는 없다.

'낯선 환경과 문화에 적응하기까지의 심리적인 충격'으로 정의되는 문화 충격은 네 단계를 순차적으로 거치며 진행 발전된다. 첫 번째는 '허니문 단계'로 누구나 새로운 문화를 처음 접했을 때의 생소함과 이상함이 기쁨과 환희로 전달되는 상태이다. 이때는 눈에 보이는 외형적인 문화—문화재 및 현지인들의 행동 양식, 옷차림, 언어 등—에 대해 감탄하고 사진을 찍기도 하며 잘 웃게 된다. 여행을 하는 정도의 가벼운 심리적 상태를 반영한다. 이어 현지 생활에 조금 익숙해지면서 피곤하고 괴롭고 부담스러운 일들이 발생하기 시작한다. 초기의 즐거움이 스트레스로 변한다.

중국 내륙 지방을 여행하는 도중 어느 시골 동네의 화장실에 달려 들어갔다. 아뿔싸, 이미 화장실을 차지한 사람들이 다들 나의 얼굴을 빤히 쳐다보는 것이 아닌가. 그곳의 화장실에는 칸막이가 전혀 없었다. 옆 사람과도 앞 사람과도 전혀 부담 없이 이야기할 수 있는 문화 혁명 당시 공개 토론장의 모습과 같았다. 뛰쳐나와야 하나 아니면 그냥 눌러 앉아야 하나를 고민하다, "모르겠다" 하고 그냥 앉아버렸다. 옆 변기의 친구가 바로 말을 걸어온다. "너 어디서 온 놈이냐?" 그 이후로는 공중 화장실 가기가 겁나 야외(?) 개인 화장실을 개발해냈다.

드디어 두 번째 '스트레스 단계'로 진입한다. 현지인들이 모두 자신에게 호의적일 거라고 생각한 것이 '착각'이었다는 것을 확신하면서부터 스트레스는 가속을 받게 된다. 주유소를 갔다가 말이 통하지 않아 난처함을 당했다든지, 본인은 잘못하지 않았다고 생각하는데 교통경찰한테 적발되어 일방적으로 범칙금을 부여받았다든지, 밤에 피아노 치다가 이웃에게 고발을 당했다든지 등 본국과의 문화 사회 환경적인 불일치로 인해 정신적·물리적 피해를 입기 시작하면서 스트레스의 정도는 심각해진다. 누적된 스트레스가 정상적인 방법으로 해소되거나 발산되지 못하고 체내에 축적되면서 스트레스는 정신적인 불안과 혼란을 야기하는 '충격' 상태로 발전된다. 충격의 상태에 도달하면 시야가 축소되고 급기야 '죽느냐 사느냐'로까지 발전할 수 있다. 일상생활의 균형을 잃고, 하루하루가 무의미한 삶의 연속이다. 우울증이 생기고 알코올 중독이 되기도 하며 극단적인 경우 자살하기도 한다. 대부분의 사람들이 외국에 거주하는 동안 문화 충격으로 인한 우울증을 경험하게 된다.

주위 사람들의 도움으로 혹은 자신의 극복 의지로 이러한 상태를 지나 네 번째 마지막 '적응 단계'로 들어간다. 하지만 이 정도까지 가기 위해선 본인은 물론이고 주위 사람들의 많은 희생을 필요로 한다. 드디어 충격의 경험을 통해 문화적 내성이 생기고 마음의 평온을 찾게 된다. 난장판이 된 집 안을 정리하고, 사람들을 만나기 시작하며 이전에 미루었던 일들을 처리하기 위해 하나둘씩 계획도 세우게 된다. 나아가 자신에게 적합한 일정 관리 기술 역시 터득하게 되며 결국 이곳에 잘 왔다는 확신을 갖게 된다. 아니면 오갈 수 없는 처지를 인정하며 현실 안주를 위해 노력하게 된다. 이와 같이 '허니문'과 '스트레스' 그리고 '충격'과 '적응'에 이르기까지 네 단계를 거치면서 생소함에 대한 적응력도 생기고, 당황스러운 상황을 대처할 수 있는 능력도 얻게 된다.

나치 치하에서 수용소 생활을 경험했던 빅터 프랭클Viktor E. Frankl 박사는, 수용소 생활을 통해 '인간은 어떤 상황에도 적응할 수 있는 존재'라는 도스토옙스키Fyodor Dostoevskii의 말이 틀리지 않음을 깨달았다. 프랭클 박사는 인간이 소유한 그 놀라운 적응력에 감탄하지 않을 수 없었음을 고백하면서 이렇게 말했다.

> 수용소에 처음 들어온 사람들에게는 놀랄 일이 수두룩했다. 이곳에 들어오기 전에 의사로 일했던 사람들은 무엇보다도 의학 교과서에 대해 배신감을 느껴야 했다. 사람은 하루에 최소한 몇 시간은 자야지 그러지 않으면 버티지 못한다고 어느 책에 쓰여 있지만, 말짱 거짓말이다! 사람들은 흔히, 나는 이런 일은 죽어도 못 하고 저런 식으로는 죽어도 살 수 없다고 생각하지만 전혀 그렇지 않다. 나는 이런 상태라야 잠을 잘 수 있고 저게 없으면 못 산다고 주장하지만 천만의 말씀이다.

하지만 한번 적응력이 생겼다고 해서 어디를 가나 문화 충격을 경험하지 않는 것은 아니다. 나 역시 세상의 이곳저곳을 다녔으나 정도의 차이가 있을 뿐 문화 충격은 끊임없이 나를 괴롭히고 있다. 단, 이전의 쓰디쓴 경험을 반복하지 않고, 자신이 겪는 충격을 객관화해서 볼 수 있는 안목이 조금 생겼을 뿐, 이 글을 쓰는 이 순간도 나는 옆집과의 문화적 차이로 인해 조심스럽다. 단, 위와 같은 과정을 하나도 빠짐없이 경험하면서 충격에 대한 내성은 더욱 좋아져 다음에는 충격의 단계까지는 떨어지지 않고 스트레스 정도에서 다시 적응의 상향 곡선으로 바뀌 탈 수 있으리라 생각한다.

문화 충격의 가장 근본적인 원인은 두려움과 불확실성에 있다. 두려움은 심정적인 것이고, 불확실성은 지식적인 것이다. 이 두 가지에 대해 사전 예방과 대처 능력을 기른다면 충격의 정도와 기간을 완화시킬 수 있다. 두려움을 극복하는 데에는 장기간의 훈련과 다각적인 노력이 필요하지만 불확실성은 정보 습득과 공부로 단기간에 극복이 가능하다. 대부분의 한국 기업이 외국에 파견되는 주재 예정자에게 하루나 이틀 혹은 사나흘의 짧은 사전 교육을 실시하는 것은 파견국에 대한 정보를 제공해 미래의 불확실성을 줄이려는 의도이다. 이런 경우 그들이 경험하게 될 심정적인 두려움은 예방할 수 없다는 사실을 알아야 한다. 아무리 현지에 대한 지식과 정보가 많아도 두려움에 대처하는 훈련, 변화에 대처하는 훈련을 하지 않으면 섣부른 지식과 정보가 현지 문화에 대한 우월감과 고정관념 그리고 잘못된 태도로 와전될 수 있다는 것에 주의해야만 한다. 현지에 대한 지식과 두려움에 대처하는 훈련이 적절히 조화될 때만이 파견과 체류 그리고 이주의 목적을 예정대로 달성할 수 있다.

이 세상 어디를 가도 문화 충격으로 인해 한국으로 다시 돌아온다든지 또 다른 나라로 이동해 국제 노매드nomad가 되는 일이 없기를 바란다. 이 세상 어디를 가든 그곳에서 문화 충격의 모든 단계를 다 경험해보기를 바란다. 그리고 문화 적응의 백신을 갖추길 바란다. 문화 적응에 대한 자만은 금물이나 어디를 가든 우리를 지탱해주는 것은 자신감이다. 자신감이라는 감정은 지식이 아니다. 경험을 통해 축적되고 발현되는 것이다. 문화 충격 없이는 문화 적응도 없다. 지금 여러분이 겪고 있는 충격 다음에 적응이라는 친구가 웃으면서 기다리고 있다는 믿음을 가지고, 오늘의 충격을 환영하고 수용하길 바란다.

문화 충격을 돌파하기 위한 몇 가지 조언

1 문화 충격에 대해 넋을 잃고 있다가 당하지 마라.

　- 외국으로 출발하기 전에 문화 충격에 대한 증상과 그 여파 그리고 파견
　　국의 각종 정보에 대해 지식을 쌓아라.

2 현지의 커뮤니케이션 체계에 대해 공부하라.

　- 현지어를 익혀라. 언어 및 비언어적인 행동들에 대해서도 공부할 필요
　　가 있다. 의사소통에서 말보다 몸이 더 먼저라는 것을 알아야 한다.

3 문화 충격은 장소를 불문하고 찾아온다는 것을 잊지 마라.

　- 집 떠나면 충격은 온다.

4 외국에 도착하자마자 현지에서 구축 가능한 네트워크를 형성하라.

　- 학교나 교회 그리고 도서관 등 사람이 모이는 곳이라면 서슴없이 찾아
　　가 인간관계를 형성하라.

5 어떠한 스트레스 상황이 닥치더라도 피하지 마라.

　- 술에 의존한다든지, 음식을 과다하게 섭취한다든지 감정적 대응은 도
　　리어 충격을 부채질한다.

6 한꺼번에 너무 많은 것을 하려고 시도하지 마라.

　- 시간을 두고 하나둘씩 계획을 세워 추진하라. 결과가 아니라 과정에 중
　　점을 둘 때 스트레스는 자연스럽게 해결된다. 현지 기업체 역시 파견된
　　지 얼마 되지 않은 주재원에게 너무 많은 것을 요구해서는 안 된다.

7 비현실적인 기대를 하지 마라.

　-자신을 과대평가한다든지 역으로 상대방을 과소평가한다든지 혹은 현지의 문화를 얕잡아보지 않도록 조심해야 한다. 기대가 없으면 실망도 없다.

8 같은 체류자 중 현지에 대해 부정적인 생각을 가진 사람과의 만남은 피하라.

　-좋은 생각만 해도 문화 충격은 이기기 힘들다.

9 가족의 중요성을 잊지 마라.

　- 해외 체류의 성패는 가족 관계에 있다.

10 일이 잘못되어갈 때 현실을 도피하거나 부정하지 마라.

　-아이들의 학교 문제에서부터 교통사고에 이르기까지 늘 사건과 사고가 도사리고 있다. 현지의 상황은 한국과 완전히 다르다. 그렇다고 자포자기하지 말고 인내심을 가지고 천천히 일을 풀어나가라. 시간이 해결해 줄 때도 많다.

11 한국과 비교하지 마라.

　-백해무익하다. 이 세상의 어느 문화도 고유하다.

12 만약 스트레스나 충격의 정도가 자신이 감당할 수준을 초과했다고 느끼면 카운슬러에게 조언을 구해라.

　-그들은 당신의 스트레스 수준을 낮추고 현지에 적응할 수 있는 실질적

인 지침을 줄 것이다.

13 문화 충격의 긍정적인 면을 부각시켜라.

-문화 충격을 많이 받은 사람일수록 새로운 문화에 대한 적응력과 회복력이 뛰어나다는 것을 알고 이왕 받을 충격이면 즐겁게 받자.

14 유머를 키워라.

-스트레스를 풀어주는 최선의 대책은 상황을 반전시키는 유머다. 웃음은 우리를 물리적으로 건강하게 할 뿐 아니라 심정적으로 자신감도 심어준다.

15 만약 한국에 다시 돌아온다면 똑같은 증상이 당신을 반긴다는 것을 인식하라.

-문화 역충격 역시 정상적이라는 것을 잊어선 안 된다.

26 | 잡종이여, 영원하라!

민족주의

1990년대 초 독일에서 시작된 신나치주의Neo-Nazism는 독일 전역의 외국인들을 공포의 도가니로 몰아넣었다. 제2차 세계 대전 당시 독일군의 복장을 한 신나치들이 거리를 활보하며 "외국인들은 나가라"라고 외치며 화염병을 던지고 터키인들의 집을 불사를 때마다 외국인들은 숨소리를 죽이고 사태를 관망해야만 했다. 이때 독일 전역을 장식했던 포스터가 아직까지 인상 깊게 남아 있다. "당신이 먹는 오렌지는 스페인에서 왔습니다. 당신이 마시고 있는 물은 프랑스에서 왔습니다. 당신이 입고 있는 청바지는 미국에서 왔습니다. 당신이 사용하고 있는 말은 이탈리아에서 왔습니다. 당신이 사용하고 있는 숫자는 그리스에서 왔습니다. 그럼에도 불구하고 외국인을 배척하십니까?"

어떤 개인이나 집단(부족이나 국가, 민족, 교회 등)이 자기만 유일하게 진리를 알고 있다고 믿는 것보다 해로운 것은 거의 없네. 나만이 옳다는 생각, 유일한 진리를 보는 신비한 눈을 가졌다는 생각, 내 생각에 동의하지 않는 남들은 틀렸다는 생각은 끔찍하고 위험한 오만이지. 이는 한 나라와 교회, 나아가 인류 전체의 목적이 오직 하나뿐이라는 확신으로 이어지며, 나아가 그 목적만 이룰 수 있다면 어떤 희생(특히 다른 이들의 희생)을 치르더라도 상관없다는 태도로 귀결될 거야. 로베스피에르는 '피의 바다를 건너서 사랑의 왕국' 운운하는 말을 했고 히틀러와 레닌, 스탈린도 그와 비슷한 말을 떠들었네. 기독교와 이슬람교, 가톨릭과 프로테스탄트의 종교 전쟁에서 지도자들 역시 그렇게 믿었겠지. 사실 인류를 괴롭혀온 주요 문제에 대해 진정한 해답은 오직 하나뿐이고, 우리는 각자 아니 지도자라면 모름지기 그 대답을 알아야 한다는 믿음이 피의 바다를 만든 원인이네. 하지만 사랑의 왕국은 거기서 생겨나지 않아. 그럴 수 없었지……

-영국의 역사가이자 철학자인 이사야 벌린의 메모 중

이 세상에서 타 문화권 혹은 외국인과 잘 어울리지 못하는 두 나라를 들라면 독일과 아시아의 한국을 빼놓을 수 없다(세 나라라면 이스라엘이 포함되고 네 나라라면 베트남을 들겠다). 유럽의 독일은 1920년대부터 제2차 세계 대전이 종결될 때까지 존속됐던 나치주의의 악령이 1960년 이후 신나치주의의 이름으로 환생하면서 여전히 타민족들에 대한 우월감을 과시하고 있다. 내가 독일에 살면서, 신나치들의 무분별한 폭력과 이에 대응하는 소수 민족, 대표적으로 터키인들의 방어 폭력을 목격했던 것은 결코 낯설지 않다. 어제까지 필요해서 불러들인 외국인 노동자들이 수적으로 팽창하자 이제는 도리어 나가라는 게 사건의 초점이었다. 특히 독일은 제2차 세계 대전 전까지 르완다, 나미비아, 토고 등의 아프리카 나라들을 식민지화한 전력이 있음에도 불구하고 역사 속에서 침묵하며 결코 타민족을 식민지화한 적이 없다는 듯, 인종적인 우월성과 순수성을 강조하고 있다. 즉 자기네는 단일 민족이라는 것이다.

독일에서 루프트한자를 타고 열두 시간 곧장 서쪽으로 날아오면 동방예의지국, 조용한 아침의 나라 한국에 도착하게 된다. 조용하고 순수한 백의민족에 대한 호기심으로 한국 땅을 밟은 외국인들에게 한국은 더 이상 고전적이고 조용한 동방의 등불이 아니다. 이 세상에서 가장 바쁘고, 시끄럽고, 예측이 불가능한 나라이기도 하다. 외국의 여러 기관이 조사한 한국인들의 문화적 호환성 혹은 문화적 수용성 역시 과히 우리의 예상을 뒤엎는다. 매년 발표되는 스위스 국제경영개발원의 국가 간 경쟁력 보고서에는 한국인들의 문화 간 개방성을 세계 49개국 중 44위권에 올려놓았다(해마다 다르나 늘 하위권에 속해 있었다). 싱가포르의 정치경제연구소가 매년 발표하는 〈외국인들이 느끼는 아시아 각국의 삶의 질 비교〉에서 한국인들의 문화적 개방성 수준은 베트남에 이어 꼴찌에서 두 번째이고, 오스트레일리아 시드니의 국제 정책 두뇌 집단인 로위연구소Lowy Institute가 발표한 나라별 호감도 조사에 의하면 한국은 전체 15개국 중 말레이시아, 동티모르에 이어 10위 수준에 머물러 다소 미온적인 호감 정도로만 평가됐다.

이런 수치와 걸맞게 한국인들의 문화적 폐쇄성은 독일을 뺨친다. 언젠가 한국의 UN 대표부 단장에 흑인이 새로 취임해 왔던 일이 있었다. 한국 정부 대표들과 UN 대표부 단장을 비롯한 외국 직원들과의 공식 모임에서였다. 정부 대표들이 먼저 다가가 악수를 청하고 인사를 하는 대상은 흑인 단장이 아니라 정식 직원도 아닌 백인 인턴사원이었다. 그 이후로 UN 대표부에는 원칙이 하나 생겼다. "한국에 대표를 파견할 때는 반드시 백인으로 하라."

좀 더 근본적으로 한국과 독일의 '다름'에 대한 인식, '차이'에 대한 인내가 부족한 데에는 '단일 민족 신화'가 단단히 한몫하고 있다. 인종적 순수성을 내세워 타민족과의 차별화, 우수화를 말하는 단일 민족 신화는 더불어 사는 21세기에 인종적 고립과 편견과 오해를 양산한다. 결국 국수주의와 전체주의를 부채질해 세상의 외톨이로 남게 된다. 이러다간 타고르 Rabindranāth Tagore가 "아시아의 빛나는 황금시대에 빛나는 등불의 하나인 코리아, 그 등불 한번 다시 켜지는 날에 너는 동방의 밝은 빛이 되리라"라고 대한민국에 헌정한 '동방의 등불'이 꺼질 수도 있다.

얼마 전 UN 인종차별위원회에서 한국은 다민족 사회를 인정하고, 단일 민족 국가라는 이미지를 극복해야 한다고 지적했다. 이제 한국은 구세대의 환상인 단일 민족 신화에서 벗어나야 한다. 신화는 그저 신화일 뿐 사실도 아니고, 근거도 없다는 것을 이성적으로 인정해야 한다. 사실 우리는 역사 이래 인종적으로 섞이고 섞여왔다. 한마디로 잡종인 셈이다. 유사 이래 끊임없는 침략과 침탈의 과정에서 우리가 인종적 순수성을 유지할 수 있었다면 한다면 그것은 허구다. 때마다 우리 민족이 외국으로 끌려가기도 했고, 반대로 타민족이 일부 섞여 들어오기도 했다. 당장 나와 한솥밥을 먹고 있는 아내는 백씨인데 백씨 성은 원래 한국 성이 아니었다. 중국에서 왔다. 함흥 달단동에는 조선 초까지 몽골족과 함께 살았다는 역사적인 기록이 있다고 역사 평론가 이덕일 씨는 《조선일보》의 칼럼을 통해 밝혔다. 달단(이란, 몽골 족)과 한동네에서 집단으로 거주하면서 단순히 이웃으로만 살았을까? 여전히 일반인들의 눈에는 외형적인 이질성으로만 '단일'과 '순수'를 따지지만, 엄밀히 인종 교배는 끊임없이 일어났다.

지금 당장 거리로 나가 오가는 사람들의 얼굴을 천천히 쳐다보라. 같은 얼굴이 있나? 혹자의 눈에는 모두가 같다고 비칠지 몰라도 문화인류학적인 관점에서 보면 완전히 다른 몰골들이다. 국내 얼굴학 연구의 대가인 조용진 교수의 전문적인 관점을 빌리지 않더라도 간단히 비교는 가능하다. 비록 얼굴색이 비슷할지라도 눈썹과 귀 그리고 귓불 등이 얇으면 그들은 시베리아 출신의 북방인들이고(이누이트들의 모습과 별반 다르지 않다), 키가 작고 대머리 기질이 있고 배가 톡 튀어나왔으면 그들은 몽골의 후예이고 (제주도를 가보라), 눈과 입이 크고 눈썹과 입술이 두꺼워 전반적으로 시원한 모습의 이들은 인도네시아에서부터 거슬러 온 남방인들이다(일본 사람들을 보라). 위의 세 가지 분류 중 딱히 어느 타입이라 말할 수 없으면 분류가 어려운 완전 잡종이다.

이 세상에 잡종이 아닌 민족은 없다. 타 인종 간의 결혼을 인정하지 않은 채 기원전부터 자기들끼리 공동체를 이루며 살아온 우크라이나의 사마리아인들 경우, 그 숫자는 매년 급감해 현재는 701명만 남아 있고, 그 인원의 80퍼센트가 출생 결함으로 장애를 겪고 있다. 이외의 많은 순수 혈통주의자들이나 부족들은 이미 지구에서 사라졌거나 사라지고 있는 중이다.

한국이 단일 민족 신화를 부둥켜안으면서, 이런 전철을 밟기를 원하지는 않을 것이다. 꿋꿋이 지난 5천 년의 맥을 이어온 한국은 경제적인 발전과 더불어 정신문화적으로는 더욱 성숙해져야 하고, 그런 문화가 한국만이 아닌 세상의 것이 되려면, 인종적으로 더욱 섞여야 한다. 길거리에 외국인 친구와 팔짱을 끼고 걸어가는 여성을 편안한 눈으로 바라볼 수 있는 수준이 되어야 한다. 소위 '튀기' 혹은 '아이노쿠'라는 천한 칭호들이 우리들의 입언저리에서 사라져야 한다. 외국인들과의 협상을 주도하는 대기업 임원의 입언저리에서 '깜둥이, 양놈'이라는 말이 사라져야 한다. 단일 민족의 신화를 걷어내고, 전라도와 경상도가 섞이고, 한국과 외국이 섞여야 한다.

이런 문화적, 인종적 퓨전의 과정을 통해 인종차별적인 칭호들이 우리들의 입언저리에서 사라지게 되고, 외국인을 차별하지 않고, 반대로 특별히 과공過恭하지 않으며 우리와 똑같이 대우하게 된다. 그럴 정도가 되어야 대한민국이 정신문화적으로 21세기에 진입할 자격을 얻게 되지 않을까? 21세기가 혈통 보존의 시대가 아니라 혈통 개량의 시대라는 걸 인정하게 될 것이다. '동일'보다는 '차이'가 존중되는 사회로 발돋움하게 된다.

신학자이며 철학자인 영국의 조너선 색스Jonathan Sacks는 그의 책《차이의 존중》에서 문명의 충돌을 넘어선 차이의 존중에 대해 여러 각도로 조명했다.

부족끼리 어울려 살던 과거로 거슬러 올라가면 인간의 태곳적 본능은 차이를 위협으로 여겼다. 그러한 본능은 인간의 운명이 조밀하게 얽히게 된 오늘날에는 심각한 폐해를 낳는다. 이상한 이야기지만, 교환(거래)을 통해서 '차이'는 '저주'가 아니라 '축복'이 된다는 대단히 심오한 정신적 메시지를 전해주는 것은—정신적인 것과는 전혀 상관이 없는— '시장'이다. 차이가 전쟁으로 이어질 때는 쌍방 모두 실패한다. 하지만 거꾸로 차이가 서로의 삶을 풍요롭게 할 때는 양쪽 모두 승리하는 것이다 다름은 위기가 아니라 기회다. 여러 가지로 한 가지를 만드는 세상이 아닌 한 가지로 여러 가지를 만드는 세상이 되어야 한다. 사회의 면면에 다양성이 살아 숨 쉬고, 조그만 반도에서 지역별 분권주의도 사라져야 한다. 그래야 인류가 한 가족이 될 수 있는 희망을 품을 수 있을 것이다. 시인 구상의 〈인류는 한 가족〉이란 시는 이럴 때 더욱 아름답다.

색색의 꽃도 사람도
어울려 피어 있다.
나도 모래 위에다
그 서양 친구처럼
'인류는 한 가족'이라고
썼다가는 지운다.

아니 지웠다가는
또 쓴다.

SUCH

문화 세우기

지금까지 문화 전반에 대해 다양한 관점을 가지고 비교해보았다.

문화를 배우는 것은 단순하지 않다.

문화적인 현상에 대한 섣부른 해석은 위험하다.

문화적 안목이 생겼다면 이제는 우리만의 문화 수준을

단계별로 점검해볼 필요가 있다. 문화에도 수준이 있다.

문화 수준의 각 단계를 점검하면서 '문화주의자'가 결국 지향하는 게

무엇인지 재고하자. 그리고 자신만의 문화를 창조하자.

문화는 아는 것으로 끝나는 게 아니라 창조하는 데 그 의의가 있다.

a CULTURE

27 | 천상천하 유아독존

나의 문화 수준 점검 하나

이에 그들이 동방으로 옮기다가 시날 평지를 만나 거기 거류하며 서로 말하
되, 자 벽돌을 만들어 견고히 굽자 하고 이에 벽돌로 돌을 대신하며 역청으로
진흙을 대신하고 또 말하되, 자 성읍과 탑을 건설하여 그 탑 꼭대기를 하늘에
닿게 하여 우리 이름을 내고 온 지면에 흩어짐을 면하자 하였더니 여호와께
서 사람들이 건설하는 그 성읍과 탑을 보려고 내려오셨더라. …… 그 이름을
바벨이라 하니 여호와께서 거기서 온 땅의 언어를 혼잡하게 하셨음이니라.
여호화께서 거기서 그들을 온 지면에 흩으셨더라.

ー창세기 11:2~9

사람이 신을 떠나 교만해질 때의 결과를 성경에 나오는 바벨탑의 이야기
만큼 생생하게 전하는 것은 없다. 인간이 신이 될 때 비극이 발생하는 것처
럼 인간이 자기만 알고 타인을 모르게 되면 같은 결과가 발생한다. 문화적
으로도 같은 맥락으로 설명할 수 있다. 자신의 문화만 알고 타 문화를 모르
면 가장 유치한 수준에 머무르게 된다. 이 책의 첫 장에서 다룬 바와 같이

자문화 중심적인 사고에 대한 경계의 주문이다.

최근 부모의 등쌀에 밀려 외국을 나가는 많은 조기 유학생들, 장기 체류 목적의 이민자들, 주재원을 파견하는 기업, 모두들 먼저 현지 문화의 적응을 목적으로 하고 있다. '적응 없이' 할 수 있는 것은 없다. 적응해야 공부하고 적응해야 살고 적응해야 일할 수 있다. 현지 문화에 대한 적응 없이 해외 체류의 성공을 기대할 수는 없다. 현지 문화의 적응은 개인이나 기업의 문화적 안목에서 시작된다. 문화적 안목이란 문화를 자기중심적 틀 안에서만 보는 것이 아니라 자기를 존중하면서도 상대방과의 차이를 수용하며 상대적인 틀로 확대해서 보는 것이다. 즉 '문화적 안목'은 자기와 다른 이질성에 대한 수용 정도를 포함한다. 따라서 문화적 안목은 개인마다 기업마다 다를 수밖에 없다. 자기 안에 자기와 남의 비율, 즉 자문화와 타 문화의 비중이 곧 그 사람 그 기업이 가진 문화적 안목의 수준이다. 남보다 자기 비중이 절대적으로 많은 사람을 세상에서는 '이기적인 인간'이라 말하지만 문화적으로는 '문맹'이라고 한다. 천상천하 유아독존이요, 자신만의 바벨탑에 갇혀 있는 꼴이다.

이런 문화적 수준에 머물렀을 때의 특징은 다음의 세 가지로 크게 요약된다. '부정'과 '방어'와 '최소화'이다.

먼저 문화적인 인식이 유아기 수준으로, 속이 좁은 '부정 단계'부터 시작해보자. 이 단계에 속한 사람은 기본적으로 문화적 차이를 인식하지 못한다. 예를 들어 아마존 레인포레스트rainforest 지역에 사는 원주민이나 아프리카 탄자니아와 케냐 국경에 사는 마사이족 그리고 남태평양의 작은 섬들에 흩어져 사는 플라와트족과 같이 환경적으로 혹은 물리적으로 고립

되어 있는 사람들에게 문화적인 차이는 그다지 의미가 없다. 이들은 자신들의 세계만 인식한다. 영화 〈부시맨〉에서 본 바와 같이 하늘에서 코카콜라 병이 떨어지지 않는 한 이들의 세계에는 코를 탁 쏘는 탄산음료의 의미가 자리 잡을 수 없다. 혹 우연히 코카콜라 병을 깨서 시음한다 해도 이들에게 이런 탄산음료의 의미는 미국의 월마트가 들어오지 않는 한 일시적일 뿐 곧 잊혀지고 만다.

와스프WASP, White Anglo-Saxon Protestant 외 다른 인종을 보기 힘들었던 미국 버몬트 주에 체류할 때, 그곳의 백인들은 동양인인 나와의 문화적 차이를 거의 인식하지 못했다. 동양인이 양적으로 많아지지 않는 한, 시각적으로 부각되지 않는 한, 나는 그들로부터 어떤 주목도 받지 않는다. 그렇기 때문에 인종차별이 없을 수도 있다. 차별은 본능적인 것이 아니라 사회적인 산물이기 때문에, 동물들이 영역을 지키기 위해 물어뜯고 싸우듯이 인간들도 위협의 대상이 아니라면 먼저 시비 걸고 싸우는 일은 드물다.

타 문화의 비중이 전혀 없는 곳에 생활하는 사람들은 자신과 다른 문화에 속한 사람을 만나면 전혀 시대에 맞지 않는 유치한 질문들을 한다. 미국 시카고에서 온 사람을 만나면 그곳의 마피아에 대해서 묻고, 아프리카에서 온 사람들에게는 그곳의 밀림과 야생 동물에 대해 묻는다. 브라질 아마존에서 온 사람을 만나면 식인종에 대해서 묻고, 아랍에서 온 사람을 만나면 일부다처에 대해 묻고, 한국에서 온 사람을 만나면 개고기에 대해 묻는다. 이러한 질문에 대해 뭐라 대답하면 이들은 웃거나 때로는 쑥스러워하며 어색한 친절을 베풀기도 한다.

이어 한 단계 발전된 형태가 문화적 차이를 인식은 하는데 저항하는 '방어 단계'이다. 여기서는 문화적 차이를 위협으로까지 받아들이게 된다. 다른 문화를 경멸하고 우월감을 드러내어 자신을 방어한다. 이를 통해 편견을 조장한다. 즉, 방어의 수준에 있는 사람들은 '필리핀 사람들은 수동적이고 게으르다', '프랑스 사람들은 목욕을 싫어한다', '미국 사람들은 건방지다', '중동 사람들은 반드시 복수한다', '인도 사람들은 계급 차별이 심하다', '남아프리카공화국 사람들은 성 관념이 없다(에이즈 문제)', '중남미 사람들은 돈 벌어 옷만 산다', '스페인 사람들은 놀기 좋아 한다', '독일 사람들은 인정이 없다', '유대인은 돈벌레다' 등의 부정적인 편견에 사로잡히게 된다. 오직 자신의 문화만 정상이고 우월하다고 드러낸다. 독일의 신나치나 미국의 KKKKu Klux Klan가 이러한 단계의 극단적인 예다. 종교적으로도 한 종교가 타 종교에 대한 우월성을 강조할 때 문화적으로는 유치한 단계로 전락한다.

이 단계에서는 '다른 것'과 '이상한 것'의 차이를 모른다. 모든 차이를 이상한 것으로 치부한다. 한국 사람들의 대화를 관찰하다 보면 '다르다'는 표현을 잘 듣지 못한다. 영어에서 분명히 구분되는 '다르다'를 한국 사람들은 대부분 '이상하다'는 말로 바꿔 말한다. 자신들이 이해하지 못하면 쉽게 '이상하다'의 라벨을 붙여버린다. 하다못해 자신들의 아이와는 달리 과외를 안 시켜도 공부 잘하는 이웃 아이는 이상한 아이, 자신들과는 달리 아무데서나 노래 잘 하는 사람도 이상한 사람으로 말한다. 한국 사람들에게는 다른 것은 없고, 오직 이상한 것만 있는지? 이 이야기의 본말은, 자신은 정상인데 다른 사람은 이상 혹은 비정상이라는 말이다. 한번 '이상 신드롬'에 걸려들면 '이' 자만 보면 무조건 '이상'한 것으로 생각한다. 나의 직업인 이문화 컨설턴트의 '이' 자도 '다른'이란 의미로 받아들이기 전에 '이 상하다는 이異'로 받아들여진다. '이'자는 결국 거부와 배척의 이미지로 발 전한다. '이'에 대한 이런 편협한 이미지는 '다른 것은 무엇이든 위험하 다'는 의식으로 발전해 '외국인 혐오증Xenophobia'으로 나타나기도 한다.

다른 한편으로 외국에 살며 자신들의 고국에 대해 비하하는 발언을 하거 나 비아냥거리는 것도 이 단계에 속한다. 이 단계에 속한 사람들은 늘 자신 이 발붙이고 있는 외국만이 지상에서 최고 아름다운 곳으로 착각한다. 내 가 살던 캐나다 밴쿠버에는 특히 이런 부류의 사람들이 많다. 이들이 늘 달 고 다니는 말은, 캐나다가 천당 밑의 구백구십구당이라는 것. 캐나다만 그 런 것은 아니다. 유럽에 나가 사는 사람들 역시 이런 착각에 사로잡혀 있는 경우가 많다. 한국에 대한 경멸과 우월의 태도를 버리지 않는 한 어디에 얼 마나 살든 이들의 문화적 안목은 저급한 방어 수준에 머물게 된다.

문화적 인식이 그 사람의 성품과 직결되듯이 앞서 언급한 부정과 방어의 수준은 그야말로 사람으로 따지면 유아요, 문화의 관점으로 보면 초보 단계 에 속한다. 문화의 차이조차 인식하지 못하고, 인식한다고 해봤자 차이를 거부하는 것은 문화적 안목이 일천할 때 나타나는 대표적인 증상들이다.

이런 두 단계를 지나면 문화적 차이를 인정하기는 하되 최소화하게 된 다. 이 단계에서는 자기중심적인 태도를 여전히 유지하고 있다. 사람의 성 장 과정으로 비교할 때 유아 단계를 지나 어린아이 수준인 이 최소화 단계 에서는 문화의 차이를 공공연하게 인정하며 평범한 것으로 받아들인다. 하지만 속으로 공감하지는 않는다. 한마디로 겉과 속이 다른 형태다. 이때 의 특징은 지나치게 보편화한다는 것이다. 대부분 외국 생활을 많이 하고,

외국에 대한 지식이 많은 사람들에게서 보이는 현상들이다.

이 단계에 속한 사람들은 우선 '인간은 누구나 먹고 배출하고 잔다 혹은 종족 번식을 한다'는 물리적인 보편성을 들어 문화적인 특수성과 차이를 무시한다. 이들은 희로애락과 같은 인간의 감정 표현 역시 대개 비슷하고 인간 행동의 대부분이 본능적인 행동의 결합이라고 축약을 해 문화 간 소통 시 표현의 차이를 무시한다.

독일에서의 생활이 10개월쯤 됐을 때 한국의 기자들이 독일의 교육 제도를 취재하러 왔었다. 도저히 거절할 수 없는 상황이라 일주일 간 통역을 맡아 동행 취재를 하게 됐는데, 셋째 날 아침 식사 중 한 기자가 불현듯 항의하며 물었다. 독일에서의 아침은 주로 뷔페식이다. "아니, 여기선 달걀을 숟가락으로 퍼 먹나요?" "네, 그렇습니다"라고 대답을 하자 그는 상기된 얼굴로 "달걀 먹는 방법에 대해 왜 미리 알려주지 않았느냐", "우리가 달걀을 깨서 식탁에 껍데기를 흘리며 손으로 먹는 모습을 독일 사람들이 뭐라고 생각했겠느냐", "동양의 야만인들이 독일에 왔다고 얼마나 우습게 생각했겠냐" 등 계속 따져서 몇 가지 이유를 달아 설명해주었던 기억이 난다.

방법론적으로 서양에서는 달걀을 에그 스탠드에 올려놓고 티스푼을 사용해 퍼 먹는데 이유는 첫째, 유럽 사람들은 일반적으로 완숙보다는 반숙을 즐겨 먹어 달걀을 손으로 들고 먹기 힘들기 때문이다. 노른자는 흘릴 수가 있다. 따라서 퍼 먹는 것이 안전하니 그러는 것이다. 둘째, 달걀도 하나의 음식으로 간주해 보온을 유지하기 위해서이다. 에그 스탠드에는 스티로폼이 들어가 있는 경우도 많다.

설명이 끝나자 기자들이 입을 모아 "야! 계란 하나 먹기도 쉽지 않구

먼!"이라고 말하면서 동시에 "야! 이런 것까지 신경 쓰면서 외국에 나와 밥 먹을 수 있겠냐?", "이런 것까지 따지면 소화 안 되겠다" 등등 구구한 변명을 늘어놓았다. 이들에게는 먹고 배출하는 것이 이 세상 어디에서나 다 같았다.

이런 신체적인 보편성을 능가하는 방어 기제가 초월적 보편성이다. 인간은 다 같은 신의 자녀이니 '신神 아래 있는 사람은 다 같다' 혹은 '우주에는 단 하나의 진리, 진실만 있다'라고 생각하는 초월적 보편성은 기본적으로 모든 사람의 특수성을 최소화한다. 샤머니즘에서 기독교에 이르기까지 각종 신앙의 형태에서 가장 많이 나타나는 이런 초월적 보편성은, 신 앞에서는 다 같은 사람이니 생각과 행동의 차이를 드러내는 것은 종교적인 신앙심에서 멀어지는 것으로 해석한다. 차이로 인해 신도 간의 갈등과 분쟁을 야기한다고 주장한다. 자기네들이 믿는 진리 외의 다른 사상의 접근을 거부한다.

1987년 한국의 모 사이비 종교 단체 지도자가 자신이 경영하던 (주)오대양 용인 공장 구내식당 옥상에서 신도 31명과 함께 집단 자살한 오대양 사건, 1995년 일본의 옴진리교 신도들이 도쿄 지하철에 독가스 '사린'을 살포해 12명이 숨지고 5천 500여 명이 부상당한 사건, 1994년 스위스 서부와 남부의 농촌 마을 두 곳과 캐나다 몬트리올에서 종말론을 신봉하는 사교 집단 '태양의 사원' 신도 50명이 집회 도중 불을 질러 집단 자살한 사건, 미국의 사교 집단 '천국의 문' 신도 39명이 1997년 캘리포니아주 랜초 산타페의 한 호화 주택에 모여 독극물을 마시고 집단으로 목숨을 끊었던 사건들은 이러한 초월적 보편주의에 근거한 종교적 비극들이다. 안타깝게 명을 달리한 이들에게 다른 세상은 없었다. 오직 그들의 신만 있었다.

위와 같이 맹신이나 광신이 초래하는 결과에 치를 떠는 일반 신앙인조차 잘못된 종교 리더를 만나 오도되고 호도되어 한목소리로 북과 꽹과리를 울리게 되면, 정도의 차이는 있을지언정 이들 또한 문화적으로 볼 때는 맹신이나 광신의 수준과 차이가 없다.

문화적 특수성을 초월적 보편성으로 대체하려는 시도는 선교의 현장에서 끔찍한 사고로 비화되기도 한다. 1867년 남태평양 피지에 있는 나바투실라Navatusila 부족의 선교를 위해 파송됐던 영국의 토머스 베이커Thomas Baker 목사가 추장의 머리를 만졌다는 이유로 현지 부족들에게 잡아먹힌 것이 그 대표적인 예다. 약 3천 500년 전부터 사람이 살기 시작한 피지는 1643년 네덜란드 사람 타스만에 의해 처음 발견됐고, 1874년 영국령으로 되기 전까지 식인 풍습을 유지했다. 그를 파송한 영국의 런던선교회London Missionary Society가 베이커 목사의 죽음이 비일상적인 사고는 아니라고 말한 것은 당시 이런 종류의 사고가 다반사였다는 것을 증명한다. 신앙 안에서의 이런 비극들은 '종교가 만사(자신의 신앙만으로 모든 위험에서 보호받을 수 있다는 생각)'라고 맹신하는 데에서 시작된다. 종교도 사람이 서 있는 곳의 종교이어야 하고, 사람이 산 후에 종교이어야 한다. 그 어떤 종교도 사람보다 더 귀하지는 않기 때문이다.

문화적 차이를 차이 그 자체로 인정하지 않는다면 문화적 안목은 이전의 방어 단계로 후퇴하게 된다. 문화적인 수준이 발전하려다 다시 자신의 틀 안에 갇혀버리게 된다. 그러고는 이전과 같이 "내 멋에 살다 죽게 내버려 둬!"를 외치며 천상천하 유아독존의 상태로 회귀하게 된다. 다시 자신만의 바벨탑을 쌓기 시작한다.

28 | '적응'으로 가는 길

누구나 자신만의 잣대를 가지고 살아간다. 이발사는 손님의 머릿결로 그 사람의 크기를 판단하고, 외과 의사는 수술 시 환자의 반응이나 태도로 판단한다. 모자 가게 주인은 손님의 머리 크기로, 신발 가게 주인은 손님이 신고 온 신발로, 안경 가게 주인은 손님의 안경으로 그 사람의 크기를 가늠한다.

이들이 가진 자신만의 안목, 다른 말로 '선택적 지각'은 좀처럼 바뀌지 않는다. 자신들이 신봉하는 자신만의 판단 기준에서 한 치도 어긋나는 것을 용납하지 않으며 일상을 사수해나간다. 이 역시 수용과 조정을 배제한 문화적으로 유치한 수준이다.

문화적으로 혹은 인간적으로 성숙해지는 것은, 상대방을 비교하고 인식하며 나아가 그 비교의 결과를 수용할 때 가능하다. 역시 폭풍의 눈은 '문화 차이'를 수용하는 정도에 있다. 어린아이가 자신의 욕구 충족만을 위해 주위의 시선이나 환경에 아랑곳하지 않고 떼를 쓰다가 나이가 들면서 차츰 눈치도 보고, 포기하고 양보할 줄도 아는 것처럼 문화도 남과의 차이를 인식하고 수용하면서 시야가 확대되고 나아가 자신의 정체성을 확립하게 된다. 이제 상대방을 인식하고 존중하기 위한 첫 번째 관문으로 수용에 대해 말해보자. 수용의 단계에 접어들어야 타인과 타 문화와의 관계가 형성되는 것이다.

수용 단계에서는 문화 차이가 인정되고 존중된다. 타 문화에 대해 방어적으로 대항하고 혹은 보편화해서 문화 차이를 최소화하는 것이 아니라 문화 차이를 인정하고 환경의 일부로 수용하게 된다. 수용은 크게 두 가지 형태로 나눌 수 있는데, 첫째는 상대방과의 행동 차이를 존중하는 것이고, 두 번째는 상대방과의 가치 차이를 존중하는 것이다.

언어적 혹은 비언어적 행동이 문화적으로 다양하다는 사실과 그러한 행동들이 모두 존중받을 가치가 있다는 것은 이해하기 쉽다. 낯선 문화를 접했을 때 최소한의 관찰력만 있다면 이러한 차이를 알게 되고, 최소한의 매너만 있다면 존중하는 시늉까지 하게 된다. 언어와 비언어적 차이를 감지하기는 하나 피상적인 수준에 머물렀던 최소화 단계와는 달리 문화적 성숙으로 가는 첫 단계 '수용'에서는 문화 차이를 좀 더 심도 있게 다루게 된다.

문화 차이는 말과 제스처 등 일반적인 의사소통 수단을 통해 확연히 드러난다. 특히 언어는 문화 차이를 가장 명확히 드러내는 수단이다. 누구나 외국 땅에 도착해 공항 세관원의 투박한 "Next!"란 소리를 들으면서부터 이질적인 문화의 언어 차이를 인지하게 된다. 이어 공항을 빠져나와 그 사회로 들어가면서 각 개인의 의사소통 방식의 차이까지 인식의 범위를 확대하게 된다. 말하는 방식이 직접적인지 간접적인지, 느낌의 표현이 암묵적인지 외현적인지, 시간관념이 철저한지 느긋한지, 일할 때 협력적인지 독립적인지, 업무 태도가 진지한지 농담을 즐기는지 등에 대한 차이를 이전의 반감이나 악의가 아닌 호의나 호기심으로 받아들이게 된다. 나아가 기본적인 의사소통의 영역이 현지인들의 생활 방식으로까지 차츰 확대되어 그들이 잠을 침대에서 자는지 바닥에서 자는지, 밥을 손으로 먹는지 기물을 사용해서 먹는지, 배설을 수세식 화장실에서 하는지 자연 배설을 하는지 등에 대한 이해와 수용의 태도를 갖게 된다. 이쯤 되면 타 문화권의 생경함에 대한 문화적 유치함은 종적을 감추게 된다.

이러한 행동의 차이에 대한 인식과 아울러 존중의 태도가 갖춰지게 되면 상대방 문화의 근간을 이루고 있는 '가치' 탐구 지역으로 진입한다. 물리적, 정신적 반경이 확대되어 문화적 성숙함의 단계로 접어들게 된다.

슬쩍 보면 캘리포니아에서 자란 나무와 일본에서 자란 나무는 비슷하게 보인다. 길이의 차이는 있으나 곧다. 한국의 소나무는 물론 단번에 확연한 차이를 드러낸다. 짧고 구부러져 있다. 나무의 성장은 그 나무의 뿌리가 성장하기 위해 '상호 작용'해야 하는 토양에 따라 크게 달라진다. 또한 그 뿌리의 단단함은 그 나무가 몸을 노출시킬 주위 환경, 즉 햇빛이나 폭풍우에 달려 있다. 나무의 뿌리가 주위 환경(사회) 속에서 생존하기 위한 힘의 근원인 것처럼 문화적 가치 역시 인간의 성장과 발전에 중추적 역할을 한다.

정체성이 문제다

일상생활의 대부분은 어릴 때부터 지탱해온 문화적 가치들에 뿌리를 두고 있다. 이 가치들은 가족과 공동체와의 결속과 유대를 통해 축적되고 강화되어왔다.

미국의 나무뿌리는 주변 토양과 어울려 개별적으로 똑바르게 박혀 있고, 반면 한국의 나무뿌리는 돌이 섞인 토양에서 살아남기 위해 뒤틀리고 엉켜 있는 것처럼 추구하고 있는 가치는 사회마다, 나라마다 다르다. 일본인들은 귀속성과 집단적 조화 그리고 정직 및 연장자 우선을, 미국인들은 자유와 독자성 그리고 공정함과 경쟁을, 중동 사람들은 종교와 가족의 안녕 그리고 부모의 가르침과 콧수염(남자의 상징)을, 중국인들은 역사와 건강 그리고 권력에의 복종과 돈을, 러시아인들은 가족의 안녕과 자유 그리고 자기 신뢰와 개방을, 한국인들은 체면과 집단주의 그리고 근면과 서열에 문화적 가치를 두고 있다. 삶의 근저에 뿌리내리고 있는 이러한 가치들에 대한 근본적인 수용 없이는 그 문화로 들어간다 하더라도 문화적 충돌의 개연성을 항상 안고 있는 셈이다.

타 문화권에서 생성되는 행동과 가치에 대한 수용이 이루어지면 드디어 문화의 적응 단계로 접어든다. 문화 적응은 이전 단계에서 인지된 행동과 가치의 차이를 구체적으로 적용하는 단계이다. 따라서 적응 단계에 접어들면 타 문화권의 사람들과 의사소통을 하기 위한 구체적인 기술들을 습득하고 그것을 발전시킨다. 적응이라는 말은 한 사람의 정체성이 현지 문화에 흡수되어버리는 '순응' 또는 '동화'의 의미와는 근본적으로 다르다. 순응과 적응의 차이는 '정체성'의 유무에 있다. 순응은 군자화이부동君子和而不同의 '동'에서처럼 부화뇌동하는 것을 말한다. 개인의 문화적인 정체성이 없어지는 것이다. 정체성이 없어진다는 것은 자신들의 뿌리에 대해서 아무런 인식을 하지 못하는 것이다.

자신의 의지와는 상관없이 부모에 의해 외국에서 태어났거나 자란 아이들을 문화적으로 TCKThird Culture Kid, 즉 '제3 문화 아이'라고 한다. 그리고 이들이 자랐을 때 TCAThird Culture Adult, 즉 '제3 문화 어른'이 된다. 이들이 겪는 문화적 정체성의 문제는 아주 심각한 수준이다. 두 문화의 문지방 사이에 낀 형국이라고 보면 된다. 슬픈 현실이지만 이들은 자신들의 조국과 체류국 사이에서 어디에도 소속되지 못하고, 사회의 주변에서 떠돌며 심한 정신적 혼란과 불안을 경험하다가 이중 정체성을 가진 문화적 고아로 방황하는 경우가 많다. 이들은 외국에서 태어났으나 적응했다고 볼 수 없다.

적응 단계의 핵심은 무엇보다도 '정체성의 확립'에 있기 때문이다. 자신의 문화적 정체성과 세계관에 대한 확신은 의사소통을 원활히 하고 현지 문화에 적응하는 데 장애물이 안 된다. 한국말을 잘 못 하는 사람이 외국

말을 잘하는 경우가 드물듯이 한국 문화와 한국인에 대한 정체성 없이 외국 문화에 적응한다는 것은 어불성설이다. 따라서 외국에 살면서 한국말을 못하는 아이들에게 현지 적응만을 강요할 것이 아니라, 그들 고유의 문화적 배경과 세계관을 이해하도록 자극하고 격려해주어야 한다. 이런 과정 없이 단지 기술로서의 외국어 습득은 그 문화의 빙산의 일각을 알고 있을 뿐이다.

정체성과 관련해서 외국 이름을 짓는 것을 연결해보자.

"야! 크리스, 저녁 때 우리 집에 놀러 와라."

"알았어! 제임스. 이따가 갈게."

캐나다 밴쿠버의 어느 초등학교에서 한국 아이들의 대화 한 토막이다. 외국에 사는 많은 한국 사람들이 현지식 이름을 지어 사용한다. 일본에 가면 일본식 이름을, 독일에 가면 독일식, 캐나다에 가면 캐나다식 이름을 쓴다. 한국인들에게 각 나라 사람들과 잘 어울려 살 수 있는 지식과 기술을 가르치는 국제화 선생으로서 나 역시 외국에 나가는 많은 한국인들에게 현지 이름을 사용하도록 권장했었다. 발음도 어려운 한국 이름을 고집하지 말고, 쉽게 읽힐 수 있는 현지 이름을 사용하라는 말이었다. 사실 나는 그것이 국제화인 줄 착각했었다.

미국으로 유학을 와 세계 각지의 사회 활동가들을 만나면서 고유한 한국 이름보다는 영어 이름에 무게를 두었던 나의 생각이 잘못됐음을 깨달았다. 독일에서 귀국한 1994년 이후 외국인과 만날 때 줄곧 볼프강Wolfgang이라는 독일식 닉네임을 사용했었다. 책도 볼프강이라는 이름으로 냈었다. 리포트에 한국 이름을 영어로 쓸 때에도 이름-성의 미국식 순서로 사용했었다. 어느 날 같은 학과의 의식 있는 미국인 친구가 "왜 독일식 이름을 쓰냐, 누구를 위해 이렇게 순서를 바꿔 쓰냐"라고 물으며 "한국 사람이면 한국식으로 쓰라"라고 조언했다. 외국 사람이 어려운 한국 이름을 읽는 것 자체가 국제화라고 그는 덧붙였다. 그러고 보니 내 주변의 학생들 중에는 자신의 이름을 영어로 바꾼 친구가 단 한 명도 없었다.

외국에 사는 한국 부모들의 큰 걱정 중 하나는 그들의 후손이 한국인으로서의 정체성을 잃는 것이다. 몸은 한국인이면서 말과 행동과 생각은 현지인인 이중 정체성을 가진 아이들의 미래를 우려하고 있는 것이다. 필요하면 한국인처럼 행동하고, 필요치 않으면 현지인처럼 행동하는 아이들의 이기적 이중성이 사회적으로, 문화적인 이슈라는 것은 새삼 언급할 필요가 없다. 한국과 캐나다, 주류와 비주류, 어느 곳에서도 환영받지 못해 방황하고 부모를 원망하게 되며, 급기야 마약과 섹스 그리고 폭력으로 이어지는 경우를 심심찮게 접한다. 그들의 부모는 모두 아이를 위해 이민 온 사람들이었다.

한국 후손들의 정체성 고양을 위한 몇 가지 실천 방안을 제시해본다.

첫째, 한국 이름을 유지하자는 것이다. 외국 이름을 갖는다고 아이의 현지화가 앞당겨질 것이라는 착각에서 해방되어야 한다. 자신의 이름을 제대로 부르고 불리도록 하는 노력 그 자체가 정체성을 지키는 길이다. 물론 정체성을 유지하는 길은 어렵고도 험하다. 주위의 간섭이나 방해에 아랑곳하지 않는 뚝심이 필요하다. '나는 자랑스런 한국인의 자손이다.' 아이들에게 자신들의 이름과 성이 가지고 있는 고유한 뜻과 조상의 의미를 알려주는 것도 좋다. 북미권의 사람들은 이름 자체에 그다지 의미를 두지 않지만 한국적인 정서에는 이름이 갖는 의미가 크다는 것을 이해시켜줘야 한다. 한국에서는 이름을 잘못 부르면 큰일 난다.

둘째, 가정에서 아이들의 식단을 한국식과 현지식으로 적절히 조절하자는 것이다. 혹 캐나다인 가족을 집으로 초대했을 경우에도 현지화된 음식보다는 한국식 전통 식단을 소개하는 노력이 필요하다. 예로 일본식 발효되지 않은 된장국(미소시루)을 내놓기보다는 한국식 발효된 된장국을 내놓는 것은 어떤가? 냄새가 나지 않는 샐러드보다는 김치를 내놓으면? 멕시코식 칠리보다는 한국식 고추를 내놓으면? 상대방 문화인 음식에 대해 왈가왈부하는 것은 문화 인식의 일천함을 말해준다. 돌아보면 부끄럽지만 몇 년 전 한국에서 국제화 강의를 통해 "외국 가면 마늘이나 된장 먹지 마세요"라는 말을 줄곧 이야기해왔었다. 이젠 그런 세상이 아님을 분명히 밝힌다.

셋째, 또래 한국 아이들과의 접촉 기회를 만들어줘야 한다. 교회도 좋고, 과외 활동을 통해서도 좋다. 조상 대대로 이어져온 정서가 비슷하기 때문에 다소 말이 안 통한다 하더라도 어울리는 데 큰 문제는 없다. 영어를 빨리 배우기 위해 한국인을 피해 다니는 조급증에서 탈피해야 한다. 현지 사회에 발을 붙이고 있는 한 아이의 언어 능력은 발전하게 된다. 언어라는 소통 기술에 의존하지 말고 아이의 정서적 적응을 먼저 고민하는 것이 지혜로운 부모의 모습이다.

마지막으로 가장 중요한 것은 부모들이 아이들 앞에서 한국에 대한 비판적이거나 부정적인 말들을 삼가는 것이다. 혹 한국이 싫어 이민을 왔다 하더라도 겉으로 내색하지 말고, 한국인으로서의 자부심과 긍지를 가지고 있다는 것을 아이들에게 보여주는 최소한의 노력이라도 해야 한다. 문화의 기본 단위는 가정이다. 훌륭한 외적 환경도 부모의 한마디에는 미치지 못한다는 것을 기억하라.

샐러드볼 문화

19세기 프랑스는 그림과 조각, 전통을 자랑하는 소설을 제외하면 '세계 최고'라고 말할 수 없었다. 프랑스라면 사족을 못 쓰는 사람들도 셰익스피어나 단테Alighieri Dante 그리고 푸시킨Aleksandr Pushkin보다 프랑스 작가가 더 훌륭하다고 말하지는 않는다. 가장 독창적인 프랑스 음악도 빈의 음악을 따라갈 수 없었고, 프랑스의 철학은 독일의 철학보다 분명히 한 수 아래다. 그러나 영국과 미국, 그리고 세계의 젊은이들이 그 당시 파리의 허름한 호텔로 꾸역꾸역 몰려들기 시작했다. 왜 그랬을까? 프랑스에는 중요한 자산이 있었다. 그것은 외국인 누구에게나 자신의 문명을 선사해줄 마음을 가지고 있었다는 점이다. 누구도 무솔리니Benito Mussolini와 히틀러가 장악한 이탈리아와 독일에 가고 싶어 하지 않았고, 영국에서는 섬나라의 편협성이 느껴졌다. 혁명 이후 프랑스는 가장 폐쇄적인 궁정 문화를 민주화시켰고, 사람들은 확장된 귀족 문화를 즐겼다. 가장 국수주의였던 이 나라는 자유, 평등, 박애라는 원칙을 수호하면서 모든 사람에게 나라를 활짝 열었다. 19세기 프랑스는 유럽에서 가장 많은 이민을 받아들인 나라였다. 파리는 국제 문화의 중심지였고, 누구나 한번은 살아보고 싶은 도시였고, 살아보았다고 자랑하고픈 선망의 도시였다.

—에릭 홉스봄의 《미완의 시대》 중에서

홍세화의 《나는 빠리의 택시 운전사》는 단순히 한 망명자의 흥미진진한 현지 생활담이 아니었다. 프랑스란 사회와 톨레랑스로 대표되는 프랑스의 가치에 대한 문명 비평으로 그 가치가 더 있었다. 저자는 외적으로 나타나는 '샤넬 넘버 5 1921년 선보인 향수의 대명사' 이면의 프랑스를 생생한 목소리로 전달해주었다.

프랑스는 문화적으로 '원조'를 그렇게 많이 가지고 있는 나라가 아니다. 프랑스 만화계의 두 거장인 르네 고시니 René Goscinny와 알베르 우데르조 Albert Uderzo가 《아스테릭스》 만화를 통해 프랑스인들의 민족적 자부심과 기질, 유머를 높여놓았다 하더라도 그들의 조상 켈트족 시대부터 근대사에 이르기까지 문화적 유산으로 내놓을 게 없었다. 만화에서도 묘사됐지만 켈트족은 냄새나는 야만인들이지 세련된 문명인들이 아니었다. 프랑스의 코냑에서부터 향수와 음식에 이르기까지 프랑스인들이 원조가 된 적은 없다. 코냑 지방의 포도는 그 질이 가장 나빴고, 향수는 원래 중동 지방에서 시작됐고, 음식은 이탈리아로부터 수입된 것이다. 단 하나 그들이 잘하는 게 있다면 '더욱 좋게 만드는 것'이다. 원래의 것을 더욱 세련되고 대중적으로 만드는 데 이 세상에 이만한 민족이 없다. 모두 받아들여 그중 좋은 것만 이용해 최고를 만들어낸다. 프랑스는 대단한 문화적 연금술사이다.

문화의 가장 높은 단계는 통합에 있다. 통합의 단계에서는 각 문화의 차이를 이용해 문화적 시너지를 창출하는 것이다. 즉, 문화적 다양성을 이용해 각 문화의 장점을 최대한 활용토록 장려하는 것이다. 그래서 새로운 문화적 가치를 창출해 그 사회와 세상의 발전에 기여한다. 이 단계에서는 단순한 정제의 기술을 넘어 사회적·국가적·문화적 이미지를 심각하게 고민하게 된다. 유행이 아니라 문화를 세우고, 그 문화를 영속하게 만들기 위해서이다.

따라서 문화 통합의 핵심어는 '다양성'이다. 다양성에 대한 인식과 활용 없이 통합의 단계로 들어갈 수 없다.

다양성은 개인의 인성, 직업, 스타일, 인식과 태도, 가치와 삶의 양식, 신념, 세계관, 의사소통 유형 등 광범위한 인간의 독특한 특성을 포함한다. 다양성 관리는 이러한 개인의 차이에 대한 존중을 바탕으로 각 개인의 차이점들을 한데 묶어 조직의 장점으로 승화시키는 것이 목적이다. 즉, 각 개인들의 진정한 가치와 재능을 발견하여 공통의 목적에 이바지할 수 있다. 우리가 숨 쉬고 있는 21세기는 획일이 아닌 다양성의 시대이다. 이젠 더 이상 돈 버는 남편이 퇴근 후에 빨래하고, 전업주부가 안방 전등을 갈아 끼우고, 까맣고 긴 머리만 자랑하던 딸이 스포츠머리에 노랑머리로 염색하고, 평생직장이라고 들어갔던 사원이 자기 계발을 위해 회사를 그만두고, 기업 총수가 식당 웨이터가 되는 것을 이상하다고 생각하지 않는 시대이다.

이런 시대에는 창의성과 유연성이 생존의 핵심 역량이 된다. 창의성과 유연성은 다양한 관점, 다양한 의견, 다양한 해석 없이 고양되지 않는다. 경영학자 리처드 파스칼Richard Pascale은 "어떤 유기체든 외부 환경에 적응하기 위해서는 다양성을 창출해야만 하는데 만약 내적 다양성이 감소될 경우 발생하는 외부적 다양성에 적절히 반응할 수 없다"라는 사이버네틱스의 법칙Law of Cybernetics을 통해 다양성의 필요성을 주장했다. 그는 또 "그렇다면 하나의 시스템에서 다양성은 어떤 방식으로 나타나는가?"라는 질문에 대해 "이것은 정상 상태의 이탈, 즉 갈등의 형태로 나타난다. 문제는 대부분의 기업들이 갈등을 회피한다는 것이다. 대부분의 갈등은 상처 받은 자아와 훼손된 인간관계, 세력 다툼 등과 관련되어 있다. 그리고 조직 내 논쟁이 잘못된 경영의 지표로 오인되는 경우도 더러 있다. 따라서 반대를 위한 반대를 지양하고 논쟁을 자기반성 및 조직 진단의 수단으로 활용해 기업의 발전을 꾀해야 한다"라고 조언했다. 즉 다양성이 조직 발전의 원천이라는 것이다.

미국 NBA 농구의 전설적인 감독 필 잭슨Philip Jackson의 일화는 문화적 다양성을 통합해 성공한 대표적인 사례로 꼽힌다. 그는 시카고 불스Chicago Bulls에서 9년 동안 여섯 번이나 팀의 우승을 이끌어 전 세계적인 관심을 받았다. 그의 명성은 마이클 조든Michael Jordan이라는 최고의 농구 스타 제조기로서가 아니라 마이클 조든과 데니스 로드먼Dennis Rodman 그리고 다른 팀원들과의 완벽한 팀워크를 만들어냈다는 것이다. 그는 조든의 출중한 개인 플레이만으로는 승리할 수 없다는 것을 일찌감치 깨달아 조든의 역할과 득점을 낮추는 대신 팀원 전체의 고른 역할 안배에 충실했다. 각 개인의 개성과 스타일을 철저히 분석해 팀플레이에 철저히 반영했다. 결국 필 잭슨만의 농구 문화를 만든 것이다. 이런 필 잭슨 감독뿐만 아니라 한국 축구를 세계적인 반열에 올려놓은 히딩크Guus Hiddink의 일화도 한몫한다. 그 역시 한국적인 인정과 근면 그리고 서구의 합리와 공정성의 이점만을 선별적으로 채택해 개인 플레이가 아닌 새로운 팀 중심의 축구 문화를 구현했다. 1998프랑스월드컵에서 누구도 예상 못 했던 프랑스의 우승 역시 그 민족만의 저력이 아닌 외국 선수들의 효과적인 활용 때문이었다는 사실은 다양성의 힘을 대변해준다.

다양성을 근간으로 한 문화의 통합은 위의 스포츠 분야 외에도 기업과 교육 등 다방면에서 발견된다. 미국의 《포춘》지가 해마다 소수 민족이 일하기 가장 좋은 50개 회사를 조사하여 발표하는데 그중 48위에 오른 월가의 최고 기업 JP모건이 남아프리카공화국 지사의 경영자를 그 지역 출신의 흑인으로 충원하고, 그 지역 흑인들을 위해 금융 교육과 직업 교육을 실시하는 것이 눈에 띈다.

세상에서 가장 존경받는 기업 중의 하나인 휼렛패커드의 루이스 플랫 Lewis Platt 전 회장은 이렇게 지적했다.

"우리는 휼렛패커드의 다양성이 우리 회사에 엄청난 힘이 된다고 믿는다. 우리는 그것을 통해 아주 넓은 잠재력을 활용한다. 우리 회사의 다양성은 고객, 직원, 그리고 기업에 경쟁력을 제공한다."

복합 문화를 표방하는 캐나다의 한 초등학교 담임이 문화적·언어적 차이를 고려하여 한국 및 아랍에서 온 학생들에게 숙제나 발표하는 방법의 차이를 두면서 반 전체의 조화와 협력을 유도하는 것 역시 기능적인 교육을 넘어선 새로운 교육 문화 창출의 선례라 할 수 있다.

유대인들의 교육법은 세상이 인정한다. 그들의 자녀 교육은 '남보다 뛰어나게'가 아니라 '남과 다르게'에 중점을 둔다. '히브리 Hebrew'라는 말은 원래 '혼자서 다른 쪽에 선다'라는 뜻이다. 이 말과 같이 그들은 자녀들의 개성을 충분히 키워주는 데 전력한다. 유대인 어머니들은 자신의 자녀들이 다른 집 아이들과 똑같이 뛰어놀고, 함께 공부하고 행동하는 것을 원하지 않는다. 다른 어린이들과 어딘지 다른 뚜렷한 개성을 지니고 성장하는 것이 좋은 장래를 약속할 수 있다고 믿고 있기 때문이다. 우열을 다투는 경우 승자는 언제나 소수에 지나지 않지만, 저마다 남과 다른 능력을 지니고 있다면 모든 인간은 서로의 능력을 인정하고 존중하면서 함께 살아갈 수 있다는 것을 깨달은 사람들이다.

　다양성 관리를 통한 문화적 통합은 수나 양 등의 물리적인 구분에서 일탈해 각 개인의 개성을 존중하며 공통의 문화를 창출해나가는 과정이다. 각양각색의 문화를 하나의 판형으로 찍어내는 미국식 멜팅팟melting pot이 아니라 각각의 개성과 창의가 살아 있는 샐러드볼salad bowl, 다양한 채소들이 각자 고유의 맛을 내며 그릇에 담겨 있다는 의미을 만드는 것이다. 남해의 한려수도나 캐나다 온타리오의 천 개의 섬이 아름다운 것은 다른 모양의 섬들이 한데 어울려 있기 때문이다.

　한 문화에 편중되지 않고, 그 문화 안에 들어가 있되 객관적으로 볼 수 있는 시각으로 새로운 문화를 통합하고 창출해나가는 성숙한 문화인에게는 세계 63억, 193개국, 3천 개의 문화, 6천 800어종의 문화적 차이가 결코 두려움의 대상이 아니다. 선명한 문화적 정체성을 바탕으로 유연성과 개방성을 가지고, 상대방과의 문화 차이를 도리어 강점으로 승화시킬 수 있는 차별화된 안목이 있기 때문이다. 따라서 문화적으로 성숙한 사람은 어딜 가나 흔들림이 없으며, 그곳의 체질에 맞는 독특하고 성숙한 문화를 창출해나간다. 문화가 무엇인지 모르고, 부정하고, 반항하고, 무시하다가 차츰 그것을 수용하기 시작하면서 상대방을 있는 그대로 받아들일 수 있다. 자신의 문화적 정체성에 눈을 뜬 다음 자신만의 독창적인 문화, 제3의 문화를 창조해나가는 기나긴 여정을 통해 우리의 문화적 수준은 성숙된다. 마치 어린아이가 성인이 되어가는 과정과 동일하다. 이러한 과정은 나선형의 성장과 후퇴를 반복하며 시간과 노력을 거름 삼아 서서히 상승세를 타게 된다. 문화를 창조하는 그날까지, 문화의 차이를 뛰어넘을 그날까지 우리들은 여전히 '진행 중'이라는 것을 깨달을 때 우리들의 문화적인 수준은 확고해진다.

문화 통합의 열매는 자신만의 고유한 문화를 재창조하는 것이다. 나라를 세우고자 하는 정치인에게는 국가 문화가, 민족적 정체성을 갈구하는 애국자에게는 민족 문화가, 기업을 창업하고자 하는 기업가에게는 기업 문화가, 교회를 개척하고자 하는 목사에게는 교회 문화가, 가정을 올바로 세우고자 하는 가장에게는 가정 문화의 재창조가 필요하다. 이전의 문화를 반성하고 바람직한 문화로 재창출해나가는 과정이 진정한 인류의 진화 과정이다.

개인이건 기업이건 자신만의 문화를 재창조하기 위한 실질적인 방법 네 가지를 제시한다.

문화 세우기 첫 번째는 '상징물 만들기'다. 국가적으로 볼 때 한국의 불국사, 중국의 만리장성, 일본의 오사카성, 미국의 자유의 여신상 등은 그 국가를 상징하는 문화재들이다. 기업과 교회 그리고 가정의 관점에서는 건물 내외부의 조각이나 그림 등의 장식품들이 상징물에 해당된다. 강의 차 방문했던 한국의 어느 기업 본사 로비에 조각물과 대형 그림이 있었는데, 그 회사의 이미지와 전혀 어울리지 않아 의아해했던 적이 있다. 반면 캐나다 밴쿠버의 한 장로교회에 형형색색으로 수놓은 스테인드글라스 십자가는 다문화 수용주의를 단적으로 드러내 그 교회의 문화적 수준을 보여주었다. 문화를 세우려면, 우선 어떤 상징물을 만들지를 고민해야 한다. 이미지가 곧 문화이기 때문이고 한번 각인된 이미지는 쉽게 바뀌지 않기 때문에 상징물을 세울 때는 각별한 신경을 써야 한다. 미국의 스타벅스 로고, 독일의 명차 BMW 로고, 스웨덴의 이케아 가구점의 로고를 보라. 로고는 그 회사의 미션과 존재 이유를 담고 있는 문화적 아이콘이다. 교회의 십자가는 왜 있나? 성경에 십자가를 세우라는 말은 없지만 인간들이 기독교 문화를 세우기 위해 십자가를 만든 것이다. 집에 가훈은 왜 걸려 있고, 회사에 사훈은 왜 걸려 있나? 상징물은 보이고 보여지는 것이다. 눈에 익게 하는 것이 문화를 알리는 시작이다. 보는 것에서부터 인식은 시작된다.

두 번째는 '영웅 만들기'다. 해당 집단을 상징하는 인물이 있어야 문화가 호흡할 수 있다. 한국에는 이순신, 중국에는 쑨원孫文, 미국에는 슈퍼맨, 프랑스에는 잔 다르크, 남아프리카공화국에는 만델라Nelson Mandela가 있듯이 국가나 기업 그리고 교회나 가정이나 할 것 없이 그 집단을 대표하는 상징적인 인물들이 없다면 문화적 이미지는 만들어지지 않는다. 그렇다고 영웅이 반드시 대중적인 스타이어야 하고, 대단한 신화를 창조해야만 하는 것은 아니다. 가정의 입장에서는 자녀들에게 일주일에 한 번 독후감을 쓰게 하고, 열 번 썼을 때 시상을 한다는 원칙을 세워 시상을 했다면 그 자녀들은 자신들이 인정받았다는 심리적 자존감을 얻어 더욱 잘하려 노력할 것이다. 기업의 입장에서는 정기적으로 업적에 따라 우수 사원을 뽑고, 선행을 한 사원에게는 상을 수여해 직원들의 사기를 북돋워준다. 이런 일련의 행사는 모두 영웅 만들기의 일환이다. 성숙한 사회는 단지 업적 중심의 영웅보다는 정신적인 영웅들을 세우는 데 주력한다. 한국은 지금 어떤 정신적, 문화적 영웅들이 있을까?

세 번째는 '관습이나 의식 만들기'다. 공식적인 국가 행사에서 애국선열에 대한 묵념과 애국가를 부르는 것, 로마 바티칸에서 정해진 시간에 보초 교대식을 하는 것, 기업체나 학교에서 사가나 교가를 부르는 것, 가정에서 제사를 지낼 때 홍동백서(사과와 같은 붉은색의 과일은 상의 동쪽, 배 등 하얀색 과일은 상의 서쪽에 놓는 것)의 원칙을 따르는 것 등은 그 집단이 가지고 있는 의식을 보여준다. 식당에서 주인이 영업 개시 전 종업원들을 불러 모아 전체 조회를 하는 것, 기업체나 교회에서 정기적으로 체육대회를 개최하는 것, 가정에서 부모 먼저 음식을 든 후 자식들이 젓가락을 드는 것 등도 의식의 일환이다.

반복적인 의식을 통해 문화는 강화된다. 가장 의식적인 것이 가장 문화적일 수 있다. 종교 활동은 이런 면에서 문화적인 인간이 되는 데 가장 큰 도움이 된다. 종교와 의식은 분리할 수 없고, 의식을 통해 종교성이 강화되기 때문이다. 그 집단을 상징하는 의식 없이 문화는 발전하지 않는다. 일단 사람이 모이면 무슨 의식을 세울 건지 고민해보라. 의식은 참가자들에게 안정성을 준다. 의식을 통해 서로가 위로받고 공동체 의식이 강화된다. 잠자리에 들기 전 온 가족이 한자리에 모여 두 손을 마주 잡고 기도하는 것은 내가 본 의식 중에서 가장 아름다운 가정 문화였다. 하지만 의식이 지나치면 허례가 되고 무관심을 낳는다. 본말이 전도되는 것이다. 의식 역시 사람을 위해 있고, 사람이 할 수 있는 것이 참의식이다. 의식이 사람을 지치게 하면 안 된다.

마지막은 '가치 세우기'다. 기업체는 인류에 이바지한다, 교회는 복음을 전파한다, 식당 입장에서는 국민 건강에 이바지한다, 개인 입장에서는 남을 위해 산다 등이 가치가 될 수 있다. 가치의 우선순위가 명확하지 않으면 사업가의 입장에서는 돈과 윤리에서, 정치인은 명예와 사리사욕에서, 교육자는 사명과 타협에서, 가정의 가장은 가정과 직장에서 어느 것을 선택해야 할지 고민하고 방황하게 된다. 가치를 세우는 것은 집단의 정신적 혼란과 방황을 미연에 방지하고 일관된 문화적 이미지를 세우기 위해서이다. 한 가지 유념할 점은 가치를 목표와 혼동해서는 안 된다는 것이다. 가치는 세대가 변해도 바뀌지 않으나 목표는 매 순간 바뀔 수 있다. 가치와 목표를 구분해서 해당 집단에 적용할 때 바람직한 문화가 세워질 수 있다. 그리고 한번 세워진 가치는 공유되고 전수되어야 한다. 문화는 유전될 때 세워지는 것이다.

눈에 보이는 상징물에서부터 눈에 보이지 않는 가치나 신념 체계에 이르기까지 일관적이고 지속적인 문화가 우리 후손들에게 물려줄 수 있는 정신적인 유산이다. 더 늦기 전에 나날이 후퇴하고 있는 우리들의 문화적 수준을 되돌아보고 한 번에 하나씩 문화 세우기 연습을 해보자. 늘 당부하는 것이지만 '문화는 가지고 태어나는 것이 아니라 습득하는 것이다'. 그리고 문화가 유전이 아니라는 것은 대단히 희망적인 메시지다. 지나온 과거를 한탄할 필요도 없고, 조상 탓을 할 필요도 없다. 바로 오늘의 우리가 세울 수 있기 때문이다. 문화라는 단어의 본연의 의미와 같이 우리가 경작할 수 있기 때문이다. 지금 여기서…….

지금까지 살펴본 '니의 문화 수준 점검 하나, 둘, 셋'은 세계적인 이문화 컨설턴트인 미국 밀턴 베넷Milton Bennett 박사의 이문화 감수성 모델A development approach to training for intercultural sensitivity, International Journal of Intercultural Relations,1986을, '문화 세우기'는 호프스테더 박사의 양파 모델Onion Model을 근간으로 알기 쉽게 재구성했음을 밝힌다.

30 | 코즈모폴리턴의 조건
타 문화권에서
성공하는 사람들의 특징 열 가지

   21세기의 리더가 가장 우선적으로 갖추어야 할 역량이 '급변, 다변하는 환경 변화에 대한 적응력'이라는 기사가 일본의 모 일간지에 실리면서 세간의 주목을 끌었다. 새로운 환경, 급변하고 각박한 경쟁 환경에서의 적응력은 생존을 위한 필수 역량이요, 어려서부터 육성해야 될 기본 교육임을 다시 한 번 강조한 내용이었다. 적응력은 지식의 문제가 아니라 태도의 문제다. 지식을 얻으려 하지 말고 태도를 바꾸는 것이 가장 탁월한 문화 학습이다. 이 세상 어디에서도 오뚝이처럼 바로 서고, 카멜레온처럼 색깔을 달리하며 적응할 수 있는 능력이 21세기 대한민국 브랜드의 목표가 되어야 한다.

   아래의 열 가지 태도들은 미국의 켈리D. J. Kealy와 루벤B. D. Ruben 박사의 〈타 문화권에서 성공하는 사람들의 특성〉이라는 논문에서 발췌해 편역한 것들이다. 이런 태도들을 늘 숙지하고 훈련하여 이 세상 어디에서도 꿋꿋이 적응하는 세계 속의 여러분들이 되길 바란다.

1. 공감

공감 없이 소통되는 의사意思는 없다. 물론 객관적이고 기술적이고 순간적인 정보 교환이 의사소통의 목적이라면 공감이 꼭 필요하지는 않겠지만 관계 형성에 목적을 두는 의사소통이라면 공감은 없어서는 안 될 필수 요소이다.

공감은 상대방의 관점에서 있는 그대로 차이를 수용하는 것이다. '저 사람들은 더러워!', '저 사람들은 믿을 수 없어', '저 사람들은 건방져!'라고 일방적으로 판단하기 전에 '저들이 저렇게 하는 것은 무슨 이유가 있을 거야!'라고 먼저 인정해주는 것을 말한다. 아무리 외적으로 화려한 언어 구사의 명수라 할지라도 공감이 빠진 의사소통은 소리만 요란할 뿐 상대방의 교감을 얻지 못한다. 사실 자신의 견지를 유보하고, 상대방을 수용한다는 것은 상당한 문화적 수준을 요구한다. 자신에게 심정적·물리적 안락함을 주는 유사성보다는 불편하고 어색한 차이를, 그것도 비판이나 저항 없이 수용한다는 것은 우리같이 속 좁은 인간들에게는 사실 요원한 과제이기도 하다. 공감할 수 있다는 것은 대단한 영성靈性을 필요로 한다. 영적인 눈과 힘이 없다면 공감은 가식이다. 그 사람 자체에 대한 애정과 연민이 전제되어야만 공감이 가능하다. 공감은 판단을 필요로 하지 않기 때문이다.

구체적으로 피부색, 인종, 서로 다른 이념 집단, 동성애자, 파트타임 근무자, 여자, 남자, 육체·정신적 장애자, 다양한 종교적 신념, 연령 차이, 서로 다른 직업 등 다양성에 대한 편견과 가정假定이 배제되어야만 공감이 가능하다. 공감은 이론적인 학습이 아닌 이질적인 문화에 대한 체험을 통해 발전하게 되는데, 이 체험 기간은 학자들의 주장으로 최소한 2년이다. 가장 불편하고 생소한 2년여의 물리적 문화 체험 끝에 '공감'의 눈과 귀가 트인다고 한다. 어느 날 낯선 땅에서 낯선 사람들과 대화를 하는데 말은 잘 알아듣지 못하지만 무슨 의미인지는 대강 알 수 있고, 심정적으로 불편함과 위험함을 느끼지 않는다면 공감에 득도得道한 셈이다. 공감을 근간으로 자유롭게 의사소통을 하면 각각의 고유한 문화를 통합해서 새로운 문화를 창출할 수 있는 능력이 생기게 된다. 이른바 문화적 성숙의 목표점인 통합 단계에 도달하게 되는 것이다.

2. 경의

경의라는 뜻은 자신이 새로 속한 문화권에 대해 존경을 표시하는 것이다. 존경의 형태는 얼굴 표정을 비롯해 언어적인 표현으로까지 확대될 수 있는데 예를 들면 눈을 흘긴다든지 욕을 한다든지 나아가 응석을 부린다든지 등의 행동은 상대방 문화를 제대로 알기 전까지는 자제할 필요가 있다. 어느 조직이건 어느 문화이건 처음 들어갔을 때는 먼저 판단의 잣대를 내려놓고 경의를 표하라. 아무리 상대방과 상대방의 문화가 일천하고 비상식적이라고 해도 판단을 유보하고 그대로 따르라. 아무리 의지가 강하고 지식이 풍부해도 당분간은 인내하고 자중하라. 관계의 형성 없이 함부로 자신의 생각대로 밀어붙이지 마라. 어느 문화도 하루아침에 만들어진 것은 없고, 제멋대로 자란 것은 없다.

3. 호기심

호기심은 상대방 문화에 대해 알고 싶어 하는 갈망을 말한다. 사람과 사물에 대한 기본적인 호기심 없이 타 문화를 이해한다는 것은 어불성설이다. 타 문화를 처음 접했을 때 '저들이 왜 저럴까?'라는 의문이 안 생긴다면 여러분은 그 문화에 들어가기 힘든 유형이다. 눈에 보이는 모든 것에 대한 호기심을 멈추지 마라.

4. 유연성

유연성은 새로운 생각이나 행동을 있는 그대로 받아들이는 자세를 말한다. 유연성의 반대인 경직성은 새로운 문화를 수용하는 데 직접적인 장애물일 뿐만 아니라 인격 형성에도 좋지 않은 영향을 미친다. 자녀를 둔 부모들은 아이들의 유연성 개발을 위해 신경을 써야 한다. 특히 민족적인 정체성과 개인적 자부심이 강할수록 유연성이 떨어지는 사례가 많으니 자국 문화에 대한 정체성과 현지 문화에 대한 유연성이 조화를 유지하도록 노력해야 한다.

영국의 도로에는 라운드어바웃 Roundabout이 있다. 한국에서는 로터리라는 말을 더 많이 사용하는데 돌고 돌아 나가는 길, 즉 환상 교차로를 말한다. 교차로에 먼저 진입한 차가 먼저 빠져나가는 단순한 논리로 운영되는 영국의 라운드어바웃이 한국의 로터리와 다른 것이 있다면 신호등이 안 보인다는 것이다. 복잡한 런던 시내를 제외하고는 대부분의 도로는 라운드어바웃으로 교통 체증을 줄이는 데 한몫을 하고 있다. 영국의 라운드어바웃과 같이 유연성이 개인 차원을 넘어 사회 곳곳에 적용될 때 유연한 사회가 된다. 원칙을 대체할 수 있는 게 유연성이다. 유연성이 적절하게 유지될 때 사회가 유기적으로 움직이게 된다.

5. 관용

달리 말하면 애매모호함에 대한 인내심을 이야기한다. 외국 사람이 다른 나라 및 다른 사람의 세세한 부분을 알 수는 없다. 이방인의 눈에는 단지 외형적인 현상만 가늠될 뿐이다. 본인이 이야기할 때 상대방이 알아듣지 못해 시선을 다른 데로 돌리더라도 신경 쓰지 말고 할 말을 다하는 것, 반대로 본인이 상대방의 말을 알아듣지 못하더라도 끝까지 참고 들을 수 있는 것, 그것이 인내심의 한 예다. 관용은 방문자이건 주인이건 모두에게 요구된다.

6. 자발성

자발성은 상대방이 해주기를 기다리지 않고 솔선해서 독립적으로 일을 처리해나가는 능력이다. 돈과 제도 속에서 잘 관리(?)된 한국의 유학생들이 자유로운 북미, 유럽의 학생들에 비해 자발성이 떨어지는 것은 피할 수 없는 사실이다. 하지만 아이의 장래를 위한다면 용돈을 관리하는 것에서부터 시간을 관리하는 것까지 스스로 정하고 스스로 책임을 질 수 있는 자발성 훈련이 절실하다. 외국의 교육에서 가치를 두는 것은 타율적인 학습이 아니라 자율적인 학습이다. 현지인들에게 사랑을 받고, 못 받느냐는 '자신이 어떻게 하느냐'에 달려 있다. 자발성 없이 외국에서 성공하기는 힘들다.

7. 개방성

개방성은 타 문화권 사람들에 대해 비판하지 않는 것을 말한다. 어린아이들의 개방성이 성인에 비해 높은 편이라 큰 걱정은 안 해도 된다. 하지만 중·고등학교 이상의 자녀를 둔 부모들은 '사춘기'라는 복병이 기다리고 있음을 간과해서는 안 된다. 부모와의 대화와 친구 간의 교제 그리고 신앙과 개인적인 멘토십Mentorship을 통해 자연스럽게 힘든 시기를 극복할 수 있도록 아이의 감정 상태에 부모들은 민감하게 반응할 필요가 있다. 개방성의 천적은 폐쇄성이다. 외국에 나간다는 자체가 개방성을 전제로 한다. 열고, 나가지 않는 한 외국 생활은 고역이다. 아무리 슬퍼도 위로해줄 사람은 없다. 본인이 스스로 마음의 문을 열고 이웃을 만나지 않는 한 외국에서의 하루하루는 지옥이 될 수 있다. 말을 못해도 좋다. 상대방이 뭐라 해도 좋다. 자신 있게 손을 내밀고 인사를 하자.

8. 사교성

사교성이 부족한 사람들은 늘 '다른 사람과 나는 공통점이 없다', '나는 이방인이다'라며 스스로를 가두어놓는다. 이들에게 필요한 것은 '누구나 공통점을 가지고 있다', '같은 목적을 가지고 모였다'라는 생각의 전환이다. 이런 과정을 통해 사람들과 관계를 맺으면 쑥스러워하지 않고 당당해진다. 문화에 대한 적응은 사람에 대한 적응과도 같다. 사람을 만나야 관계가 형성된다. 문화적인 이질감에 갇혀 있지 말고 도리어 그들이 있는 곳으로 돌진해 들어가라. 그들도 여러분과 같이 외롭고 힘들다. 인종과 언어는 달라도 곧 동포애를 느끼게 될 것이다.

9. 긍정적 이미지를 가지고 긍정적으로 사고하는 것

자신의 처지에 대해 만족하고 감사할 줄 모른다면 외로운 외국 생활은 지옥이나 다름없다. 자신에 대한 자존감은 현지 적응에 없어서는 안 될 정신적 자산이다. 어떤 힘든 경우가 있더라도 자신의 문화나 자신에 대해서 폄하하지 마라. 나는 자랑스런 대한민국 사람이다. 오늘은 힘들지만 내일은 희망이 있다. 나만 힘든 것이 아니라 외국에 나와 있는 사람은 다 힘들다. 그렇다면 왜 여기에 있어야 하는가? 이 질문에 대한 대답은 분명한 목적의식을 가지고 있지 않으면 외국에서의 생활은 힘들다는 것이다. 분명한 목적의식을 세우는 것이 정체성의 형성 과정이다. 한국에 있건 외국에 있건 정체성의 문제는 심각하다. 올바른 정체성이 설정되어야 자신에 대한 긍정적인 이미지를 강화해나갈 수 있다.

10. 겸손

유럽이나 미국에 왔으니 현지 방식을 따른다며 '건방'이나 '무례'에 먼저 익숙해진다면 한국 문화의 우수성과 차별성은 자취를 감추고 말 것이다. 외국에서 머리 숙여 공손함을 보이는 것이 한국적 겸손을 세상에 알리는 길이다. 나 역시 외국에 나와 산 지 오래됐으나 악수라는 서양식 인사법을 차용하기에 앞서 동양식 목례로 인사를 대신하고 있다. 재미있는 것은 전형적인 백인조차 나의 이런 동양식 목례에 목례로 화답한다는 것이다. 가장 한국적인 것이 가장 세계적이라는 것은 결코 근거 없는 이야기가 아니다. 그리고 가장 한국적인 것의 중심에는 동양적인 겸손이 있다.

17세기 스페인의 신비주의 신학자인 미카엘 몰리노스Michael Molinos는 겸손의 진정한 의미에 대해서 다음과 같이 말해준다.

겸손에는 거짓 겸손과 참된 겸손이 있다. 거짓 겸손은 겸손한 사람으로 보이려고 의도적으로 겸손한 척하는 것이다. 따라서 그 사람은 자신들이 선하게 보이길 원해 일부러 명예와 존경을 회피하며 늘 자신들이 얼마나 악한 사람인지를 고백한다. 반면 참된 겸손은 결코 겸손에 대한 생각조차도 하지 않는다. 다른 사람 앞에서 매너를 인식하지 않는 것이 진짜 매너인 것처럼 참된 겸손은 말없이 인내하면서 하나님 안에서 살기도 하고 죽기도 한다. 참으로 겸손한 사람은 자기 자신의 유익에 대해서는 관심이 없으며 멸시를 당하신 주님만 따라가는 것 외에 다른 욕망이 없다. 즉 참된 겸손은 내적인 것이며 외적인 행위와 아무런 상관이 없다. 겸손에서 우리가 발견할 하나는 하나님의 위대함이고 다른 하나는 우리의 영혼에 속한 것으로 인간의 타락으로 인한 황폐함이다.

문화인성 文化人性

　미국주의를 신봉하고 미국의 전통을 보존하려는 애국주의자 J는 잠잘 때 꼭 파자마를 입는다. '파자마'는 원래 인도 동부 지방에서 만들어진 것이고, 그가 잠을 잔 침대는 아시아의 어느 작은 나라에서 유래됐다. J가 비 올 때 신는 덧신은 고무로 만들어졌는데, 그 고무는 고대 멕시코 사람들이 발견한 것이다. 기차를 타려고 기차역으로 갔는데, 그 기차는 영국인이 만들었다. 기차역에서 동전을 사용하여 신문을 사려고 잠시 멈췄는데, 그 동전은 고대 리디아Lydia인이 발명한 것이다. 기차를 기다리는 동안 담배를 피웠다. 담배는 멕시코에서, 시가Cigar는 브라질에서 발명된 것이다. 그가 읽는 신문의 글자는 셈족이, 금속 활자는 독일 사람이 발명한 것이다(사실 금속활자는 한국이 독일보다 200년 앞선 1234년에 발명했으나 안타깝게도 세상 사람들은 첫 발명이 독일이라고 알고 있다). 외국 사상을 수용해서 생기

는 부작용을 지적하는 신문 사설을 읽으며 히브리 신 Hebrew God 에게
자신이 100퍼센트 아메리카인임을 감사하는 것을 잊지 않는다(이때
100퍼센트에 쓰이는 십진법은 그리스 사람들의 발명품이며, '아메리카'라
는 단어는 이탈리아의 지질학자인 아메리고 베스푸치 Amerigo Vespucci 의 이
름에서 따온 것이다).

위의 사례는 '100퍼센트 미국인'이라고 자부하는 어느 한 신사가
아침에 일어나서 출근하기까지 접하는 문화 대부분이 외국에서 차
용한 것임을 설명하고 있다. 가장 민족적이라는 인간조차 물려받은
몸을 빼고는 모두 다른 나라의 것이다.

한국에 체류할 때 친척 한 분이 나이가 찬 괜찮은 여자가 있는데
중매를 서달라는 부탁을 했다. 사람을 소개해준다는 것이 얼마나 큰
일인지를 대강은 들어 알고 있던 터라 신중에 신중을 더해서 괜찮은
총각 하나를 찾았다. 약속 장소와 날짜를 잡으려고 여자 측에 전화
를 했더니 뜬금없는 소리를 했다. 결혼한다고 해서 특별히 나아질
것이 없을 것 같으니 소개받는 것을 아예 사양하겠다는 것이었다.
그 이후 한 번 더 나이가 지긋한 후배의 중매 불발을 경험한 후, 때
(?) 지난 사람들의, 나이가 많든 적든 이성 간의 중매는 고사하기로
마음먹었다. 두 번의 중매 불발 이후, 결혼하지 않은 사람들에 대한
세간의 가정假定이 사실로 굳어졌다. 그 가정이란 '나이 든 싱글들

은 여전히 자신들이 잘난 줄 알고 있다'는 것이다(이런 마음을 가지고 있지 않은 미혼 남녀가 있다면 용서를 구하겠다). 자신들이 잘난 것이 아니라 지극히 평범하다는 것을 인정할 때 우습게 여겼던 남자가 남자로 보이고 못생기게 보였던 여자가 잘나 보이지 않을까? 그렇게 해야 남들과 같이 평범하게 살림을 꾸릴 수 있게 된다. 화성에서 온 남자와 금성에서 온 여자가 한 이부자리에 들게 되는 것이다.

마찬가지로 '나의 문화만이 잘난 것이 아니다'는 것을 인정할 때 남의 문화가 눈에 들어온다. 상대의 문화를 인정하지 않고 문화적으로 성숙할 수는 없다. 처음의 사례와 같이 자신조차 자신이 만들어놓은 것이 아니라는 것을 깨닫고, 지금의 자신이 온통 남의 공로에 힘입어 살고 있다는 것을 겸허하게 수용할 때 다른 문화를 배울 자격을 갖추게 된다. 문화를 아는 자는 시야가 넓고 사려가 깊으며 태도가 겸손하다. 문화를 아는 자는 자신의 잣대로 상대방과 상대방의 문화를 쪼개고 분석하여 판단하는 것이 아니라 있는 그대로 받아들이며 존중할 줄 안다. 따라서 상대방의 문화를 자신만의 렌즈로 들이대며 쉬이 단정 짓는다면, 그래서 결론적으로 상대방에게 건방지거나 교만하게 보인다면, 그는 문화를 허투루 안 자이거나 혹은 인생을 허투루 산 자, 둘 중의 하나일 가능성이 크다. 하지만 경계해야 할 것은, 세상에는 '윤리'라고 하는 보편적인 잣대가 있으니 있는 그대로 다 받아들이는 무분별한 문화 상대주의와 혼동해선 안 된다. 현지의 문화를 있는 그대로 연구해야만 하는 인류학자가 아닌 바에야, 현실에 발붙이고 사는 우리는 세상의 문화를 분별해 수용하는 지혜가 있어야 한다. '상대성'이라는 명목으로 선과 악이 혼재되어 있는 이 세상 모든 문화를 있는 그대로 수용할 수는 없다(물론 선과 악도 상대적이라는 모순에 당착하지만 '인류에 대한 책임'이라는 측면에서 우리 자신의 판단에 의존하게 된다). 복잡다단한 이 세상이 우리에게 요구하는 것은 겸손하고 올바른 문화 상대주의자가 되는 것이다. 편협한 국수주의자들의 세상은 이미 지나갔다.

내가 지금 사용하고 있는 노트북은 미국산 몸통에 한국산 부품, 그 노트북을 받치고 있는 책상은 태국산, 어금니에 씌워 있는 크라운은 콜롬비아산 금, 즐겨 먹는 마늘은 중국산, 아내가 쓰는 고무장갑은 말레이시아산, 뇌의 70퍼센트는 시베리아에서 내려온 북방인의 혈통, 남은 30퍼센트는 인도네시아에서 올라온 남방인의 혈통. 뇌조차 남의 문화로 모자이크 된 온통 잡종인 내가 세상에 대해 가져야 할 태도는 겸손함 한 가지밖에 없다.

이 세상의 수많은 기업들이 해외 경영에 실패하며 천문학적인 손해를 본 이유는 스마트한 하버드 MBA가 없어서도 아니요, 훌륭한 문화 경영책이 없어서도 아니요, 조직이 부실해서도 아니요, 자본이 없어서도 아니요, 정보가 부족해서도 아니다. 가장 비경영적인 '겸손함'이 없었기 때문이다. 관계 형성의 기본 덕목인 겸손함 없이 성급하게 외국 땅을 밟았다가 한국의 기업들은 처절한 실패를 맛보았다. 그리고 안타깝지만, 이 순간에도 세상의 많은 기업들은 같은 실수를 반복하고 있을 것이다. 기업들에 비해 정보에 훨씬 둔감한 일반인들 역시 현지에 대한 막연한 동경과 자신감만으로 인천공항을 빠져나가고 있을 것이다.

가장 훌륭한 문화 경영은 가장 겸손한 태도 없이는 불가능하다. 창과 방패를 분리해서 생각할 수 없듯이 지식과 태도 역시 같이 가야 완전하다. 세상의 문화에 대해 여전히 궁금한 것이 많은가? 방금 TV에서 〈걸어서 세계속으로〉를 보고 고무되어 해외여행을 계획하고 있는가? 올해 세계 경영을 회사의 모토로 세웠는가? 대한민국이 세계의 중심이 되어야 한다고 생각하는지? 문화 간의 갈등을 조정하는 훈련가로서 다시 한 번 분명히 그리고 간략히 조언할 수 있는 것은, '자랑스럽게 외국 땅을 밟기 전에 겸손으로 허리를 무장하라 Be clothed with humility!'

얄팍한 지식을 내려놓고 겸손의 옷을 입을 때 세상은 더 이상 불안과 두려움과 회피의 대상이 아닌 수용과 적응의 대상이 된다. 이기고 극복해야 할 경쟁 대상이 아닌 더불어 살아가야 할 평화와 공존의 대상이 된다. 차이를 넘어 하나 되는 세상, 그것이 나와 여러분의 희망이 되길 바란다.

참고 문헌

영문판

- Axtell, Roger E., *The Do's and Taboos of Hosting International Visitors*, John Wiley & Sons, Inc., 1990

- Beamer, Linda, and Iris Varner, *Intercultural Communication in the Global Workplace*, The McGraw-Hill Companies, 2001

- Bennett, Milton J., *Basic Concepts of Intercultural Communication*, International Press, 1998

- Brislin, Richard W., et al. *Intercultural Interactions*, Sage Publications, 1986

- Casse, Pierre, *Training for the Cross-Cultural Mind*, The Society for Intercultural Education, Training and Research, 1981

- Copeland, Lennie, and Lewis Griggs, *Going International*, Plume, 1986

- Storti, Craig, *Figuring Foreigners Out*, Intercultural Press, 1999

- Storti, Craig, *The Art of Crossing Cultures*, Intercultural Press,1990

- Dresser, Norine, *Multicultural Manners*, John Wiley & Sons, 2005

- Elashmawi, Farid, and Philip R. Harris, *Multicultural Management*, Gulf Publishing Company, 1993

- Foster, Jerome, *Doing Business Internationally*, Richard D. Irwin, Inc., 1995

- Harris, Philip R., and Robert T. Moran, *Managing Cultural Differences*, Gulf Publishing Company, 1993

- Hofstede, Geert, *Cultures and Organizations*, McGraw-Hill Book Company, 1991

- Landis, Dan, and Rabi S. Bhagat, *Handbook of Intercultural Training*, Sage Publications, 1996

- Lustig, Myron W., and Jolene Koester, *Intercultural Competence*, Pearson Education, 2006

- Mark, Elizabeth, *Breaking Through Culture Shock*, Nicholas Brealey Publishing, 1999

- Martin, Judith N., and Thomas K. Nakayama, *Intercultural Communication in Contexts*, Mayfield Publishing Company, 2000

- Wiseman, Richard L., *Intercultural Communication Theory*, Sage Publications, 1995

- Wurzel, Jaime S., *Toward Multiculturalism*, Intercultural Press, 1988

- Phatak, Arvind V., et al. *International Management*, McGraw-Hill/Irwin, 2005

- Putti, Joseph M., and Audrey Chia, *Culture and Management*, McGraw-Hill Book Company, 1990

- Samovar, Larry A., and Richard E. Porter, *Intercultural Communication-10th Edition*, Wadsworth/Thomson Learning, 2003

- Samovar, Larry A. et al. *Intercultural Communication-11th Edition*, Thomson Wadsworth, 2006

- Samovar, Larry A., and Richard E. Porter, *Communication Between Cultures-4th Edition*, Wadsworth/ Thomas Learning, 2001

- Samovar, Larry A., and Richard E. Porter, *Intercultural Communication-8th Edition*, Wadsworth Publishing Company, 1997

- Samovar, Larry A., and Richard E. Porter, *Communication Between Cultures-2nd Edition*, Wadsworth Publishing Company, 1995

- Samovar, Larry A., and Richard E. Porter, *Communication Between Cultures*, Wadsworth Publishing Company, 1991

- Samovar, Larry A., and Richard E. Porter, *Intercultural Communication-6th Edition*, Wadsworth Publishing Company, 1972

- Schmitz, Joerg, *Cultural Orientations Guide*, Princeton Training Press, 2000

- Seelye, H. Ned, *Experiential Activities for Intercultural Learning*, Intercultural Press, 1996

- Stewart, Edward C., and Milton J. Bennett, *American Cultural Patterns*, Intercultural Press, 1991

- Trompenaars, Fons, and Charles Hampden-Turner, *Riding the Waves of Culture*, Nicholas Brealey Publishing, 1993

- Varner, Iris, and Linda Beamer, *Intercultural Communication in the Global Workplace*, Richard D. Irwin, Inc., 1995

한글판

- 헤이르트 호프스테더, 《세계의 문화와 조직》, 학지사, 1995
- 에드워드 스튜어트, 《문화 차이와 인간관계》, 한국학술정보, 2008
- 김열규, 《한국의 문화코드 열다섯 가지》, 도서출판 마루, 1997
- 김열규, 《한국인의 자서전》, 웅진 지식하우스, 2006
- 김용운, 《한국인과 일본인》, 한길사, 1994
- 김정운, 《일본 열광》, 프로네시스, 2007
- 김중순, 《문화를 알면 경영전략이 선다》, 일조각, 2001
- 노린 드레서, 《낯선 문화 엿보기》, 프레스빌, 1997
- 더글러스 러미스, 《경제 성장이 안되면 우리는 풍요롭지 못할 것인가》, 녹색평론사, 2006
- 데스먼드 모리스, 《털 없는 원숭이》, 정신세계사, 1991
- 루스 베니딕트, 《국화와 칼》, 을유문화사, 2006
- 루스 베니딕트, 《문화의 패턴》, 까치, 1993
- 류시화, 《하늘 호수로 떠난 여행》, 열림원, 2002
- 리처드 니스벳, 《생각의 지도》, 김영사, 2004
- 마빈 해리스, 《식인과 제왕》, 한길사, 2000
- 말로 모건, 《그곳에선 나 혼자만 이상한 사람이었다》, 정신세계사, 1994
- 매들린 L. 반 헤케, 《블라인드 스팟》, 다산초당, 2007
- 바바하리 다스, 《성자가 된 청소부》, 정신세계사, 1989
- 박준형, 《글로벌에티켓을 알아야 비즈니스에 성공한다》, 북쏠레, 2006
- 박준형, 《나는 매일 매너를 입는다》, 한올출판사, 2002
- 삼성해외지역연구소, 《세계가 부른다》, 삼성경제연구소, 1991
- 이규태, 《서양인의 의식구조》, 신원문화사, 1999
- 이규태, 《동양인의 의식구조》, 신원문화사, 1993
- 이어령, 《젊음의 탄생》, 생각의나무, 2008

- 하야시 슈지, 《경영과 문화》, 한국경제신문사, 1988

- 임태섭, 《정, 체면, 연줄 그리고 한국인의 인간 관계》, 한나래, 1997

- 최윤희와 김숙현, 《문화 간 커뮤니케이션의 이해》, 범우사, 1997

- 토머스 L. 프리드먼, 《세계는 평평하다》, 창해, 2005

- 삼성물산주식회사 조사팀, 《비즈니스맨을 위한 세계의 문화가이드》, 1990

- 조너선 색스, 《차이의 존중》, 말글빛냄, 2003

- 장 피에르 바르니에, 《문화의 세계화》, 한울, 2000

- 찰스 패너티, 《세계문화 벗겨보기》, 일출, 1995

- 찰스 햄프든 터너, 《21세기 초일류기업으로 가는 기업문화혁명》, 자작나무, 1995

- 최준식, 《한국인에게 문화는 있는가》, 사계절출판사, 1998

- 클로테르 라파이유, 《컬처코드》, 리더스북, 2008

- 테렌스 브레이크, 《국제협상 문화를 알아야 성공한다》, 21세기북스, 1996

- 피터 콜릿, 《몸은 나보다 먼저 말한다》, 청림출판, 2004

- 피터 콜릿, 《습관을 알면 문화가 보인다》, 청림출판, 1997

- 제임스 조지 프레이저, 《황금가지 I》, 삼성출판사, 1982

- 제임스 조지 프레이저, 《황금가지 II》, 삼성출판사, 1982

- 한국문화인류학회, 《낯선 곳에서 나를 만나다》, 일조각, 2004

- 혼마 규스케, 《일본인의 조선정탐록 조선잡기》, 김영사, 2008